성격
좋다는 말에

가려진
것들

이지안 지음

성격
좋다는 말에

가려진
것들

폐 끼치는 게
두려운 사람을 위한
자기 허용 심리학

차례 ✳

2부

나의 기질과 욕구에 귀기울여 '참자기' 찾아보기

3부

트라우마와 상처를 돌아보며 '자기자비' 베풀기

4부
타인에게 불편해질 용기를 통해 관계의 균형 잡기

당신만 그런 어려움이
있는 건 아니에요

"원하지는 않았지만 내가 겪을 수밖에 없었던 일로 알
게 된 모든 것을 당신께 알려드릴게요. 온 힘을 다해 당신을
도울게요. 당신은 나보다 덜 슬프도록요."

　　　　　　　　　－정혜윤, 《슬픈 세상의 기쁜 말》, 위고, 2021년, 99쪽.

　　어릴 때부터 누군가의 이야기를 듣는 것을 좋아했습니
다. 그게 아픔이나 상처 같은 고통에서 비롯된 이야기이더라

도 그러했지요. 한참 듣다 보면 상대가 무언가 말을 해주길 바라는 순간이 있었어요. 그때도 섣부른 위로가 오히려 마음을 다치게 만든다는 것을 어렴풋이 알고 있었던 건지, 저는 조언을 건네거나 무언가 제안을 하기보다 제 이야기를 들려주곤 했어요. 비슷한 고통을 건널 때 얼마나 힘겨웠고 또 어떤 도움이 와닿았는지 말해줄 때 상대의 얼굴이 차츰 가벼워져 가는 것을 보았습니다.

제 이야기를 하자면요, 저는 사람들 사이에 있을 때 저를 까맣게 잊어버리는 일이 많았습니다. 다른 사람들이 무엇을 좋아하고 또 어떤 것을 기대하는지에 몰두하느라 정작 제 마음은 어떤지 물어봐 주지 않았어요. 특히 상대에게 부담을 주거나 폐를 끼치지 않았는지 염려될수록 제 마음은 더 꼭꼭 숨어버렸습니다. 그래서인지 '내가 무엇을 원하고 좋아하는지' 물어야 할 때면, 얼른 답을 찾지 못해 당황하곤 했습니다.

그 결과는 '착하고 무던하다'는 꼬리표였어요. 가장 오래된 기억은 예닐곱 살 무렵이었습니다. 동생에게 장난감을 양보하는 저를 보고 어른들은 흐뭇한 표정으로 '순하다'고 말씀하셨지요. 그때는 그 말이 좋았습니다. 다만, 타인의 기대를 본능적으로 감각하고 그에 맞출수록, 사람들은 제 성격 위에 그러한 평판을 얹고 점점 더 '착한' 행동을 기대했습니다. 겉으로는 누구와도 잘 어울렸지만, 그 속에서 저는 온데간데없어진 기분이었습니다.

그때 만난 심리학은 제가 무엇을 잃어버렸는지 명확하게 비춰주었습니다. 제 감각이나 감정, 욕구에 대해 무심했던 시간이 쌓일수록 그에 대한 확신도 잃어갔다는 것, 제 삶의 많은 부분을 타인이 결정하도록 내버려두고 있었다는 것을요. 또 얼마나 주변의 기대에 따라 제 감정이나 욕구를 착각하기 쉬운지도 배웠습니다.

'착하다'라거나 '성격 좋다'는 말의 위력에 대해서도 의식하게 되었습니다. '성격 좋은 사람'에 들기 위해 우리는 때로 얼마나 쉽게 자신의 진심을 놓칠 수 있는지, 그 범주에 들지 못한 사람들을 까다롭거나 이기적이라고 얼마나 거칠게 단정 짓는지 떠올리면 오싹해졌습니다. 한편으로, 좋은 성격을 누가 평가할 수 있는지, 그 평가 기준이 무엇인지를 생각하다 보면, 과연 좋은 성격이라는 것이 실재하는지 서늘한 회의감마저 들었습니다.

저에게 있어 회복은 사회의 규범이나 당위에 가려져 있던 진짜 나의 목소리를 발견해 가고, '좋은 사람'의 기준에 맞추느라 외면했던 욕구와 분노·슬픔·외로움·질투와 같은 감정도 그럴만한 것으로 끌어안아 주는 일이었어요. 왜 이렇게 이기적이냐고, 감정적이냐고 탓하지 않으면서요. 그리고 가까운 타인이나 사회가 바라는 것이 아닌, 제가 원하는 삶의 모습을 구체적으로 찾아가는 것이었습니다. 제가 바라는 삶이 분명해지고 제 마음에 힘을 실어 표현할수록, 저에 대한 믿음이 자라났고 그만큼 타인의 시선이나 평가에도 덜 흔들리게 되었습니다.

당신이 타인을 의식하고 배려하느라 자신을 조각조각 잃어버린다면, 알아차린 것만으로도 이미 스스로를 돌보기 시작한 거나 마찬가지라는 이야기를 해주고 싶습니다. 욕구를 드러낼 수 없는 성장 환경이었을 수 있고, 타고나길 타인에 대한 섬세함이 뛰어난 사람일 수도 있어요. 상대에게 맞출 때에야 받아들여지는 경험을 했을 수도 있고요. 이유가 어찌 되었든 오랫동안 외면했던 자신의 기호와 감정, 욕구에 이제 힘껏 주목해 주면 좋겠습니다. 그리고 그 너머 자기가 중요하게 생각하는 가치로 자기 존재를 가득 채워보기를요.

다만, 왜 이 모양이냐고 스스로를 탓하지는 않았으면 좋겠습니다. 당신뿐 아니라 우리 모두는 하얗고 매끈한 그릇이기보다는 군데군데 금이 가고 부서진 그릇에 가깝습니다. 깨지기 쉬운 마음을 지니고 사회의 압박을 받으면서 지금껏 생존해 왔을 것입니다. 어떤 정신분석학자는 정상적인 사람이란 약간의 강박과 히스테리, 편집증이 있는 상태이며, 누구나 적당히 왜곡된 마음을 안고 살아간다고 말하더군요. 말끔하게 멀쩡한 사람은 없을 거예요. 겉으로만 흘깃 보면 그런 듯 보일 수는 있겠지만요. 오늘 하루만 해도 우리 모두는 숱하게 부대끼고 또 넘어졌을 것입니다. 때때로 크게, 자주 소소하게.

건강한 사람이란 아무런 자극에도 흔들리지 않는 사람이 아니라, 충분히 흔들리고 왜 그렇게 흔들리는지 자기 마음을 찾아가는 사람이 아닐까 싶습니다. 그 과정에서 스스로 언제 아프고 또 충만해지는지 알아가게 됩니다. 자신을 감각하고 감정을 이해하는 자산을 갖게 되는 셈이지요.

상처에 대해서도 너무 두려워하지 않았으면 좋겠어요. 상처는 아프긴 하지만, 나의 모든 것을 파괴하지는 못합니다. 오히려 잘 보수한 상처는 보다 나은 내가 될 수 있도록 돕습니다. 그토록 고통스러운 만큼 중요한 욕구가 무엇인지 발견하고, 결국 내가 원하는 삶으로 정향할 수 있게 됩니다. 일본의 킨츠기 공예가들은 깨진 그릇을 이어 붙여 갈라진 틈에 정성스레 옻칠하고 그 위로 금가루를 입혀 예술작품으로 만듭니다. 그렇게, 깨어진 자국도 보수한 흔적도 세상에 단 하나뿐인 그릇으로 변모합니다. 우리도 상처로 틈이 생긴 마음을 부단히 돌아보고 금가루를 뿌려주듯 이해하는 시선을 그 위에 입혀준다면, 차츰 자신만의 이야기가 있는, 고유한 무늬와 결을 지닌 사람이 되어갈 거라 믿어요.

친구들과 가족, 내담자들에게 들려주었던 제 이야기를, '보다 많은 사람들에게 들려주라'고 등 떠밀어준 분들 덕분에 글로 나누기 시작했습니다. 처음 글을 쓸 때 제 삶이 활자로 박제되는 것이 두렵고 떨려서 한 문장을 쓰는 데도 한참이 걸리곤 했었어요. 하지만 제 글에서 자기 아픔을 발견하고 감응해 주신 독자들 덕분에 책이라는 큰 탑을 쌓아 올릴 수 있었습니다. 지금도 저의 과거와 현재의 아픔을 쓸 때 주저하지 않는다면 거짓말일 것입니다. 그럼에도 제 이야기를 하는 이유는 나의 불완전성과 고통을 드러내는 일이 누군가에게 안도와 위로로 닿길 바라기 때문입니다.

"나에게 일어난 일은 시차를 두고 누군가에게도 반드시 일어난다고 했던가. 정말로 그렇다면 자기 아픔을 드러내는 일은 그 누군가에게 내 품을 미리 내어주는 일이 된다"(은유, 《쓰기의 말들》, 유유, 2016년, 87쪽)라던 은유 작가의 말처럼, 같은 고민의 시간을 지나고 있는 누군가가 이 글에 의지해 조금은 덜 힘겹게 걸어갈 수 있게 되길 바랍니다. 그저 숱한 자책과 수치심, 위로와 자유를 통과하며 내 이야기를 할 수 있는 사람이 되었을 뿐인 제가, 비슷한 고통을 겪고 있을 누군가에게 그 이야기를 가만가만 들려주려 합니다. 당신에게만 그런 어려움이 있는 건 아니라고, 때로는 사회나 시대가, 혹은 우리 마음의 작동 방식이 만들어낸 고통일 뿐이라고. 하지만 동시에 우리는 그 고통을 안고 살아갈 수 있는 존재로 만들어졌다고 말이에요.

더구나 우리는 비슷한 아픔을 공유하고 있기 때문에 타인의 고통과 연대하고 공감으로 연결될 수 있는 존재이기도 합니다. 저 역시 스스로에 대한 연민이 동시대의 여성·타인에 대한 연민으로 동심원을 그리듯 넓어져 왔습니다. 내가 지닌 모순과 괴로움이 타인에게도 있다고 생각하면, 그만큼 타인에게도, 나에게도 애틋해지기 마련입니다.

저를 통과한 심리학이 여러분에게도 가닿아 자신을 온전히 받아들이고 타인을 이해하는 언어가 될 수 있기를, 고통 속에서도 자신만의 리듬으로 춤추듯 살아갈 수 있기를 바라봅니다. "인생은 폭풍우가 지나가기를 기다리는 것이 아니라, 빗속에서 춤추는 법을 배우는 것"이라고 말한 작가 비비안 그린의 당부처럼요.

학교와 병원에서 가르침을 주신 교수님들과 연구소 선생님들뿐 아니라, 학창 시절 친구들과 선후배, 아이를 키우며 만난 사람들, 나를 믿고 찾아와 준 내담자들 모두 심리학이 내 몸을 통과할 수 있도록 도와준 스승이었습니다. 이들과의 대화와 갈등 속에서 심리학 지식이 교과서에서 나와 생생히 살아나곤 했습니다. 그 경험이 이 책의 바탕이 되었습니다. 다만, 책에 포함된 사례는 신상 정보를 보호하고자 개인을 특정할 수 없도록 일부 정보를 뒤섞거나 각색했습니다.

책으로 엮어보자고 제안하고 응원해 주신 이연재 편집자님 덕분에 제 삶을 다시 엮어 정리해 보는 행운을 누릴 수 있었습니다. 글로 이어진 새로운 세계를 열어주신 정지우 작가님께는 늘 빚진 마음입니다. 이 책의 글감이자 자문이자 집필 내내 페이스메이커가 되어준 동료 김주희에게 말할 수 없는 고마움을 전해요. 정확한 글에 대해 아낌없는 조언을 해주신 신현기 선생님, 퇴고 과정에서 결을 살뜰히 지켜준 다솜이 있어 무사히 탈고에 이를 수 있었습니다. 저의 모습 그대로도 괜찮다는 것을 경험하게 해준 남편과 제가 좀 더 나은 사람이 되고 싶게 만들어 준 아이들, 부끄러워 말고 같은 아픔을 가진 사람들을 위해 글을 쓰라고 독려해 준 부모님께 감사와 사랑의 인사를 보냅니다.

2024년 여름
이지안

1부

◆

**타인을 위해 숨겨온
나의 부정적 감정 마주해 보기**

나를
감각한다는 것

: 내 상태 알아차리기

아홉 살 막내는 첫째와 달리 자기 기호를 분명히 알고 표현하는 편이다. 처음 가본 중국집에서 모두가 맛있다고 극찬한 메뉴도 "나는 이 향이 싫어"라고 콕 집어 지적했고, 내게는 여느 인형과 다르지 않게 느껴지는 곰인형 하나를 '감촉이 특히 좋아서' 애정했다. 놀러오라는 친한 친구의 초대를 '오늘은 같이 놀 기분이 아니어서' 거절하기도, 숙제를 하다가 '당장 써먹지도 못하는 걸 왜 배워야 하냐'고 항의하기도 했다.

내가 아이와 가장 다르다고 느껴지는 지점은 바로 이럴 때였다. 아무리 해야 하는 일이 분명하고 상대의 기대가 내 코끝에 와 있어도 아이는 자기 마음을 솔직하게 읽고 말할 줄 알았다. 그것이 옳은지 그른지 판단하지 않고 투명하게 자기 마음을 내비추었다. 그에 반해 나는 내가 원하는 바와 해야 하는 일 사이에서 늘 해야 하는 일에 압도되는 쪽이었다. 그 사이에서 충실히 갈팡질팡하기라도 하면 다행이련만, 내 마음을 살피는 일은 그냥 건너뛰고 주어진 일을 기대에 맞게 혹은 그 이상으로 잘 해내는 것이 당연한 목적지가 되곤 했다.

대학원 졸업 직전 어머니가 사고로 수술을 받게 되었다. 어머니를 간호하기 위해 자취 집과 가까운 병원으로 오시게 했다. 하필 입원 기간이 학기 말과 겹쳐버려 보호자 침대에 앉아 기말 보고서를 쓰다가 어머니의 치료 정보를 찾아보곤 했다. 밤늦게 아르바이트를 다녀와 어머니 곁을 지키는 날들이 이어졌다. 그 모든 것이 당연히 해야 하는 일이라 생각했고 크게 힘들지 않다고 느꼈는데, 어머니 퇴원 후에 체중이 4킬로그램이나 빠져 있었다. 의무나 책임 앞에서 나의 감각은 고장난 것처럼 작동하지 않았던 것이다.

당위의 커튼을 걷어낸
자리에 남은 것

◦

대부분의 'K 장녀'들이 그러하듯 나도 책임감이 강하다는 이야기를 듣곤 했다. 맡은 일을 충실히 해내야 한다는 강박 덕분이었다. 평소에도 통증이나 피로에 둔감한 편이었지만, 특히 해야 할 일이 있으면 내 고통이나 피로는 더욱 대수롭지 않은 일이 되었다. '당연한 것'을 좇느라 순간을 감각하는 법을 충분히 연습하지 못한 탓이었다.

심리학의 한 학파인 게슈탈트 학파에서는 그 순간 자신에게 중요한 감각·감정·욕구·상황 등을 알아차리지 못할 때 심리적 갈등이 해소되지 못한 채 남아 있게 되고, 이것이 모든 정신병리의 원인이 된다고 이야기한다. 특히 알아차림의 방해물로 **당위**를 경계했는데, 게슈탈트 학파의 창시자인 프리츠 펄스Fritz Perls는 당위를 몰아내는 것이 **알아차림**이라고 단언하기도 했다.[1] 당위는 '마땅히 그렇게 해야 한다'고 스스로 생각하는 것이다. 당위에 매몰되면 실제의 나를 알아차리기보다 나는 어떠해야 한다는 당위의 커튼으로 자신을 가려버리게 된다. 내게 주어진 역할에 따라 '상사를 실망시키지 않아야 한다'라거나 '엄마라면 자녀를 잘 돌봐야 한다'는 압박, '자녀에게 이 정도는 해야 한다'라는 의무감에 가로막혀 지금의 피로나 흥분, 반감과 같은 진짜 감정이나 감각을 온전히 느끼지 못하기 쉽다.

　역할이라는 옷을 잘 차려입는 것만이 목표가 되어버리면 그 옷의 어디가 불편하지는 않은지, 내가 좋아하는 스타일인지, 나에게 어울리는지 등에 대해서는 살피지 못한다. 나의 취향, 내가 유난히 힘들어하거나 좋아하는 감각, 내 감정의 미묘한 파동과 같은 것에 충분히 관심을 기울인 적도, 불편하거나 좋아하는 감각에 따라 선택해 본 적도 드물다. 그러다 보니 감각이 전하는 메시지가 진짜 나의 감정이나 욕구가 맞는지 헷갈린다. 결정적인 순간에 내가 원하는 바를 알아차릴 수 없어 혼란스러워하거나, 사회의 기준이나 타인의 기대 같은 엉뚱한 욕망을 나의 바람이라 착각하기도 한다.

　반면, 그런 정보를 수월히 감각하고 표현하는 회사 동료 G가 있다. 어려운 주제의 논의를 앞두고 모두 어두운 낯빛으로 앉아 있을 때였다. 나 역시 그 무게감에 눌렸지만 회사에 중요한 사안이라 아무 말도 못하고 속으로 스트레스만 받고 있었다. G는 "진짜 오늘 회의하기 싫지"라고 뱉었다. 순간 긴장되었던 분위기가 스르르 풀렸다. 내가 차마 발설하지 못했던, 아니 인정하지 못했던 말을 대신 해주는 그녀의 이야기를 들으니 내 묵은 답답함이나 짜증마저 풀리는 기분이었다. 출근하자마자 졸리다고 한다거나, 좋아서 신청했던 워크샵이 가기 싫어졌다는 변심을 고백하는 것 모두 신선한 충격이었다. 어쩜 그렇게 의무의 무게는 벗어버리고 현재의 감각과 감정에 충실할 수 있는지, 나로서는 늘 입이 벌어질 뿐이었다.

그녀는 "나 너무 초딩 같지"라고 우스개 삼아 이야기한다. 어쩌면 나는 '초딩 같은' 그 시절을 그냥 건너뛰어 버렸는지도 모르겠다. 내게 기대되는 역할이나 분위기에 상관없이 솔직한 마음을 표현할 수 있었다면, 그리하여 내가 감각하는 바를 보다 정확하게 알아차리는 연습을 할 수 있었다면, 하는 아쉬움이 뒤늦게 드는 것이다.

나와의 연결을 위한
지시적 마음챙김 훈련
◦

우리 뇌는 본능적으로 우리가 무엇을 느끼고 원하고 있는지 열심히 살핀다. 우리가 특별한 생각 없이 가만히 있을 때 뇌를 촬영해 보면, 직관적인 느낌과 감정을 인지하고 자기 자신에 대해 감각하는 영역들이 활성화된다고 한다. 우리가 아무것도 하지 않는 상황에서도 뇌는 끊임없이 내 마음 상태에 대한 정보를 주고 있는 것이다. 활성화되는 영역들 중 섬엽이라는 부위는 우리 몸의 내부 상태를 뇌에 전달한다.[2]

몸은 실시간으로 시각이나 청각, 후각과 같이 외부 정보를 감각할 뿐만 아니라 신체 내부의 장기, 근육, 뼈 등에서 주는 정보 또한 감지하고 있다. 이처럼 신체 내부가 뇌에게 알려주는 감각을 내수용감각interoception이라고 한다. 맥박이 빨라졌다거나 입이 마른다거나 속이 울렁거리는 것과 같은 감각의 변화가 생길 때 그 감각을 뇌에 올려 보낸다. 최근 여러 신경과학자들은 내수용감각이 보낸 신호를 뇌가 해석한 것이 감정이라고 설명한다.[3] 예를 들어 호흡이 가빠지고 심장이 갑자기 빨리 뛰는 것을 감지하면 과거의 경험을 바탕으로 '두려움'이라고 해석하고, 배가 조여오고 근육이 긴장한 정보를 근거로 '불안'이라고 추론하는 식이다. 이렇듯 몸은 우리에게 무언가를 계속 알려주고 있고, 우리는 이 신호를 토대로 감정을 지각하고 반응한다.

하지만 장기적으로 오랜 스트레스에 시달리거나 심한 트라우마를 겪으면 몸의 내부에서 강력한 신호를 끊임없이 보내게 되고, 뇌는 우리를 보호하기 위해 이러한 신호를 차단해 버린다.[4] 내부 감각을 제대로 인지하지 못하면 지금 내 마음의 상태를 얼른 알아채거나 해석하기 어려워진다. 실제로 트라우마를 겪은 사람들은 자신의 느낌을 말로 설명하지 못하는 경우가 많고, 긴장되거나 화난 표정을 한 채로 '괜찮다'고 말하기도 한다.[5] 자신으로부터 단절되는 것이다.

다행히도 방법은 있다. 우리의 감정, 직감, 선호를 알려주는 메시지를 부정하거나 간과하지 않고 편안하게 받아들일 수 있다면 말이다. **지시적 마음챙김**directed mindfulness도 그중 하나이다. 이는 특정한 감각이나 감정에 집중해 보는 훈련인데,[6] 지금 느껴지는 신체적 감각에 주의를 두는 방식으로 자신의 감각을 알아차리는 연습을 할 수 있다. 죄책감이나 불안, 두려운 마음이 든다면 어떤 부분의 감각 때문에 그 같은 감정을 느꼈는지 탐색해 볼 수 있다. '불안하다'는 감정 표현 대신 '심장이 빨리 뛴다' '배가 뭉치고 어깨가 긴장된다'와 같은 단어를 써보는 것도 좋다. 그 감각이 얼마나 세거나 무겁거나 가벼운지, 찌르는 듯한 느낌인지, 조이거나 묵직한 느낌인지 살피다 보면 감각이 보다 명료하게 느껴진다.

내부 감각을 인지하기 어렵다면 외부에서 관찰하듯 내 몸을 들여다보는 것도 도움이 된다. 어깨가 앞으로 숙여져 있는지 입을 꽉 다물고 있거나 다리를 떨고 있는지, 손가락을 만지작거리거나 어색한 미소를 짓고 있는지와 같은 몸의 자세나 움직임을 살펴보는 것이다. 혹은 팔을 꽉 쥐었다 놔보거나

다리를 스트레칭하는 것과 같이 내 몸에 강한 자극을 주어서 감각을 깨워볼 수도 있다.[7]

실제로 이러한 신체 감각에 대한 지각력이 높아지면, 뇌의 우측전방 섬엽right anterior insula 피질이 활성화되면서 점차 두꺼워진다고 한다.[8] 우측전방 섬엽은 주관적인 느낌과 정서 경험을 처리하는 곳인데, 신체 감각을 지각하는 연습을 통해 뇌 구조와 기능이 바뀌고, 그 덕분에 내 마음 상태를 더 잘 알아차릴 수 있게 되는 것이다.

감각에 머무는 동안은 당위가 끼어들 틈이 없다. 일을 하다가 힘들다거나 지친다는 마음이 들 때 '직장 다니면서 이 정도는 다 하는 거지'라거나 '힘들어도 끝까지 해야 해'와 같은 당위로 미끄러지지 않고 지금의 내 몸이 알려주는 메시지에 집중할 수 있다. 낡은 관념이 아닌 지금 내 마음이 무엇을 말하고 싶어 하는지 들려주는 메시지다. 후회나 걱정 때문에 생각이 과거나 미래로 달려갈 때, 지금의 생생한 몸의 신호에 초점을 맞추면 현재에 좀 더 머물 수 있게 된다.[9]

길을 걷거나 아이들과 놀 때, 사람을 만나거나 무언가에 열중하고 있을 때 내 감각은 의식하기도 전에 왔다가 흩어진다. 물론, 그 모든 감각을 의식할 필요는 없고 그럴 수도 없다. 다만 배고픔·갈증·통증이라는 신호가 몸이 안정을 되찾기 위해 무엇이 필요한지 알려주듯 몸이 마음의 평온을 바라며 무언가를 들려주고 있음을 기억하면 좋겠다. 지금 자신에게 무슨 일이 일어나고 있는지, 마음에 어떤 것이 필요한지 몸은 끊임없이 이야기하고 있다. 그런 감정을 느낄만한 상황이 아니라서, 그런 감각은 바람직하지 않다는 이유로 틀어막지 않으면 좋겠다. 내 감각에 충분히 튜닝한 뒤에 감정을 조절해도 늦지 않기 때문이다. 관념이나 당위에 깔린 마음을 감각 위에 끌어다 놓는 순간들이 많아지길 바란다. 삶은 그만큼 내게 머물다 갈 것이다.

나를 자책하는
목소리들 사이에서

: 내사 이해하기

그런 목소리가 있다. 자세히 뜯어보면 꼭 정답이라고만 할 수는 없는데도 순간 자동적으로 떠올라 믿게 되는 목소리. 부모혹은 중요한 타인에게 자주 듣고 자라면서 나도 모르는 새에 학습한 기준들이다. 완전히 이해되거나 수긍이 되지 않았지만, 타인이나 사회의 압박 속에서 '쉽게 포기하면 안 된다' '다른 사람을 먼저 배려해야 한다' '분노를 드러내면 안 된다'와 같은 규범들을 얼떨결에 받아들이게 된다.

이 기준은 우리가 사회에서 좀 더 잘 처신하는 사람이 되도록 돕는 안내자이기도 하다. 때로는 의연하게 그리고 최선을 다해 살아가도록 돕는다. 하지만 우리가 이를 따르지 못할 때, 이 안내자는 금세 무서운 선생으로 변해 날카로운 잣대를 들이댄다. 버티고 버티다 풀썩 널브러진 순간, "왜 이렇게 참을성이 없니" "그것 봐, 내가 너 그럴 줄 알았어" "고작 그거 가지고 힘들다고 징징대니"와 같은 자책의 목소리로 찾아온다.

엄격한 목소리는
어디서 오는가

○

　　내게 자주 들리던 목소리 중 하나는 "바보같이 그것도 못하냐"는 질책이었다. 늦은 회의를 하느라 회사에 늦게까지 남아 있던 날, 어린이집 교사에게 연락이 왔다. 아이의 하원 픽업을 기다린다는 전화였다. 남편이 출장 중이라 그날 하원은 내 담당이었는데, 깜박하고 다른 사람에게 부탁하지 못한 것이었다. 정신없이 주변 이웃들에게 연락을 돌리는 와중에도 "엄마가 돼서 그것도 제대로 못하니"라는 무거운 목소리가 당황한 마음 위에 얹혔다. 그 밖에도 무언가 잘못 결정한 것 같았을 때, 지갑을 잃어버렸을 때, 그릇을 깨뜨렸을 때마다 여지없이 훅 하고 이 목소리가 찾아왔다. 아버지의 목소리였다.

아버지는 걱정이 많은 분이었다. 실수하거나 일을 그르칠까 봐 여러 번 점검하고 꼼꼼하게 준비했다. 아버지의 손을 거친 일은 늘 빈틈이 없었다. 그런 아버지에게 걱정을 끼치면 그 불안이 분노로 뒤바뀌곤 했다. 한번은 저녁 식사 자리에서 물을 따르다가 컵을 엎어버렸다. 아버지의 거센 호통이 따라왔다. "으이구, 그거 하나 못하냐!" 먹던 밥이 목구멍에서 멈춰버렸다. 그때 아버지의 얼굴은 무서운 만화영화 속 악당을 닮아 있었다. 놀이터 시소에서 떨어져 다치고 온 날에도, 아버지의 심부름을 제대로 못한 날에도 아버지의 언성은 높아졌다.

그 목소리는 내내 나를 따라다녔다. 깜박하고 시험 문제를 하나 안 풀었을 때, 아는 문제를 놓친 것도 속상한데 '그거 하나 제대로 못하냐'는 목소리까지 따라오면 세상에서 가장 어리석은 사람이 된 것만 같았다. 가뜩이나 늦었는데 버스를 잘못 타서 다시 돌아가야 할 때도, 열심히 쓴 과제를 저장하지 않아 날렸을 때도 어김없이 아버지의 목소리가 들려왔다.

사실 그것은 진짜 아버지의 목소리라기보다는 그렇게 이름 붙여 저장한 나의 목소리에 가까웠다. '정말 그러한가?'

라고 짚어볼 새 없이 답습한 목소리는 곧 자신의 높다란 기준이 된다. 자기를 가장 심하게 비난하는 사람은 부모나 타인이기보다 스스로일 때가 많다. 정신건강의학과 의사 제임스 브라운^{James A. C. Brown}의 말대로, 실제 부모보다 자기 마음속 내사된 부모가 훨씬 더 엄격하고 도덕적이다. **내사**^{introjection}는 상대의 욕구나 가치관을 무비판적으로 받아들여 충분히 소화되지 못한 채 내면화한 것을 말한다.[10]

매서운 목소리에서 도망치는 방법은 완벽해지는 것이었다. 부족하거나 흠이 있는 것은 곧 '바보 같다'는 비난을 받는 일이므로 나는 주어진 일을 뭐든 잘 해내고 싶었다. '지금보다 더 잘해야 한다'고 강박적으로 요구하는 '완벽주의적인 내사'[11]였다. 업무를 처리하고 부모님을 챙기고 아이들을 돌보는 모든 일을 실수 없이 잘 해내야 하는 압박으로 다가왔다. 조금이라도 삐끗하면 내사된 목소리가 나를 찌르는 날카로운 가시가 되곤 했다.

나를 지키는
아우성

○

'실수하면 안 된다'는 내사된 언어는 목소리를 사라지

31

게 하기는커녕 실수하는 순간마다 아버지를 소환했다. 아버지에게 꾸중을 들으면서 느꼈던 억울함, 내가 또 잘못했다는 죄책감이 되살아나 필요 이상으로 움츠러들었다. 그 뒤에는 아버지에게 인정받고 싶다는 간절한 바람, 그리고 실수 하나로 그 바람이 무산될 수 있다는 공포가 있었다. 어린 나의 좌절감과 두려움을 알아주기 시작하자 목소리의 실체가 분명히 보였다. 지금 살아 있는 목소리가 아닌, 먼 과거로부터 온 박제된 목소리일 뿐이었다.

목소리가 가벼워진 것은 자신의 빈틈을 긍정하고 또 공공연하게 드러내는 사람들 덕분이기도 하다. 회사에서 꼼꼼하기로 유명한 G 앞에서 논문 인용 정보를 잘못 적는 실수를 했을 때, 그는 "이런 건 내가 귀신같이 잘 찾잖아. 오류는 내가 찾을게"라며 날 안심시켰다. 오히려 "난 너무 비효율적이야. 사소한 거에 목숨 거는 스타일"이라 말하며 씩 웃어 보였다. 내향적인 K는 "나 사람들 앞에서 얘기를 잘 못하잖아"라며 모임 진행을 도와달라고 요청하기도 했고, J는 자신이 너무 우유부단한 것 같다며 대놓고 사람들에게 자문을 구하기도 했다. 모든 사람에게 적당히 들어차 있는 빈 구석이 그제야 보였다.

서로의 흠이나 실수를 비난하지 않고 삶의 일부로 바

라봐 주는 사람들 곁에서 나의 부족함을 긍정하는 목소리를 얻었다. 그들과 가까워질수록 나의 모자람을 드러낼 용기가 생겼고, 차츰차츰 '실수해도 괜찮다'고 스스로에게 말할 줄 알게 되었다. 실수할 때면 '왜 그랬어' 대신에 '어휴 나 또 그랬네, 그럴 수 있지 뭐' 같은 좀 더 다정한 목소리가 찾아왔다. 사실 그 목소리는 전부터 있었다. 내가 그 목소리에 좀 더 귀를 기울일 수 있는 여유가 생긴 것뿐이었다.

내사된 목소리는 힘이 세다. 그러므로 그에 반하는 목소리에 좀 더 힘을 실어줄 필요가 있다. 보통 이는 '실존의 나'와 가까운 목소리다. 지금 생생하게 느끼는 감정, 욕구, 몸의 상태를 본능적으로 파악하고 외치는 아우성이다. '최선을 다했으면 된 거 아닌가' 하는 항의하는 목소리, '잘 해내고 싶었다'는 욕구가 주장하는 목소리, '다 그만두고 쉬고 싶다'는 나의 상태를 알려주는 목소리까지. 내 안에는 실수하지 말아야 한다는 목소리에 저항하는 많은 외침이 또렷이 존재한다.

이렇듯 곧바로 날아오는 화살 같은 목소리 말고도 우리 안에 다른 목소리가 있음을 기억해야 한다. 내사가 만들어질 수밖에 없었던 과거 어느 지점을 더듬더듬 찾아가 나를 보듬어주거나 때로는 나를 혼내는 목소리에 당당히 맞서본다면 나를 지키는 다른 목소리들에도 점차 힘이 붙을 것이다. 그마저 힘들다면 다른 목소리를 들려주는 사람들을 곁에 둘 수 있다면 좋겠다. 나 또한 그들에게 다른 목소리를 들려주는 사람이 되기를, 그래서 우리 안에 여러 목소리가 있다는 것을 기억할 수 있기를 바란다.

화가
필요한 순간

: 분노를 응시해야 하는 이유

나는 분노가 두려웠다. 연애할 때는 '나는 화를 잘 내는 사람이 싫다'고 거듭 이야기를 했더니 참다 못한 남자친구가 '도를 닦는 것도 아니고 어떻게 화를 안 내고 사느냐'고 억울한 표정으로 항의하기도 했다. 분노를 순식간에 폭력으로 뒤바꾸는 어른들을 보며 자라서인지도 모르겠다. 내게 분노라는 감정은 주변 사람들의 마음에 매서운 흉터를 남기고 오랫동안 쌓은 관계를 무너뜨리며 스스로를 파괴하는 것처럼 보였다.

분노는 오랫동안 경계의 대상이 되어왔다. 가톨릭에서도 분노는 일곱 가지 대표적인 죄에 속하며, '노하기를 더디하라'는 성경 외에도 '한때의 분함을 참으라'는 명심보감, '분노는 무모함에서 시작하여 후회로 끝난다'는 피타고라스의 금언에 이르기까지 분노에 대한 경고가 무수히 전해져 내려온다. 분노를 함부로 표출하는 사람이 많으면 그만큼 정서적·신체적 위험이 발생할 가능성이 커지고 관계의 평화는 쉽게 깨진다. 사회를 보다 안전하게 유지하기 위해서 분노는 경계해야 할 감정이었을 테고, 우리는 스스로도 알아채지 못한 사이에 분노를 그토록 꺼리게 되었는지도 모른다.

　　하지만 분노를 폭발적으로 드러내는 것뿐 아니라 분노를 금기시하는 것 또한 문제를 낳기는 마찬가지다. 화가 나는 것 자체가 잘못이라는 생각을 하게 되기 때문이다.

갈 길 잃은
분노
。

　　화가 날 때 주변의 시선 혹은 분노를 터부시하는 사회적 분위기 때문에 감정을 억누르고 있게 되기 쉽다. 이때 분노는 소멸되는 것이 아니라, 여러 다른 가면을 쓰고 엉뚱한 방향으로 튀어오르게 된다. 이를테면 우리는 이때 분노 대신 슬픔이나 두려움을 느끼기도 한다. '화났다'고 말하는 대신 '속상하다'고 말하는 편이 사람들에게 보다 편하게 받아들여지기 때문이다.

수면 위로 드러나지 못한 화는 자기에게 향하기도 하는데, 이것이 죄책감이 된다. 게슈탈트 심리치료자인 어빙 폴스터Erving Polster 교수는 **죄책감**은 분노의 반전retroflection이라고 설명했다.[12] 반전은 다른 사람에게 하고 싶은 행동을 자신에게 하는 심리적인 현상을 뜻한다. 타인에게 화를 내는 대신 자기 자신에게 화를 내는 것이다. '이깟 일'로 화가 나는 자신을 받아들일 수 없을 때 '저 사람도 사정이 있는데 내가 너무 속이 좁은 거 아닌가'라거나 '내가 잘못해서 저 사람이 저런 식으로 행동하는 건 아닐까'와 같은 자책 뒤로 숨게 된다.

특히 화가 나는 대상이 부모나 자녀, 연인이나 배우자와 같이 '내가 당연히 이해해야 하는 존재'일 때, 분노는 갈 길을 잃는다. 내담자 K의 어머니는 매우 헌신적인 분이었다. 이혼 후 노점상을 하며 빠듯하게 외동딸을 건사해 왔다. K는 그런 어머니의 뜻을 거스르는 법이 없었다. 하지만 결혼할 나이에 이르자 남편감에 대한 어머니의 간섭이 심해졌고 처음으로 갈등이 생겼다. 마음 깊은 곳에는 자신의 결정을 존중해 주지 않는 어머니에 대한 분노가 있는데도, K는 이를 차마 들여다보지 못하고 있었다. 오히려 분노의 방향을 틀어 어머니의 기대에 맞춰주지 못하는 스스로를 자책했다.

'그렇게 나를 위해 고생한 어머니에게 화를 내다니' '어머니가 싫어할 만한 사람을 데려온 내가 부족한 거지' 같은 생각이 감정의 항아리를 덮어씌우고 있었다. 그 때문에 화가 났다는 마음의 상태조차 알아차리지 못한 것이었다. 상담을 통해 화를 내어도 괜찮다고, 화가 나는 것이 당연하다는 마음에 이르자 그녀는 분노를 있는 그대로 응시할 수 있었다. 그제야 "엄마 너무해"라는 말이 비명처럼 터져 나왔다. 화를 누르느라 팽팽해져 있던 긴장이 스르르 풀어지기 시작했다.

나를 보호할 수 있는
방향계
○

우리가 그토록 불편하게 여기는 화는 사실 다른 감정과 마찬가지로 우리의 상태를 알려주는 나침반과 같은 존재다. 특히 우리가 소중하게 여기는 것을 빼앗기거나 침범당했을 때, 분노는 무엇이 잘못되었는지 그 방향을 선명하게 가리킨다. 가족이나 프라이버시, 일의 성과와 같이 내가 중요하게 생각하는 가치를 누군가 흔들어댈 때, 우리는 분노를 느낀다. '지금 가만히 있으면 안 돼, 소중한 것을 지켜'라는 신호를 보내는 것이다.

　　친구가 약속 시간에 연거푸 늦을 때, 거절 의사를 밝혔음에도 상대가 계속 연락을 해올 때, 운전 중에 누군가가 급하게 끼어들 때 우리는 화가 난다. 화가 나야만 한다. 내가 소중하게 여기는 나의 시간과 경계, 안전을 누가 침범했기 때문이다. 그때 분노라는 신호가 작동하는 것이 정상이다. '지금 경계를 넘어왔다' '네가 한 행동이 잘못됐다' '다시는 그러면 안 된다'는 메시지를 주어야 나를 보호할 수 있다. 부당한 대우를 받을 때 화가 나지 않으면 상대가 우리를 계속 함부로 대하도록 두게 될 수 있다. 무심결에 끓어오른 냄비 손잡이를 잡았을 때 강렬한 통증을 느낄 수 있어야 곧바로 손을 뗄 수 있다. 그래야 피부가 보호되는 것처럼, 우리 마음 역시 누군가의 심리적 침범에 분노라는 통증을 느껴야 안전하게 보호될 수 있다.

　　또한 어린아이가 학대로 고통받은 사건을 접할 때, 이주노동자가 착취당하는 것을 볼 때, 동물들이 살처분될 때 우리는 화가 난다. 타인의 존엄성이나 생명을 지켜주고 싶은 마음이 우리에게 있기 때문이다. 타인의 절망 앞에서 화가 나는 마음은 불의에 맞서는 용기를 내게 해주기도 한다. 연구자들은 이를 **공감적 분노**empathic anger 혹은 **도덕적 분개**moral outrage라고 부른다.[13] 이러한 분노 덕분에 우리는 공동의 문제에 마음을 모을 수 있고, 분노를 동력 삼아 사회적 문제에 대한 집단적인 행동을 도모할 수 있다.[14]

우리가 분노를 느낄 때 몸은 곧바로 전투 채비를 한다. 비상 상황임을 감지한 편도체 덕분에 심장박동이 증가하고 호흡이 빨라지면서 근육에 힘이 들어간다. 심리학 교수이자 분노에 관한 저명한 연구자 중 하나인 라이언 마틴Ryan Martin은 분노를 '연료'라고도 표현했다.[15] 분노는 우리에게 문제를 해결할 수 있는 힘과 에너지를 준다.

나는 평소 거의 큰소리를 내지 않는 편이다. 하지만 누군가가 내가 리더로 있던 소모임 구성원에 대해 부당하게 비난했을 때, 없던 용기가 솟아나 목청껏 항의하기도 했다. 그러느라 눈물이 찔끔 났지만 말이다. 마트에서 만난 아이에게 무례하게 대하는 어른을 볼 때, 낯모르는 이더라도 "그러지 마세요" 하고 간섭을 해버린다.

부적합한 감정이라는 것은 없다. 그것에 주의를 기울이고 받아들일 수 있을 때, 분노는 예측 불가한 폭탄이 아니라 행동의 방향을 가리키는 강렬한 에너지가 된다. 나 또는 이웃을 보호해야 하는 상황에서 용기를 내게 해주고, 미투 운동이나 촛불 시위, 여타 민주화 운동과 같이 사회를 바꾸는 힘을 만들어내기도 한다.

분노가 가리키는 방향
°

틱낫한^{Thích Nhất Hạnh}은 '주의 깊게 관찰하고 돌보지 않을 때만 분노가 파괴적인 힘을 가진다'고 말한다.[16] 분노는 그 자체보다 이를 마주하려 하지 않고 밀어내거나 누를 때 문제가 된다. 어느 감정이든 해소되기 위해서는 무대 위에 올려놓고 충분히 주목해 주어야 하는데, 우리는 분노나 미움, 질투와 같은 감정에게는 선뜻 주인공의 자리를 내어주려 하지 않는다. 감정은 무대 아래로 끌어내리려 할 때 더욱 아우성치기 마련이다. 무대로 올라와 실컷 말한 후에야 분노는 스스로 내려갈 테고, 다른 감정이 올라올 자리를 마련해 줄 것이다. 대부분 분노는 할 말이 많다.

많은 경우 분노는 나에 대한 충실한 정보원이 되어 내가 무엇을 중요하게 생각하는지, 상대의 행동이 내게 어떤 의미가 있는지 알려준다. 가령 학교 행사든 모임이든 진행 시간이 엄격하게 지켜지지 않을 때 크게 불편해하지 않는 남편과 달리, 시간을 촘촘히 계획하는 나는 정색하고 만다. 옆 차선의 택시가 운전을 거칠게 할 때 나보다 안전에 대한 바람이 큰 남편은 자주 발끈하곤 한다. 사람마다 욕구의 종류와 크기가 다르기 때문에 같은 상황에서도 반응이 다르다. 유독 화가 많이 나는 상황이 있다면 그것에 대한 내 욕구가 강하다는 뜻이고, 분노가 거셀수록 나의 바람이 그만큼 크다는 것을 말하고 있는 것일 테다. 내가 원하는 바가 명료할수록 파르르 끓어올랐던 분노도 조금씩 가라앉을 수 있다.

　　분노조절장애를 치료할 때 인지행동치료에서는 기록을 통해 분노의 의미나 패턴을 탐색하기도 한다. 분노를 느꼈을 때의 상황, 나의 반응과 그 결과를 기록하면서 감정에 거리를 두고 관찰하는 법, 다른 방식으로 표현하는 법을 훈련하는 것이다. 무엇 때문에 화가 났는지, 그때의 나는 어떤 생각을 했고 분노는 어느 정도로 강렬했는지, 내가 한 행동과 그 파장은 어땠는지 기록한다.[17] 한 주 혹은 한 달 동안 작성한 기록을 돌아보면 주로 화가 나는 상황과 자주 하는 행동 반응이 보인다. 유난히 타인이 내 결정에 간섭할 때나 일이 더디게 진행될 때 짜증이 치민다거나 혹은 무례한 말투에 화가 많이 난다거나 하는 패턴을 발견할 수 있다. 그것으로 미루어 내가 특히 보호하고 싶은 것이 무엇인지 이해할 수 있고, 내가 원하는 바에 더 가까운 결과를 가져다주는 행동은 어떤 것인지 찾아볼 수 있다.

특히 화가 난 상황에서 들었던 생각에 주목해 볼 필요가 있다. 초점이 어긋난 해석이 분노를 불러올 수 있기 때문이다. 업무를 놓칠까 봐 걱정된 직장 동료의 조언에 '나를 못 믿는 거야?'라는 생각이, 가게 점원이 내 말을 자를 때 '나를 무시하나' 하는 생각이 끼어들면 화가 날 수밖에 없다. 동료는 나를 도와주려는 의도였고 가게 점원은 다음 손님이 신경 쓰여 빨리 응대하고 싶어졌을 수 있는데 말이다. 때로는 규범 때문에 더 화가 나기도 한다. 그냥 넘길 수 있는 상황에서도 '궂은일은 아랫사람이 해야지'라거나 '하겠다고 말했으면 책임지고 해내야지' '손님에게는 친절해야지'와 같은 규범에 강하게 매인 생각이 끼어들어 화가 난다. 규범은 대부분 사회에서 학습한 것들인데, 특히 집단이 강조되는 사회는 누군가 집단 규범을 어길 때 더욱 분노하는 경향이 있다.[18] 화가 나는 상황에서 어떤 생각이 자주 떠오른다면, 그 생각이 과연 타당한지 되짚어 볼 필요가 있다.

나도 이제는 도인처럼 화를 덜 내는 것이 능사가 아니라는 것을 안다. 분노는 단순히 멀리하거나 경계해야 할 '나쁜' 감정이 아니었다. 화가 솟구칠 때 내가 그토록 지키고 싶

43

은 소중한 것을 응시하고, 그 분노를 어디에 사용할지 결정하면 될 일이다. 혹시나 자의적인 해석이나 사회 규범에 스스로 걸려 넘어지진 않았는지 살필 수 있으면 더 좋다. 여전히 분노 자체를 인정하고 싶지 않아 밀어내거나 화르르 뛰어들 때도 있을 테다. 하지만 판단이나 두려움 없이 화난 마음을 오롯이 바라보는 시간이 쌓이다 보면, 분노가 가리키는 방향에 시선을 더 두게 되는 날도, 분노가 주는 힘에 기대어 나와 타인을 보호할 수 있는 용기를 얻는 날도 점차 늘어갈 것이다.

완벽하지 못한
존재라는 좌절

: 나를 닦달하는 강박에 덧입혀진 것

상담을 하면서 감정 일기를 써보게 하는 경우가 많다. 하루를 돌아보며 가장 마음에 남는 일에 대해 쓰고 그때 든 감정의 이름과 강도를 체크하는 과제다. 내담자들의 감정 일기 속에서 가장 고통스러운 순간은 사람마다 달랐지만, 크게 구분해 보면 몇 비슷한 이유로 모아졌다. '내가 바보같이 느껴질 때' '제대로 처신을 못했을 때' '부족한 엄마 혹은 딸인 것 같을 때'…. 스스로가 '충분하지 않다'는 느낌이 들 때였다. 그렇다고 그들이 매일 시간을 허투루 보내는 것은 아니다. 온종일 긴장하며 맡은 일을 처리해 나간다. 회사에서 조금이라도 일을 더 잘하기 위해, 물건을 살 때 가장 좋은 옵션을 선택하기 위해, 아이에게 가장 좋은 것을 주기 위해 몸에 힘을 잔뜩 준다. 그 와중에 틈틈이 친구와 약속을 잡고 이메일이나 SNS 알림을 확인한다. 이다지도 쉼 없이 무언가를 하는데 왜 충분치 못하다고 느끼는 걸까.

사회가 만든
완벽함의 기준
◦

이는 내가 생각하는 어떠한 기준에 도달하지 못할 때 느끼는 감정들이다. '현명'하거나 '센스 있는' 사람이라면, '똑똑한 엄마' 혹은 '좋은 딸'이라면 응당 이만큼은 해내야 하는 일을 내가 하지 못했을 때 나는 갑자기 한참 뒤처진 사람이 된 것 같다. 그 기대라는 것에는 나 스스로 만든 기대도 있지만 타인이나 사회가 투영되기도 한다. 그래서 내가 있는 곳, 속한 사회에 따라 그 기대의 강도는 달라진다.

사회가 고도화되고 성과를 중시하는 능력주의가 발달할수록 학업 성취, 업무 성과, 대인관계나 가족, 외모나 건강

등에서 요구되는 잣대는 촘촘하고 다양해진다. 특히 정해진 성공의 길, 삶의 보편적인 기준이 중요한 문화권에서는 더 그렇다.[19] 학교나 직장, 사는 동네나 아파트의 이름까지 가지 않더라도, 옷차림이나 말솜씨가 적당히 세련되고, 각종 트렌드나 재테크, 양육 관련 정보를 어느 정도 잘 알고 있어야 한다는 압박을 받는다. '나이 서른이라면' '젊은 여성이라면' '엄마라면'과 같이 나이나 성별에 따라서도 다른 기대가 덧입혀진다.

우리를 둘러싼 표준적인 기준이 뚜렷할수록 우리가 그 기준에 '미달'한다는 것은 분명해진다. 거미줄처럼 얽힌 기대망에서 어느 하나에는 삐끗하기 마련이므로, 우리는 늘 '충분하지 못한' 느낌을 갖고 살게 된다. 언제나 어딘가는 부족하고 부적절한 사람이 되어버리는 것이다. 이 충분하지 못한 느낌은 우울이나 불안으로 이어지기 쉬운 취약한 고리가 된다.

낙오되지 않기 위해 애쓰는 완벽주의도 강해진다. 대상에 따라 완벽주의를 자기지향 완벽주의, 타인지향 완벽주의, 사회부과 완벽주의로 나누기도 하는데, 최근 연구에서는 청년들 사이에서 사회나 타인이 부여하는 기대를 충족시키고자 하는, **사회부과 완벽주의**socially prescribed perfectionism가 가파른 속도로 심해지고 있음이 밝혀졌다.[20] 자기만의 높은 기준으로 스스로를 몰아붙이는 자기지향 완벽주의나 비현실적 기

47

준을 타인에게 들이대는 타인지향 완벽주의에 비해 사회부과 완벽주의는 불안·우울감·자살 위험성이 더 많고, 스트레스 강도도 더 세다.[21]

사회부과 완벽주의가 높으면 외부에서 정해놓은 기준에 도달해야 한다는 압박감 때문에 스스로 삶을 주도적으로 이끌어간다는 느낌을 갖지 못하고 다른 사람이 어떻게 생각할지, 자기 삶이 타인의 평가 기준에 잘 맞는지 자꾸 돌아보게 된다.[22] 수치심이나 죄책감을 자주 느끼게 되는 것은 당연한 결과다.[23] 무엇보다 타인이 정해놓은 기준에 맞추다 보면 내가 중요하게 생각하는 것을 놓칠 수 있다. 우리의 주의력은 한계가 있기 때문이다.

충분히 잘 사는
삶을 위한 선택
∘

신경과학자인 대니얼 레비틴Daniel J. Levitin 교수에 따르면, 우리가 동시에 주의를 기울일 수 있는 대상은 그 개수가 정해져 있고, 어느 하나에 주의를 기울이면 필연적으로 다른 무언가로부터 주의를 거두어들이게 된다.[24] 심지어 하루에 어느 정도의 판단을 내리고 나면 더 이상 신중하거나 좋은 판단을 내리기 힘들어진다. 사회의 기준과 익혀야 하는 정보가 많을수록 주의는 분산되고 어디선가 구멍이 생길 수밖에 없다. 늘 열심히 하는데 어딘가는 부족한 상태가 되는 것이다.

생활용품을 고르는 일부터 진로를 결정하는 일까지 사회가 아무리 삶의 모든 순간에 완벽함을 요구한다고 하더라도, 어디에 주의를 쏟으며 살지는 내가 선택할 수 있다. 내게 중요한 영역을 가려내어 그곳에 주의력을 모으고, 나머지 영역에서는 기준에 미치지 못하더라도 받아들여 보자. 실은 다 잘 해내고 싶었을 테지만, 그러지 못해 애석하지만, 내게 중요한 것에 집중하기 위해 그렇지 않은 곳에는 의도적으로 힘을 빼는 것이다.

내가 무엇을 중요하게 생각하는지 언뜻 그려지지 않는다면 **수용전념치료**acceptance and commitment therapy에서 권하는 방법을 써볼 수 있다. 내 장례식에서 내 속마음을 가장 잘 아는 사람이 나에 대해 어떤 추모사를 해줄지 생각해 보는 것이 그중 하나다.[25] 그가 생전의 내가 어떤 것에 가장 마음을 쏟았고 무엇을 위해 살았는지 말해준다면, 어떤 이야기를 듣고 싶은가. 그 질문에 가장 우선으로 떠오르는 말이 곧 내가 삶에서 집중하고 싶은 부분일 테다.

가령 자녀에게 좋은 엄마였다고 기억되길 원하는 사람

이라면, '자녀 양육'이라는 영역에서 어떤 부분에 주의를 두고 싶은지 선택할 수 있다. '좋은 양육자'라는 모호한 타이틀은 많은 역할을 포함한다. 정서적 지지, 시의적절한 조언, 학업 지원, 건강한 식단 제공 등 양육자로서 자녀에게 해줄 수 있는 것이 많기 때문이다. 그 모든 것이 다 중요해 보이지만 다 잘 할 수는 없다. 그중에서 내가 가장 중요하게 생각하는 역할은 무엇일까. 그것을 찾아 선택적으로 집중하는 것이다, 나머지에는 그만큼 충실할 수 없는 안타까운 현실을 인정하면서. 이제 추모사를 조금 더 구체적으로 쓸 차례다. '자녀를 따뜻하게 지지하고 이해해 준 엄마였다'라는 메시지가 남길 바란다면, 자녀와 있는 시간만큼은 자녀가 충분히 이해받는다는 것을 느끼게 하는 데 보다 집중할 수 있다. 이것이 삶의 핵심 가치, 즉 내가 '충분히 잘 사는 삶'을 위해 선택하는 기준이 된다.

설사 이 기준에 따라 살지 못한다 하더라도 실패한 삶은 아니다. 우리는 '오늘은 잘 실천했으니 100점'이라거나 '오늘은 아이를 이해해주지 못했으니 0점'과 같이 스스로를 극단적으로 평가하는 경향이 있다. 그날의 나는 50점이나 60점만큼의 애를 썼을 텐데도, 100점에 도달하지 못한다는 이유로 그 모든 것을 '0점'으로 환산해 버린다. 더구나 가치는 결과를 평가하기 위한 기준이 아니다. 캄캄한 바다 위 등대와 같이 내가 어느 쪽으로 가야 할지 알려주는 방향계에 가깝다. 그날의 나는 방향에 맞게 50점이나 60점만큼 전진한 셈이다. 방향키를 잘못 돌려 등대와 멀어졌다면 다시 등대 쪽으로 방향을 돌리면 된다. 방향을 바꾸는 노력 그 자체가 이미 가치를 향해서 항해하고 있는 과정이다. 그러다 보면 언젠가는 등대 근처까지 도달해 있을 것이다.

　　우리는 완벽하지 못한 존재다. 잘못된 결정을 내리기도 하고 어떤 부분에선 한참 부족하고 무능해 보이기도 한다. 이 때문에 타인을 실망시킬 수도 있겠지만, 나 자신에게 중요한 것에 주의를 쏟느라 어쩔 수 없는 일이다. 내가 중요하게 생각하는 일을 할 수 있는 만큼만 해보겠다는 용기를 가지는 것, 그 경계 바깥에 있는 것에는 힘을 빼는 것. 그것이 무결한 완벽을 강요하고 불안을 조장하는 세상 속에서 꿋꿋이 자기 삶을 살아내는 길일 테다.

연결에 대한
사이렌

: 외로움이 보내는 신호에 주목하기

많은 사람들이 '느슨한' 관계를 추구한다. 각자의 삶의 경계를 침범하지 않으면서도 필요할 때마다 교류할 수 있는 거리감을 선호하는 것이다. 하지만 모든 사람에게 느슨한 사이가 최선은 아니다. 그 정도의 느슨함만으로도 유대감에 대한 욕구가 충족되는 사람이 있는가 하면 그렇지 않은 사람도 있다. 나는 후자에 가까웠다.

가깝게 지내던 친구가 타국으로 이주한 후 첫 평일을

맞았다. 장거리 여행으로 집을 오래 비울 때면 차나 집 열쇠를 서로에게 맡길 정도로 가까웠고, 주중에도 여러 번 마주앉아 이야기를 나누던 사이였다. 어떤 인사말로도 아쉬워 이미 우리는 지난주 내내 작별인사를 했던 터였다. 그런데 이상하게도 사람들이 평소와 달리 멀게 느껴졌고, 나만 혼자 떨어진 섬 같이 느껴졌다.

이 끈덕진 감정은 뭘까. 외로움이었다. 외롭다고 이름 짓기까지 한참이 걸렸다. '나는 외로움을 잘 타지 않는 사람이야'라는 말이 소위 쿨해 보이기 때문이었을까, 외롭다고 인정하는 순간 외로움이 파도처럼 나를 덮칠 것만 같아 두려웠기 때문이었을까. 마주하고 싶지 않았지만, 아무리 봐도 영락없는 외로움이었다.

외로움,
연결되고 싶다는 마음의 신호
。

나의 외로움의 역사는 깊다. 선명한 기억은 대학 입학 후 기숙사에서 지낼 때였다. 대부분 각자의 집으로 돌아간 겨울방학 어느 날, 나는 어떤 연유에선지 기숙사에 남아 눈이 쌓이는 창밖 풍경을 하염없이 바라보고 있었다. 눈을 보기 힘들었던 고향에서는 눈이 오는 날은 축제나 마찬가지였다. 눈이 몇 송이 흩날리기 시작하면 온 동네 아이들이 약속한 듯 달려 나왔다. 손에 닿자마자 녹아버려 한 줌 쥐기도 힘들었지만, 손바닥에 투명하게 고인 눈을 훑으며 그 이상 더 신날 수 없다는 듯 깔깔거리곤 했다. 하지만 기숙사 창문 너머의 눈은 더 이상 설레는 짜릿함이 아니었다. 콕콕 쌓이는 그리움이었다.

그 시절 나는 외로움 앞에서 어찌할 바를 몰라 속수무책으로 휘둘리거나 도망치곤 했다. 저녁에 홀로 불 꺼진 방 노트북 앞에 앉아서 친구들의 미니홈피(당시 유행하던 SNS)를 내내 뒤적이거나 밤늦게 흘러나오는 라디오에 마음을 기대곤 했다. 전원을 끄면 다시 외로움이 매섭게 찾아와 자리를 잡았다. 외로움이라는 감정은 도망가려 할수록 더욱더 거세어졌다.

때로 그것은 그저 외로움만은 아니었다. 오랜 친구들과 가족으로부터 멀리 떠나와 지내면서 이제는 내 든든한 뒷배가 되어주는 누군가가 곁에 없다는 불안감이기도 했다. 무슨 일이 생겼을 때 허물없이 도움을 청하고 받을 수 있는 이들이 지척에 없다는 사실이 나를 더욱 위축시키고 있었다.

사회신경과학자인 존 카치오포^{John T. Cacioppo} 교수는 **외로움**은 '고통이나 목마름 같은 일종의 경보 상황'이라고 했다.[26] 실제로 사회적으로 고립되었을 때 활성화되는 뇌의 영역은 신체적 고통을 느낄 때와 동일한 부위라고 한다.[27] 손가락이 베이면 생기는 고통이 치료를 해달라는 몸의 신호인 것처럼, 외로움은 지금 좀 더 깊은 유대감이 필요한 상태라고 '마음이 보내는 고통의 신호'이다.

하지만 외로움은 마음이 약한 사람들이 느끼는 것이라는 편견 때문에 의식적으로나 무의식적으로 가려진다.[28] 외롭다는 감정을 외로움으로 해석하지 않고 단순한 불만족이나 슬픔으로 오인하거나, 불면증·피로와 같은 신체적 증상에 집중하면서 외로움을 알아차리지 못하기도 한다.[29]

외롭다는 것은 의존적이라거나 사회성이 부족하다는 것과 같은 말이 아니다. 정신적인 장애는 더더욱 아니다.[30] 사회심리학자들은 인간은 누구나 의미 있는 관계를 형성하고 유지하려는 최소한의 욕구가 있다고 단언한다.[31] 외로움은 다만 그 욕구가 충족되지 못했기 때문에 생기는, 누군가와 연결되고 싶다는 지극히 정상적인 갈망이다. 모든 마음의 고통을 대하는 일이 그러하듯, 그저 그 저릿한 갈망에 시선을 두는 것에서부터 변화가 시작된다.

다만 지금의 외로움이 혼자 있는 것이 힘들어 그저 사람들 속에 섞여 있고 싶은 마음은 아닌지 돌아볼 필요는 있다.

걱정, 후회, 실망으로 가득 차버린 마음속 긴장감이 견디기 어렵다거나 단지 혼자 있는 시간을 어떻게 보내야 할지 몰라 외롭다고 느낄 수도 있다. 밤새 미니홈피를 뒤적이던 나는 타인이 아니라 나와 연결될 필요가 있었다. 그럴 땐 노트북 앞에서 일어나 산책을 나가거나 일기를 쓰면서 내게 있는 불안과 만나야 했다. 타인의 시선 없이 홀로 있을 때, 나의 속마음은 평소에 알아차리지 못했던 이야기를 들려주곤 하기 때문이다. 그 후에 타인과 연결되더라도 늦지 않다.

충분히 연결됐다는
느낌을 찾아서

。

외로움은 단순히 사람들을 많이 만난다고 줄어들지는 않는다. 내 주변에는 늘 '서로의 집 숟가락이 몇 개인지 훤히 아는' 가까운 친구들이 있었다. 대학 기숙사 생활을 마치고 수년 동안 함께 자취한 룸메이트가 있었고, 결혼 후에도 아이를 통해 맺어진 친구들과는 서로의 부엌과 거실을 수시로 들락거렸다. 하지만 그저 모임을 많이 가고 친구들을 자주 만난다고 내가 바라는 **유대감**이 채워지지는 않았다.

오히려 연구자들은 자기가 기대하는 것 이상으로 친

구 수가 너무 많은 경우 더 외로움을 느낀다고 경고한다.[32] 외로움은 자신이 바라는 관계의 정도와 현재 충족된 정도의 차이가 클 때 찾아오기 때문이다.[33] 주변에 친구가 많아 보이는 사람도 자신이 바라는 관계의 질이 만족스럽게 채워지지 않는다면 외로움을 느낄 수밖에 없고, 마음을 나눌 수 있는 이가 단 한 명인 사람도 기대만큼 긴밀히 소통된다고 느낀다면 덜 외로울 수 있다.

　　마음이 잘 맞는다는 느낌 또한 사람마다 다른 때에 찾아온다. 나는 머릿속에 가득 찬 고민을 스스럼없이 나눌 수 있는 누군가가 있다는 사실만으로, 혹은 독서 모임이든 생태 모임이든 더 나은 삶이라고 여겨지는 무언가를 함께 시도할 때 '충분히' 연결됐다고 느꼈다. 어떤 사람은 무언가를 같이 배우거나 소소하고 즐거운 활동을 같이 할 때, 또는 누군가와 매일의 일상을 공유할 수 있다면 연결된다고 느낀다.

　　내가 어느 정도의 유대감이 필요한지, 어떨 때 유대감을 느끼는지는 관계에 뛰어들지 않고서는 가늠하기 어렵다. 하지만 외로울수록 관계에 대한 회의감이 크고 거절이 두려워지기 때문에 사람들과의 만남을 피하려는 경향이 있다. 또한 같은 상황에서도 사람들이 훨씬 더 적대적이라고 해석한다. 타인의 미소가 체면치레일 뿐이라고 단정해 버리고 상대의 무표정한 얼굴을 자신에 대한 거부감으로 오인해 버린다. 이는 외로움이 불러온, 자기를 보호하기 위한 착시일 수 있다. 지금 외롭다면 타인을 바라보는 시선이 그만큼 날카로워져 있다는 것을 기억하면 좋겠다.

유대감에 대한 기대가 높든 낮든, 내가 그런 사람이라 는 것을 알아차리고 받아들이는 것에서부터 출발해야 한다. 그에 상응하는 정도와 방식으로 느슨하거나 긴밀한 관계를 시도해 보는 것. 그것이 외로움이라는 신호에 반응하는 방법 이다. 자주 가는 동네 슈퍼 할아버지에게 날씨를 핑계로 말을 건넨다던가, 호감이 있었지만 선뜻 다가가지 못했던 누군가 에게 미소를 전해보고, 친구나 가족 곁에서 시간을 보낼 수 있 다. 인간이란 의미 있는 누군가와 연결될 수밖에 없다는 고유 의 취약함을 인정하는 순간이다.

그리고 외로움의 신호등이 켜져 있을 사람들을 하나둘 떠올려 보자. 낯선 동네로 이사 간 친구, 우울한 시기를 통과 하고 있는 가족, 이별 후 남은 사람들, 크고 작은 고독한 상황 에 처한 이들…. 안부를 묻고 마음을 나누는 수고가 모여 각자 의 외로움이 조금이나마 옅어질지 모른다. 타인을 위한 행동 은 결국 나의 외로움 또한 덜어준다.[34] 섬처럼 흩어져 있는 우 리 사이에 든든한 밧줄 같은 연결감이 놓이는 상상을 해본다.

유대감이 필요하다는 자신과 타인의 신호에 부응하는, 다정한 한 걸음을 뗄 수 있다면 말이다.

우울이
찾아왔다면

: 작은 행동과 감각의 변화가 벌려주는 숨구멍

"왜 제게만 이런 불행한 일이 생기는 걸까요. 영화 주인공 같아요, 아주 비극적인 영화요." 우울한 기분에 깔려 숨 쉬기조차 힘겨워 보이는 내담자가 이야기했다.

낯선 말은 아니었다. 언젠가 20대의 나도 그런 이야기를 했던 적이 있었다. 모든 불운은 내게로 몰려드는 것 같아 버스를 놓치거나 수강 신청을 실패하는 소소한 일에도 '이것 봐, 나는 되는 일이 없어'라고 읊조리게 되었다. 인생에 한 번

쯤 이런 생각이 통과하고 지나간다.

우울할 때의 감정은 사람마다 다르게 느껴진다. 누군가에게는 깊은 슬픔으로, 누군가에게는 땅속 저 밑으로 내려간 무기력으로, 누군가에게는 무감각으로 찾아온다. 하지만 우울한 사람들의 공통점은 생각하는 방식이 기울어진다는 것이다. 우울한 기분 때문에 세상과 나를 보는 렌즈가 흐릿해진다.

인지삼제에서
빠져나오기
。

이런 편향된 생각을 '인지 왜곡'이라고 한다. 이 불행한 삶이 앞으로도 계속 될 거라는 미래에 대한 암울한 기대, '나는 부족한 존재'라는 믿음까지 덮친다면 **인지삼제**cognitive triad 가 모두 들어차 버린 상태다. 인지치료의 창시자인 아론 벡 Aron Beck에 따르면, 우울한 사람들은 흔히 자신과 세상 그리고 미래, 이 세 가지에 대한 인지삼제의 오류에 빠지게 된다. 스스로가 부적합하고, 세상은 해결하기 어려운 문제로 가득하며, 미래에도 희망이 없다는 생각의 굴레이다. 어떤 일을 마주하든 이러한 부정적 해석 때문에 절망감이 깊어지고 만다.

이는 손쓸 수 없을 정도로 자동적으로 떠오르는 생각이어서 '부정적인 생각은 그만하자'라고 결심한다고 교정되는 것이 아니다. '왜 이렇게 사람이 비관적이지'라고 스스로를 탓할 필요도 없다. 손가락을 베어 통증을 느낄 때 스스로를 '부정적'이라거나 '엄살을 피운다'고 책하지 않는 것처럼 말이다.

우울증은 기질적·생리학적·환경적 문제가 맞물릴 때 찾아온다. 생리학적인 호르몬이나 뇌의 신경전달물질의 불균형, 유전적 취약성, 사회구조적인 압박, 크고 작은 스트레스 사건의 조합 결과가 우울증이다. 이해할 수 없는 뇌의 작동 방식이나 타고난 기질, 우리가 통제할 수 없는 환경에 불만을 가진들 어떤 뾰족한 답변을 들을 수도 없다.

우울증까지는 아니더라도 우울한 감정은 수시로 찾아온다.[35] 그럴 때 우울을 만든 원인을 직접 손볼 순 없지만, 우리가 해나갈 수 있는 것들은 있다. 우선 '이런 생각이 들 만큼 지금 우울한 상태구나'라고 그저 끌어안아 줄 수 있으면 좋다. 지금은 모든 게 잘못됐고 앞으로도 나아질 수 없을 거라는 생각이 끔찍할 정도로 생생하더라도, 이러한 생각은 단지 우울이라는 먹구름이 몰고 온 진눈깨비와 같아서 잠깐 머물다가 떠나갈 것이다. 다친 손가락이 나으면 언젠가 통증이 멎

을 거라 믿는 것처럼, 왜곡된 생각 또한 사라질 것을 믿으면
좋겠다.

우울감과 부정적인 생각이 심하다면 강력한 세척액으
로 렌즈를 세척하듯 약물치료가 필요한 순간이 온다. 뇌 속 감
정과 관련된 신경전달물질이 균형을 잃으면 우울감이 더 깊
어지게 되는데, 항우울제는 뇌의 불균형을 바로잡도록 돕는
다. 다만 약물치료와 함께 행동을 바꾸어가는 시도를 할 때 가
장 치료 효과가 좋아진다.

작은 행동이
작은 만족감으로

∘

조해진의 소설 〈산책자의 행복〉에서는 친구의 죽음을
목격한 이후 우울감에 빠져 있는 메이린과 그의 선생이 나온
다. 선생은 그녀에게 '살아 있는 동안에는 생의 살아 있다는
감각에만 집중하면 좋겠다'고 부탁한다.[36] 그리고 이 말은 훗
날 직장을 잃고 불행의 나락으로 떨어진 선생에게 메이린이
되돌려주는 말이 된다. 내게는 생의 살아 있다는 감각이 '생(
삶)이 살만하다는 것을 느끼는 감각'으로 다가왔다. 버스에 내
려 새파란 하늘을 올려보았을 때의 청량감, 추운 겨울 저녁 밥

상에서 뜨끈한 국물을 들이켰을 때의 온기, 내 이야기를 이해하겠다는 상대의 눈빛에 심장이 뛰던 느낌, 강렬하게 아름다운 음악에 맺혀버린 눈물. 삶이 살만하다는 것은 바로 이러한 순간을 자주 경험하는 일이 아닐까.

　　우울할 때는 이런 순간이 드물게 찾아오는 것처럼 느껴진다. 예전에 즐거웠던 일도 그만큼 기쁘게 느껴지지 않는다. 행동치료학자들은 일상에서 즐거움이나 성취감, 보상, 사회적 인정을 드물거나 약하게 경험하는 것이 우울증의 주요 원인이라고 설명한다. 만족감을 얻는 일이 많아질 때 우울 증상은 줄어들 수 있다.[37] 하지만 우울해지면 긍정적인 경험에 소극적으로 변한다. 누구를 만나거나 밖에 나가기가 싫어지고 어떤 일도 하고 싶지 않다. '조금 더 의욕이 생길 때' 혹은 '기분이 괜찮아질 때'까지 기다려봐도 점차 더 무기력해지고, 어떤 시도도 하지 않으니 상황을 변화시키거나 긍정적인 경험을 할 기회조차 잃어버려 우울이 더 심해지고 만다.

　　때로는 지금의 기분과 상관 없이 즐거움이나 만족감을 주는 작은 행동을 하나 해보는 것이 우울의 사이클을 멈추게 만든다.[38] 이는 '행동활성화behavioral activation'라는, 우울증에 대한 효과가 꽤 검증된 치료법이다.[39] 평소 먹고 싶던 음식을 먹어보고, 나를 이해해 주는 사람에게 전화를 걸고, 내가 좋아하는 곳으로 나를 데려가 산책을 해본다면 자꾸만 가라앉던 기분에서 조금씩 벗어난다. 그래서 이를 **밖에서부터 안으로** outside-in 접근이라 부르기도 한다.[40] 기분에 따라 행동이 바뀌길 기대하기보다, 행동으로 기분을 바꾸는 것이다.

　　행동활성화 기법의 뼈대는 만족감을 느낄 수 있는 행동을 잘 계획해서 실천하는 것이다. 내가 언제 기분이 좋아지는지 잘 알수록 나에게 더 잘 맞는 계획을 세울 수 있다. 그러한 때가 언제인지 언뜻 떠오르지 않는다면, 먼저 스스로를 관찰해 보는 시간을 가져봐도 좋다. 이를 **일상 활동 모니터링** activity monitoring이라고 하는데, 하루 중 일정 시간을 정해 언제 즐거움이나 뿌듯함을 느꼈는지 살펴보는 것이다.[41] 매 시각 혹은 매일 저녁 8시마다, 혹은 건강상태를 점검하듯 3시간이나 6시간 단위로 내가 무엇을 하고 있었고 기분은 어떠한지 기록으로 남겨본다. 그러다 보면 내가 언제, 무엇을 할 때 기분이 나아지는지 차츰 알 수 있다. 후에 무거운 감정을 만났을 때 써볼 수 있는 카드를 수집해 놓는 셈이다. 무엇보다 나만의 고유한 선호를 탐색하는 과정 자체가 나는 돌봄받을 자격이 있는 존재라는 메시지를 준다.

　　이제 기분이 좋아지는 순간을 정성스레 모아서 계획표로 잘 꿰어놓을 차례다. 하루에 한두 가지씩 기분이 나아지는 활동을 계획해 보자. 타인에게 도움이 되지 않아도, 생산적이지 않아도 괜찮다. '남들이 좋다는 것' 말고 '자신이 좋은 것'이면 된다. 다만 처음부터 여행이나 모임 참석, 쇼핑처럼 큰 노력을 들이거나 운동과 같이 평소에도 힘겨웠던 것이 목표가 되면 시작이 어려워진다. 하늘 올려다보기, 반려동물 곁에 앉아 있기, 좋아하는 노래 듣기처럼 아주 간단한 활동부터 시작하면 좋다. 산책하기, 컬러링북 색칠하기, 화분 돌보기와 같이 시간과 노력을 조금 더 요하는 활동도 하나씩 끼워봐도 괜찮다.

보통 만족감이 높아지는 경우는 활동이 자기 삶의 가치나 목표와 잘 맞을 때다. 평소에 늘 의식하고 살진 않지만, 모든 사람에게는 중요하게 생각하는 고유한 가치가 제각기 있다. 그에 부합하는 행동을 할 때 우리는 괜찮게 살고 있다는 기분이 든다. 친구와 함께 보내는 시간에 가치를 둔 사람은 친구와 밥을 먹거나 함께 여행 갈 때 어느 때보다 만족감을 느낄 수 있고, 정신건강을 지키는 것이 중요한 사람은 명상을 하거나 감정 상태를 기록할 때 뿌듯함을 느낄 것이다. 가족이나 친구 관계, 직업이나 학습, 여가, 건강, 영성, 사회참여와 같은 삶의 영역에서 내가 어떤 역할을 하고 싶고, 내 삶이 어떤 모습이 되길 바라는지 떠올려 본다. 건강을 위해 끼니 잘 챙겨 먹기, 가족들과 시간 보내기, 새로운 악기 배우기, 자원봉사 참여하기처럼 실천하고 있는 나를 상상하면 흐뭇해지는 것들이다. 그중 내게 가장 중요한 것을 선택해 시작해 볼 수 있다.[42]

살아 있다는
감각에 집중하는 시간
。

　기쁨, 분노, 두려움과 같은 다른 감정이 그렇듯, 우울감은 겨우 빠져나온 뒤에도 언제든 다시 만날 수 있다. 깊은 우울이 찾아오기 전, 흔히 전조 증상이 나타난다. 며칠 동안 지속되는 가라앉는 기분, 반복적으로 나를 탓하게 되는 생각, 식욕이 없어지거나 모든 일이 귀찮아지는 마음과 같은 것이다. 증상이 더 심해지기 전에 경고 사인을 잘 알아차릴 수 있다면, 좀 더 가볍게 고통의 시간을 건널 수 있다. 이를테면 나는 생리 전 주에 기분 변화가 잦고 미래에 대한 온갖 부정적인 생각이 꼬리를 물기도 한다. 어떤 사람들은 날씨가 추워질 때나 봄철에, 몸이 피로해질 때, 혼자만의 시간을 오랫동안 갖지 못했을 때 평소보다 더 자주 우울하고 불쾌해진다.

　그럴 때 나는 어떻게든, 단 몇 분간이라도 밖으로 나간다. 해 뜨기 직전 습기를 머금은 찬 공기, 운동화를 꽉 조인 느낌, 바깥에 나와 한 걸음이라도 걸었다는 뿌듯함, 그 모든 것이 내겐 기분 좋아지는 감각이다. 어둠을 틈타 양팔을 좌우로 길게 뻗고 휘휘 돌리는 기묘한 동작도 해본다. 몇 해 전 우연히 그 동작을 했을 때 놀랍게도 '뭐든 잘할 수 있을 거 같은데?'라는 긍정적인 기분이 차오른다는 것을 발견했다. 어깨를 살짝 뒤로 젖히고 손바닥을 앞으로 향하게 할 때, 보다 강하게 후련함이 느껴졌다. 이 동작을 고스란히 '우울할 때 할 수 있는 활동 목록'에 넣어뒀다가 평소와 다르게 여러 걱정이 끊이지 않는 날 꺼내어 써본다.

지금 우울이라는 먹구름이 하늘을 가득 덮고 있어 다른 렌즈로 세상을 볼 수 있다는 상상조차 되지 않을 수 있다. 눈물까지 가득 차 있어 안 보일 뿐이다. 이런 고통은 언제 끝나는지 알 수 없지만 강력한 고통이 지배하는 삶 속에서도 우리는 소소하게 흡족한 순간을 만들어갈 수 있다. 샤워할 때 몸에 닿는 물의 따뜻함이나 비누의 보드라움을 감각하고, 배를 깔고 누워 만화책을 보다 풋 하고 실없이 웃을 수 있고, 친구에게 따뜻한 말을 건네고 잠시나마 마음이 말랑해질 수 있다. 저녁마다 렌즈를 세척해 보존액에 담가놓듯 그날그날 낀 마음의 부침을 살살 닦아주고 기분 좋은 순간에 나를 담가주면 어떨까.

그러다 보면 삶에 불행만큼 흡족한 순간도 찾아온다

는 것, 내가 꽤나 다채로운 때에 만족감을 느끼는 사람이라는 것, 이 시간을 버텨온 내가 꽤 단단한 사람이라는 것을 감각하게 되는 날이 올는지도 모른다. 메이린의 선생이 그녀에게 해주었던 말을 나도 들려주고 싶다. 살아 있는 동안에는, 당신의 고유한 '살아 있다는 감각', 살아 있는 게 꽤 괜찮다는 그 감각에 집중해 보면 어떻겠냐고.

사람들 사이에서
불안하다면

: 불안을 만드는 신념 대신 현재로 뛰어들기

아무리 외향적인 사람도, 관계에 무심해 보이는 이들도, 누구나 사람들 사이에 있을 때 어느 정도 긴장하게 된다. 타인의 마음은 언어뿐 아니라 표정과 자세, 목소리 톤과 같은 수십 가지 채널로 한꺼번에 전달되어 복잡하고 불확실하게 느껴지기 때문이다. 찡그린 미간이나 초점 없는 눈동자, 살짝 올라간 입꼬리 같은 것으로 상대의 기분과 태도를 가늠해 보려 애쓰지만, 그 또한 명확하지 않아 진심을 파악하는 데 자주 실패한

다. 여러 사람 앞에서 말을 해야 하거나 낯선 사람을 만날 때
는 그 모호함이 극대화된다. 제대로 눈을 맞추지 못하고 말을
더듬기도, 엉뚱한 말을 하거나 말문이 막히기도 한다.

긴장을 하게 되는 가장 큰 이유는 상대에게 좋은 인상
을 주고 싶은 마음 때문일 것이다. 무난하게 잘 어울릴 줄 아
는 사람으로, 때로는 유능하거나 매력적인 사람으로 보이고
싶다. 사람들에게 좋게 보이고 싶은 마음과 그러지 못할 것 같
은 두려움이 만날 때 불안이 생긴다.

K는 여러 사람들과 모이는 자리를 힘겨워했다. 친한
친구 한둘 정도는 괜찮지만, 그리 가깝지 않은 사람들과 있을
때는 어떤 말을 어떻게 해야 할지 막막해서 아무 말 없이 있
다가 질문에만 짧게 답하고 왔다. 그럴 때 자기 모습은 부끄럽
다. 눈도 제대로 맞추지 못하고 얼굴은 당황해 붉어지고 말도
조리 있지 못하다. 그날은 과제를 위한 조모임에서 무슨 말을
할지 한참을 고른 뒤 용기 내어 입 밖으로 겨우 한마디를 꺼낸
참이었다. 그때 조원 한 명이 고개를 푹 숙이는 게 보였다. 순
간 '내가 말하는 게 지겨운 걸 거야' 하는 생각이 떠올랐다. 심
장이 두근거리면서 머릿속이 하얘졌다.

불안의

뿌리

○

　K처럼 몇 가지 단서만으로 상대 마음을 지레짐작하는
것을 '독심술$^{mind\ reading}$'이라고 한다. 현실을 자의적으로 판단
하는 인지 왜곡의 한 종류다. 특히 불안해질 때는 퉁명스러운
말투나 무심한 표정과 같은 부정적인 단서에 지나치게 주의
를 기울이고 '나를 못마땅해할 거야'라는 자기 느낌을 객관적
인 사실로 믿어버리기 쉽다. 상대의 무표정을 내 이야기가 지
루하기 때문이라고 해석하고, 내 의견에 동조하지 않을 때는
'내가 믿음직해 보이지 않아서'라고 확신한다. 실은 상대는 이
야기에 집중하느라 표정이 굳었을 수도, 단지 생각이 달라서
내 의견에 반대했을 수 있는데 말이다. 내 머릿속 가설을 현실
이라 믿을 때, 그 생각은 나에게 딱 달라붙어 떨어지지 않고
나는 더욱 불안해지고 만다.

　　왜 이다지도 긴장되고 불안해지는지 그 뿌리를 찾아
내려가다 보면 내 안에 단단하게 자리하고 있는 어떤 믿음에
다다른다. 불안은 늘 막연한 것이어서 조목조목 따져 물어봐
줄 때, 힘을 잃곤 한다. 우선 '내가 두려워하는 가장 끔찍한 상
황은 어떤 일이지?'라고 묻는다. K에게 가장 두려운 상황은

'말을 조리 있게 못해서 나를 한심하게 볼까 봐'였다. '과연 상대가 그리 생각할까? 증거가 있나?'라고 되짚어 물어보는 것도 도움이 된다. 역시나 그런 생각을 할만한 마땅한 증거를 찾기 힘들다. 현실에 기반한 판단이라기보다 불안한 상상에서 나온 생각이기 때문이다.

이 시점에서 '만일 상대가 그런 행동을 한다면 나도 그렇게 생각할까?'라는 질문이 결정적일 때가 많은데, 내 좁은 시야에서 벗어나 객관적인 관점을 되찾게 만들어준다. K가 스스로 '말을 조리 있게 못하는 누군가를 본다면 나는 그 사람을 한심하게 생각할까?'라고 물었을 때 '아니'라는 싱거운 답이 딸려 나왔다. 현실 속 상대 또한 나를 그렇게 볼 가능성이 높다.

거기서 더 깊이 들어간다면 '무엇 때문에 이다지도 불안해지는 걸까? 이 상황에서 내가 피하고 싶은 것은 무엇인가?'라고 질문해 볼 수 있다. 보통 이 단계에서는 과거 힘들었던 경험이나 내게 중요한 사람과 엮인 무언가가 나온다. 부모의 비난이나 무시, 선생님의 실망했던 표정, 나를 관계 밖으로 밀어냈던 친구와의 경험에서 비롯된, '사람들은 내 이야기를 들으면 나를 이상하게 생각할 거야'라는 깊은 두려움이 떠오를 수 있다.

마지막에는 뿌리에 닿게 하는 가장 직접적인 물음이 남는다. '그 생각이 사실이라면 그것은 무엇을 의미하나?' 이 질문에 답하기에는 마음이 조금 힘들 수도 있다. 하지만 솔직하게 답을 찾다 보면, '나는 부족한 사람이다'와 같은 핵심 신념에 이른다.

불안을 만드는 대부분의 신념은 '누굴 만나더라도 괜찮은 사람으로 보여야 해' '빈틈이 없어 보여야 사람들이 인정해 줄 거야'와 같은 현실에서 이루어질 수 없는 이상이거나 '나는 사람들을 불편하게 만들어'와 같은 객관적으로 검증되지 않은 의심이다. 의식하지 못하는 사이 이 같은 신념이 우리를 휘둘러 불안에 빠지게 만든다. 자신이 정해놓은 이상적인 모습에 비해 스스로 많이 부족해 보일 때, '결국은 사람들에게 받아들여지지 않을 것'이라는 믿음이 건드려지면서 불안의 사이렌은 아주 크게 울린다.

불안을 줄이려면
현재에 뛰어들어야
○

어떤 신념의 스위치가 켜졌는지 가만히 바라보는 것만으로도 사이렌 소리를 줄어들게 할 수 있다. '진짜 그러면 어떡하지'라고 더 나아가지 않고, 타인에게 받아들여지고 싶은 바람과 그러지 못할까 두려운 마음을 그 자체로 바라보는 것이다. '이런 생각이 있었어?'라고 낯선 곳을 탐색하듯 그 마음을 볼 수 있다면, 나에게 꽉 들러붙어 있던 불안감과 조금은 거리가 생긴다.

불안을 다루는 가장 효과적인 기법 중 하나는 직접 그 상황과 부딪혀 보는 것이다. 역설적이게도 긴장되는 상황에 우리를 계속 갖다 두어야 긴장감이 줄어든다. 생각보다 사람들 사이에 있는 것이 썩 나쁘지 않고 스스로 잘 해낸 것처럼 느껴질 때가 언젠가 찾아온다. 하지만 지금 상황이 불편해 아예 피해버린다면, 긍정적인 경험을 할 수 있는 기회조차 없어져 사람들과의 시간은 계속 두려움으로 남을 수밖에 없다. 게슈탈트 심리치료를 창시한 독일 심리치료사 프릿츠 펄스의 말에 따르면, 불안은 현재와 미래 사이의 간격이다. 미래에 일어날 일을 기다리고 있기보다 미래의 일을 현재로 만드는 것, 즉 현재에 뛰어들어 망설이던 일을 시도해 볼 때 불안이 멈출 수 있다. [43]

이때 우리가 온전히 그 상황 속에 뛰어들어 있는지 살펴볼 필요가 있다. 사람들 속에 들어가는 용기를 냈다 하더라도 완전히 대면하지 않았다면 개선 효과를 기대하기 어렵다. 이를테면 말수를 줄이거나 물어보고 싶은 말을 참거나 시선을 피해버리는 식으로 그 상황에서 살짝 비껴 있는 경우이다. 이를 '안전행동'이라고 부른다. 문제는 두려워 몸을 사리느라 직접 부딪혔을 때의 결과를 알지 못하게 되는 것이다. 결국 '저 사람은 내가 말할 때 불편해할 것이다'라는 신념을 바꿔볼 기회를 가지지 못한 채 불안이 더 깊어진다. 오히려 눈을 맞추지 못한다거나 어색한 타이밍에서 침묵하는 바람에 사람들에게 부정적인 인상을 주게 되기도 한다.[44]

　어떻게든 우리가 두려워하는 상황 가운데로 들어가야 암묵적으로 상상하는, 상대가 나에 대해 크게 실망하게 된다거나 내가 대단히 부족한 사람이라는 게 탄로 나는 어마어마한 사건이 일어나지 않는다는 것을 경험하게 된다. 그러한 일이 쌓이다 보면 우리 몸도 안심해도 된다는 것을 익히게 된다. 가장 덜 두려운 관계에서부터 시작하는 것이 좋다. 눈을 마주쳐 보고, 말을 서둘러 끝내지 않고, 침묵을 견뎌보는 것이다. 그들의 눈빛이나 표정을 내 불안과 엮어 부정적으로 해석하지 않고 객관적인 사실에 집중하면서.

　우리는 낯선 상황에서 또다시 긴장할 수 있다. 입을 떼기가 어렵고 시선을 어디에 두어야 할지 모를 수도 있다. 하지만 그렇다고 해서 부적절하다거나 부족한 사람이란 것은 아니다. 상대가 나를 어떻게 생각할지 모르는 애매한 상황에서 스스로를 보호하기 위한 자연스러운 반응이며, 좀 더 잘해내고 싶거나 괜찮은 사람으로 받아들여지고 싶은 바람이 있을 뿐이다. 모두가 호감을 갖는 사람은 세상에 존재하지 않으므로 상대가 나를 썩 괜찮은 사람으로 보지 않고 오해할 가능성은 언제나 있다. 하지만 기억하면 좋겠다. 나는 타인과 연결되고 싶다는 내 욕구를 실현하기 위해 용기를 내었음을, 상대 또한 나와 같이 불안해하며 거절당할 취약성을 품고 관계로 나아왔다는 사실을 말이다.

*

슬픔을
초대할 결심

: 마음속에서 잃어버린 것을 찾기 위하여

|

"아, 이제 비행기 그만 타고 싶다." 닳아서 손잡이가 끊어진 가방을 앞좌석 아래에 쑤셔 넣으며 한숨이 새어 나왔다. 원래의 나라면 이륙 직전 이 시간에 가장 흥분해 있었을 것이다. 공항, 비행기, 여행이라는 단어를 떠올려 보는 것만으로도 몹시 설렌 나머지 부러 공항까지 와서 점심만 먹고 간 적도 있었다. 하지만 이번 비행은 달랐다. 비행 전 이민 가방 여섯 개에 옷이며 한국 식재료를 꾸려 넣는 일이 힘들어서였는지, 두 번의

경유지에서 환승 시간이 턱 없이 짧아 마음을 졸여야 해서였는지 모르겠다. 그 지친 마음은, 잠비아에 돌아온 뒤에도 도무지 나아질 기미를 보이지 않았다.

　　자주 장을 보러 가는 농산물 시장이 있다. 아침 일찍 가면 중국인이 운영하는 상점에서 두부를 살 수 있다. 두부를 사 온 날이면 아이들은 "와~" 하고 탄성을 지르며 두부 부침, 순두부찌개 같은 평소 먹고 싶었던 두부 요리를 읊어댔다. 시장에 올 때마다 의례처럼 모퉁이의 두부 가게까지 가서 두부가 남아 있는지 확인하곤 했다.

　　이날도 그랬다. 시장에 나온 김에 두부 가게로 갔다. 하지만 그동안 두부를 구할 수 있다는 기쁨에 가려져 있던, 두부를 담은 통이 보였다. 두부 몇 모가 둥둥 떠 있는 양동이 둘레를 따라 때가 거무죽죽하게 엉겨 붙어 있었다. 과연 두부를 만든 손이 깨끗했는지, 더운 날씨에 이곳까지 신선하게 왔는지 결코 알 수 없을 거라는 생각에 이르렀다. 남아 있는 두부를 보고도 나는 발걸음을 돌렸다.

　　"마음이 변했군." 시장을 나오면서 중얼거렸다. '향수병인가.' 그렇게도 생각했다. 하지만 그보다 아무것도 하기 싫은 무기력한 마음이 컸다. 내가 사랑했던 일도, 산책도, 점심 약속 같은 것도 모두 귀찮게 느껴졌다. 예전 같으면 진작 옆 동네 친한 이웃에게 연락해서 만나자고 했을 텐데 그도 하지 않았다. 괜히 울적해져서는 '왜 이렇게 마음이 무겁지' 하는 의문과 함께 영문 모를 눈물이 따라 흘렀다. 당황스러웠다.

마음의
잡음을 찾아서
○

다행히도 밥을 차려내고 설거지를 하고 싱크대를 닦는 사이에는 울적한 마음이 찾아들 틈이 없었다. 회사 동료와 긴 회의를 하다 보면 잠시나마 무거운 감정의 이불에서 빠져나올 수 있었다. 하지만 일상의 여백으로 건너오면 또다시 마음은 묻는 거 같았다. '이 감정 어쩔 거야?' 부유하듯 떠다니는 감정에 등 돌리기를 잠시 멈추고, 그 질문에 대답할 필요가 있었다.

분명한 답이 정해져 있는 사지선다형의 문제는 아니었다. 몸이 피곤한 것도 한몫할 것이고, 험난했던 비행 스케줄도 문제였다. 그 모든 것이 슬픔에 기여한 것은 맞다. 하지만 애써 균형을 잡고 있던 감정의 돌탑을 와르르 무너뜨리게 만든 어떤 묵직한 것이 있을 테다. 청진기를 대고 가장 잡음이 나는 곳을 찾는 것처럼, 가장 강렬하게 '여기가 아프다'고 외치는 곳을 더듬어 살펴봐야 했다. 그럴 땐 혼자 일기를 써보는 것도 좋고 누군가에게 이야기를 털어놓는 것도 꽤 도움이 된다.

며칠을 더 미루다 친구에게 겨우 이야기를 꺼냈다. 얽힌 마음의 실타래를 풀어 다시 짜맞춰가기 시작했다. 두 바늘을 쥐고 뜨개질을 하듯 친구가 만들어놓은 코에 하나씩 발을 들이밀어 보았다. 친구의 '이런 마음인가?'와 같은 조심스러운 추측, 비슷한 상황에 처했던 경험, 주변 사람들의 이야기에 나도 같이 들어가 마음을 담가보았다. 그러다가 딱, 코가 맞아떨어지는 순간이 찾아왔다.

그리움. 친구가 그리움에 힘겨웠던 경험을 들려줄 때 가장 안도하는 기분이 들었다. 그러고서야 떠올랐다. 이번 한국행에서는 유난히 친구들과 있는 시간이 좋았었다. 가까운 이들의 표정을 보고 온기를 느끼며 이야기한다는 게 이렇게 기쁜 일이었던가. 잃어버렸던 감각을 뒤늦게 되찾은 듯 설렜었다.

익숙한 언어로 친숙한 사람들과 보낸 밀도 있는 시간을 나는 그리워하고 있었다. 그리움 때문일 거라고 생각해 보지 않았던 것은 아니었다. 다만 '너였구나' 하고 주목해 주자 스포트라이트를 비춘 듯 정체를 또렷이 드러냈다. 그 아늑한 친밀감을 당분간 갖지 못한다는 것에 마음이 걸려 있었던 것이다.

그렇게 슬픔이 찾아왔다. 울적한 마음을 어떻게든 밀어내려 했던 나에게 슬픔은 '여기 중요한 마음이 있어, 봐봐' 하고 끈덕지게, 그리고 친절히 자신을 비추고 있었다.

슬픔의
역할

。

보통 슬픈 감정이 들면 당황한 마음부터 든다. 불쾌한 감각을 주기 때문이다. 통증과 같은 불쾌한 감각을 좋아하기는 힘들다. 더구나 종종 자책과 후회, 원망 같은 껄끄러운 감정과 섞여 나오기 쉽기 때문에 더더욱 마주하고 싶지 않다. 하지만 슬픔을 받아들일 용기를 낸다면, 슬픔이 들려주는 불편하지만 중요한 사실을 전해들을 수 있다.

슬픔의 이유를 웬만한 심리학자보다 더 이해하기 쉽게 알려준 영화가 있다. 픽사의 〈인사이드 아웃〉이다. 주인공 라일리의 머릿속에는 핵심 감정인 기쁨이, 슬픔이, 소심이, 까칠이, 버럭이가 있다. 기쁨이가 보기에 슬픔이는 라일리의 행복을 방해만 하는 천덕꾸러기다. 슬픔이는 라일리를 곧잘 울려버리고, 기억 구슬에 손을 대어 행복했던 기억조차 슬픈 기억으로 바꿔버린다.

기쁨이는 라일리에게 가장 소중한 기억인 '옛 동네에서의 기억'을 슬픔이로부터 지켜내려 애쓴다. 하지만 그럴수록 라일리는 점점 자기 자신에게서, 그리고 타인들로부터 고립되어 간다. 멀리 떠났던 슬픔이가 다시 돌아와 그 기억 구슬을 슬프게 물들이자, 그제야 라일리는 더 이상 예전으로 돌아갈 수 없다는 사실을 받아들이고 눈물을 터뜨린다. 라일리는 옛 동네와 친구들, 어린 시절과 이별한 것을 충분히 슬퍼한 후에야 비로소 달라진 현실에 발 디딜 수 있었다. 밀어내고 싶었던 슬픔을 핵심 감정으로 초대하는 순간, 우리는 자신이 무엇을 잃어버렸는지 선명하게 보게 된다.

슬프다는 것은 상실을 아파하고 있다는 의미이다. 소중한 무언가를 더 이상 갖지 못하게 되거나 잃어버렸을 때 슬픈 마음이 든다. 상실감을 모른 체하고 지나간다면 슬픔은 계속 우리를 잡아끈다. '나 여기에 있어, 좀 봐줘' 하고 마음을 흔들어댄다. 이러한 부정적 감정을 누르다 보면 다른 감정마저 인식하기 어려워져 기쁨이나 즐거움까지 시들해지고, 결국 무기력하게 가라앉아 버린다. 슬픔을 밀어내자 라일리가 기쁨, 분노, 불안과 같은 어떠한 감정과도 접촉하지 못했던 것처럼 말이다.

중요한 누군가를 떠나보낸 애도의 감정 또한 마찬가지다. 애도는 슬픔이라는 깃발을 반환하고 돌아오지 않으면, 영영 마치지 못하는 경주가 된다. 처음에는 부재를 인정하고 싶지 않기도 하고 억울하거나 원망하는 마음이 드는 것이 자연스럽다. 그럼에도 언젠가는 슬픔이라는 감정에 닿아야 회복으로 건너갈 수 있다.

〈인사이드 아웃〉의 자문을 맡았던 심리학자 폴 에크먼Paul Ekman은 인간의 감정이 우리가 삶에 더 잘 적응할 수 있도록 각각의 기능을 한다고 보았다. 그중 슬픔은 인간 누구에게나 있는 여섯 가지 기본 감정 중 하나[45]로, 우리가 도움이 필요한 상태라는 것을 알리는 기능을 한다. 슬픔은 지금 무언가 중요한 것을 상실했으니 타인에게 도움을 요청하거나 스스로를 돕는 시간을 가지라는 메시지를 전한다.

대부분 회복의 여정은 감정을 알아차리는 것, 감정이 가리키는 지점을 바라보는 것에서 출발한다. 슬픔을 초대하는 것은 그렇게 회복으로 가는 길 위에 있다. 벗어나려 애쓰기보다 슬픔이 '너에게 지금 이토록 중요한 무언가가 빠져 있어'라고 친절하게 일러주는 이야기에 귀를 기울이고, 그 무언가가 더 이상 내게 없음을 충분히 애도하는 시간을 가져야 한다. 이것이 곧 자신을 돌보는 법이다. 다만 혼자 감당하기 힘든 슬

품은 상담과 같은 전문가의 도움을 받을 필요가 있다.

어쩌면 우리는 늘 슬픔의 가능성을 간직한 채 살아가고 있는 건지도 모른다. 아름다운 순간이란 반드시 유한하기 때문이다. 그렇기 때문에 그 순간이 더욱 찬란한 것일 테다. 실은 아름다움에 대한 감동도 상실에 대한 슬픔도 하나의 방향을 향하고 있다. 그 끝에는 내가 소중하게 여기는 것이 자리 잡고 있다.

나에게는 연결감이 그랬다. 연결감이 이토록 중요한 욕구였다는 사실에, 연결감의 안온함을 그리워하는 마음이 너무나 자연스러운 감정이라는 친구의 격려에 조금씩 용기가 나는 것 같았다. 오래된 친밀감이 부재하는 고통을 한동안 견뎌야 할 테지만, 빈자리에 새로운 연결감을 채울 수 있는 시간 또한 만들어갈 수 있을 것이다. 슬픔과 그 이유에 충분히 닿고 나자 비로소 부유했던 마음이 제 자리를 찾아가기 시작했다. 오랫동안 보지 못했던 이웃에게 만나자는 연락을 할 수 있을 것 같았다.

마음이
체했을 때

: 감정의 지도를 그려야 하는 이유

며칠째 큰아이가 열이 나더니 어젯밤에는 40도까지 올랐다. 웬만큼 아파도 하루 이틀만 앓으면 털고 일어나곤 했는데, 이번에는 해열제를 먹어도 효과가 잠시뿐 차도가 없다. 힘없이 누워 있던 아이가 "엄마, 나 감자 그라탕이 먹고 싶어"라고 내뱉었다. 내내 입맛이 없어 먹는 둥 마는 둥 했던 터라 아이의 말에 부리나케 옷을 챙겨 입고 나갔다. 집 근처 슈퍼에 재료가 없어 차를 끌고 멀리 있는 마트에 다녀왔다. 부랴부랴 집에 돌아왔더니 막상 아이는 잠들어 있었다. 침대에 털썩 앉았다. "엄마, 언니 깨워야 하지 않아?" 한참을 멍하니 있으니 막내가 묻는다. 답할 기운조차 없는 느낌이다. 아이가 잠들어 있는 동안 밀린 집안일을 해야 하건만 만사 다 제쳐놓고 아이 곁에서 잠이나 자고 싶다.

이럴 때 가장 쉬운 방법은 아무 생각 없이 그냥 누워버리는 것이다. 하지만 나는 알고 있다. 무언가 묵직한 것이 내리누를 때 아무 생각 없이 멍하니 있는 것은 감정 속으로 침잠한다는 의미다. 더욱이 '아무 생각 없이'는 가능하지 않아서, 가만히 있다 보면 이런저런 걱정이 끊임없이 떠올라 오히려 내 마음은 점점 더 무거워지곤 했다.

'아이가 깨기 전에 뭐라도 해놔야지, 지금이 쉴 때인가' '누워서 빈둥댈 시간에 한 가지 일이라도 더 해야 하는 거 아닌가' 하는 엄격한 자아의 목소리가 들린다. 휘몰아치는 목소리들에 떠밀리다 정신 차려 보니 마음은 저 밑바닥으로 가라앉아 있었다.

감정 덩어리에
이름을 붙여주는 것만으로도

o

  '왜 이렇게 마음이 가라앉는 걸까' 하고 들여다보니 두
가지 감정이 '나 불렀어?' 하는 듯 고개를 내민다. 무력감과 불
안이었다. 내가 할 수 있는 게 없다는 무력감, 그리고 아이가
큰 병이라도 걸린 게 아닌가 하는 불안. 복잡하게 얽혀 뭐가
뭔지도 모르겠고 알고 싶지도 않았던 감정 덩어리에 '무기력
하고 불안한 마음'이라는 이름을 불러주니 꽉 막혔던 마음의
체기가 조금은 풀어지는 느낌이다.

  마음에 정확한 이름을 붙여주는 것만으로도 심리적 긴
장이 줄어든다는 것은 여러 연구에서 입증된 현상이다. 미국
UCLA 심리학과의 매튜 리버만Matthew D. Lieberman 교수팀의 실
험도 한 예이다. 교수팀은 실험 참가자들에게 뱀과 같이 불쾌
감을 주는 사진을 보여준 후 한 그룹에게는 '역겹다' '불안하
다'와 같은 단어로 감정을 표현하게 하고, 다른 그룹에게는 감
정을 표현하지 않게 했다. 그 결과, 감정을 표현한 이들은 강
한 감정을 느낄 때 활성화되는 뇌의 편도체 활동이 줄고 감정
을 조절하는 전전두피질이 활성화되었다. 이들은 주관적으로
느끼는 스트레스도 줄었다고 보고했다.[46]

감정을 인식하고 명명하는 것만으로도 감정을 조절하는 힘이 커진다는 것은 마음의 신비다. 연구자들의 설명에 의하면, 추상적이고 모호한 감정을 눈에 보이는 구체적 언어로 표현하면서 상황을 선명히 인식하게 되고 불편한 감정에 매몰됐던 주의를 환기시킬 수 있기 때문에 이런 효과가 나타난다.[47] 또한 자기를 돌아보는 과정을 거치면서 감정과의 거리가 생겼기 때문이기도 하다. '내가 지금 그런 상태구나' 하고 읊조리는 순간, 감정의 울타리 속에 갇혀 있던 시선이 바깥으로 물러 나와 이러저러한 감정들을 제3자 입장에서 구경하듯 지켜보게 된다. 소용돌이 속에 있을 때는 보이지 않던 소란의 실체가 그제서야 보이는 것이다.

감정의
지도
◦

사실 감정을 찾는 것은 쉽지 않다. 캄캄한 동굴 같은 내 마음을 더듬으며 감정의 맥을 찾으려 애쓰지만, 감정을 정확하게 파악하고 명명하기란 매우 어렵다. '실망했다' '지쳤다' '화가 났다'는 식으로 세세하게 표현하는 대신 '짜증났다'고 뭉뚱그려서 말하기 쉽다.

더욱이 스스로 바람직하지 않다고 선을 그어놓은 감정일수록 그 이름을 호명하기까지 한참 걸린다. '외로워하는 사람은 의존적이야' '무력한 건 실패했다고 인정한다는 거야' '우울하다고 인정하면 걷잡을 수 없이 우울해질지 몰라'와 같은 여러 선입견이 외로움이나 무력감, 우울감과 같은 출렁임을 그대로 바라보기 어렵게 만든다.

우리 부모 세대는 대체로 감정을 읽어주는 것에 익숙하지 않았다. 솔직한 감정 표현을 반항이나 경솔한 태도로 받아들이기도 했다. 아버지에게 상한 기분을 이야기한다는 것은 대든다는 의미였고, 화난 감정을 그대로 표현했다가는 도리어 더 크게 혼나기 일쑤였다. 신나는 기분을 너무 드러내는 것도 '방정맞은' 일로 터부시되었다. 누군가 감정에 정확한 이름을 붙여주며 공감해 주었다면, 감정나무의 나뭇가지는 훨씬 무성하게 뻗어나갔을 것이다. 감정은 타인의 공감으로 보다 세분화되고 명료해지기 때문이다.[48]

다행히 어린 시절뿐 아니라 성장 후에도 감정을 표현하고 서로의 마음을 듣는 과정을 거치며 **감정 지도**를 그릴 수 있다. 설사 타인에게 그러한 공감을 얻지 못했다 하더라도, 내가 나의 감정을 피드백하고 동감해 주는 공감자가 되어줄 수 있다. 내 감정을 가장 잘 알고 있는 사람은 다름 아닌 나 자신이기 때문에, 감정의 가장 정확한 이름을 찾아줄 가능성이 높다. 그러다 보면 감정 지도에 없던 이름이 생기고, 한 덩어리로 뭉쳐 있던 감정이 여러 갈래로 나뉘게 된다. 감정 지도가 정교해질수록 자기 상태를 보다 정확하게 이해하고, 타인에게도 명확하게 표현할 수 있게 된다.

그러나 격한 감정에 휩싸인 상태에서 자기 감정이 어떤 것인지를 찾아내는 건 쉬운 일이 아니다. 그럴 때 감정을 세분화하여 정리해둔 목록을 이용하면 도움이 된다. 예일대 감정지능센터 마크 브래킷Marc Brackett 교수의 '무드 미터mood meter'[49]나 비폭력대화센터NVC[50]가 제공하는 '느낌 목록'을 활용할 수 있다. 이러한 목록은 자칫 밑도 끝도 없이 가라앉을 수 있는 감정을 건져 올려 보여주는 고운 채반과도 같다. '실망스러운' '무기력한' '쓸쓸한' 등 감정 목록을 하나씩 손으로 짚어가다 가장 와 닿는 단어가 있다면, 그것이 자신의 마음을 가장 잘 설명하는 감정일 수 있다.

나의 언어로 감정을 표현하는 것은 '나를 관찰하고 돌보는 자아'라는, 가장 친밀하고 지지적인 친구를 만드는 길이기도 하다. 무기력하고 불안한 마음을 알아차렸다고 해서 상황이 달라지는 건 아니다. 하지만 적어도 마음에 대한 태도는 바뀐다. 감정에 이름을 붙이는 과정을 거치면서 이미 나를 들여다보고 보살피는 시선을 갖게 되었기 때문이다. 나를 누르던 감정은 더 이상 모호하고 덩치 큰 신기루가 아닌, 정당한 이유와 이름을 가진 실체로 변해 있었다. 그리고 나는 나를 돌봐주는 친구와 함께 감정의 일렁임이 점차 잔잔해지는 풍경을 바라보고 있었다.

몸의
언어

: 신체화, 억압된 감정의 발현

수련을 받던 병원의 정신건강의학과에는 기운이 없고 무기력하다는 문제로 입원한 여성들이 제법 있었다. 그중 '우울하다'고 본인의 감정을 이야기할 수 있는 분이 있는가 하면, 그렇지 못한 분들도 많았다. 진료차트에는 대개 이러이러한 통증 때문에 내과나 정형외과 등에서 진료를 받았지만, 의학적인 원인을 발견할 수 없어 정신건강의학과로 전과되어 왔다는 기록이 있었다. 그분들과 면담을 하다 보면 '슬프다' '속상하다'

와 같은 감정 언어 대신 '기운이 없다' '저릿하다'와 같은 신체적인 문제에 대한 단어가 많이 들렸다. 몸이 더 나빠지지 않을까 하는 걱정도 늘 함께 달려 나왔다.

어떤 분은 중년의 정점을 지나기 시작했을 때부터 몸이 여기저기 아프기 시작했다. 하루 종일 두통에 시달렸고, 가끔은 가슴이 조여오는 듯한 통증도 나타났다. 역시 다른 의학적인 문제는 없었다. 그분의 통증은 몸의 이상 반응이 아니었다. 오랜 세월 꾹꾹 눌러왔던 마음의 분출이었다. 남편에게는 실망한지 오래였고, 삼 대가 모여 사는 집에서 시부모와 갈등을 견디며 그나마 아이들이 자라는 낙으로 지내왔다. 삶의 모든 우선순위가 자녀들에게 있었다가 아이들이 독립할 나이가 되자 허무함이 밀려왔다. 긴 시간 동안 원망, 서운함, 분노가 켜켜이 쌓여오다가 가슴과 머리의 통증으로 드러나기 시작했다. 마치 부풀대로 부푼 튜브의 끄트머리 솔기 사이로 바람이 새어 나오기 시작한 것처럼.

신체화,
억압된 감정의 발현
○
신체화somatization란 자신의 심리적인 어려움을 신체

증상으로 경험하고 표현하는 것을 의미한다. 실제 의학적인 문제가 없는데도 어지럼증·소화 불량·통증·무감각 등 의학적인 증상을 계속 경험하는 것이다. 정신분석가들은 이를 억압된 심리적 갈등이 신체증상으로 드러나게 된 것이라고 설명한다.[51] 스트레스를 받으면 머리가 지끈거리거나 시험 기간에 배가 아픈 것처럼 신체화 증상은 우리 가까이에 있다. 나만 해도 누군가와 갈등을 겪거나 걱정이 가득 찬 날에는 쉽게 소화 불량을 겪고, 그래서 이유 없이 소화가 잘 안 되면 '무슨 일로 마음이 괴로운 걸까' 하고 되짚어 보게 된다.

유독 한국과 같은 동아시아권 국가에서 이러한 신체화 증상이 많이 나타난다.[52] 우리를 둘러싼 문화는 우리가 의식하지 못한 사이에 감정을 소통하는 방식에까지 스며들어 있다. 자율성과 자기표현을 강조하는 개인주의 문화권과 달리, 타인과의 조화를 중시하는 집단주의 문화권에서는 심리적 갈등을 직접적으로 표현하는 것을 꺼린다.[53] 자칫 타인을 불편하게 만들고 관계를 위태롭게 할 수 있기 때문이다. 이런 사회에서는 감정을 신체 언어와 같이 모호한 방식으로 표현하는 것이 보다 안전하고 적응적이며, 사람들은 자연스레 간접적으로 소통하는 방식을 학습하게 된다.[54]

게다가 사회적으로 정신적인 문제를 터부시하거나 자

기 통제를 강조하는 경우 신체 언어가 더욱 흔하다. 마음이 아 프다고 하면 '나약하다'거나 '의지력이 없다'는 등 곱지 않은 시선을 받기 쉽지만 몸이 아프다고 하면 위로와 보살핌을 받 는다. 아파서 조퇴를 하는 것은 그럴 수 있는 일이지만 슬프거 나 울적해서 조퇴를 하는 것은 받아들여지기 힘들다. 타인의 공감을 받고 관계를 위협하지 않기 위해 '열받는다' '속이 쓰 리다' '배가 아프다'와 같이 신체 언어로 감정을 소통하는 것 이 익숙해지는 것이다. 여성은 남성보다 신체화 증상을 많이 보이는 편인데, 여성에게 보다 제한이 많은 일부 문화권에서 그러한 경향이 잘 나타난다.[55] 이를 신체적 문제로 에둘러 표 현하는 것이 더 안전하기 때문일 테다. 이러한 맥락에서는 신 체적 증상이 심리적 고통의 또 다른 언어가 된다.

몸이 건네는
메시지
◦

사실 지금도 몸은 우리에게 계속 말을 걸고 있다. 우 리도 모르는 사이에 누르고 있던 긴장을, 그리고 미처 인식하 지 못한 마음의 상태를 알려준다. 내가 가장 극적으로 이를 알 아차린 것은 집단상담에 참여할 때였다. 집단상담은 여러 참여자들과의 상호작용을 통해 자신의 감정과 행동 패턴을 알아차리고 개선하도록 돕는 상담의 한 형태이다. 한번은 리더가 상담 세션을 시작하면서 '지금 여기서 느껴지는 마음 상태를 이야기해 보라'는 주문을 했다. 참여자의 절반 이상이 상담사들이었는데도, 순간의 마음을 알아차리는 것에는 모두 힘들어했다. 감정 상태를 잘 모르겠다는 우리에게, 리더는 '신체 반응'에 집중해 볼 것을 권했다.

낯선 참여자들 사이에서 긴장해 있던 나는 몸의 상태에 집중하기 시작했다. 얼굴이나 어깨의 긴장 상태, 경미한 두통과 복통, 열감이 희미하게 느껴지기 시작했다. 그리고 가슴이 쿵쾅거리다가 배 한쪽이 아려왔고, 어깨와 팔의 근육이 긴장으로 단단해진 것이 느껴졌다. 감각이 가장 강렬한 곳에 주의를 기울이자, 팽팽한 긴장감이 또렷하게 떠올랐다. 당황스러울 정도였다. 평소에 내 몸이 이렇게 생생하게 나에게 메시지를 주고 있었던 것일까. 그제야 치열하게 갈등 중인 내 마음이 보였다. 무언가 말하고 싶은데도 '별스럽지 않은 이야기를 꺼내는 것은 아닐까, 이런 식으로 모두의 시간을 허비해버리는 것은 아닐까' 하는 망설임에 막혀 오도 가도 못하고 있었다. 속에 있는 무언가는 나가고 싶다고 소리치고 있었다, 온몸으로.

순간 명백하게 느껴졌다. 내게 절실한 감정과 욕구를 억누르는 일은 어마어마한 에너지가 쓰인다는 것을 말이다. 마음을 표현하고 싶은 욕구를 누르면서 몸 여기저기가 긴장으로 가득 차 있었다. 평소 이러한 억눌린 감정이나 욕구가 눈치채지 못하는 사이에 쌓이다 보면 때론 갈 길을 잃고 몸의 증상으로 비집고 나타나게 되는 것이었다.

몸의 신호를 알아차린 후에는 그것이 전하는 메시지를 해석하는 과정이 필요하다. 몸의 변화나 흥분이 어떤 감정 상태를 알려주고 있는지 깨닫는 것이 정서를 인식하는 과정이다. 신체화 장애가 있는 사람들은 몸의 반응을 감정으로 이해하지 못하고 신체적 증상으로만 받아들이곤 한다. 심장이 뛰거나 어깨가 뻐근하거나 팔이 저릿한 것을 감정의 신호로 여기기보다는 신체적 문제로 느끼면서 이해할 수 없는 통증, 피로감, 가슴 답답함과 같은 증상에만 초점을 두게 된다.[56] 감정을 잘 인식하지 못하면 감정을 조절하는 것 또한 힘들어진다. 이들은 자기 감정을 의식하지 못하다가 갑자기 분출하듯 화를 내거나 눈물을 터뜨리는 모습을 보이기도 한다.[57] 몸의 언어를 알아차리고 감정 언어로 해석하는 연습이 필요한 이유다.

내 몸이 무엇을 말하고 있는지 귀를 기울여 보면 좋겠다. 감정을 표현하는 것이 익숙하지 않다면, '머리가 띵하다'

'가슴이 눌린 것처럼 갑갑하다' '어깨가 뻐근하다'와 같이 몸의 언어 그대로 먼저 불러줘도 괜찮다. 답답하고 결리고 무거운 신체 감각을 가만히 응시하다 보면 잠시 머물다 곧 사라지기도 한다. 그것 또한 괜찮다. 하지만 그 감각이라는 줄기 아래 감정과 욕구라는 고구마를 줄줄이 발견하게 될 때도 있을 테다. 입원실에서 만난 여성의 남편에 대한 분노, 시부모에 대한 서운함, 자신을 돌보고픈 바람과 같은, 자기 검열에 걸려 나조차도 알아차리지 못한 감정들이다. 그때의 몸의 언어는 잃어버린 감정의 언어를 되찾는 실마리가 되어줄 것이다.

2부

♦

나의 기질과 욕구에 귀기울여
'참자기' 찾아보기

당신의 기질에 대한 옹호

: 기질 반응을 받아들인다는 것

오래전 제롬 케이건Jerome Kagan 심리학 교수는 4개월 된 유아들을 모집해서 대규모 실험을 했다. 아이들 앞에서 풍선을 터뜨리거나 장난감 인형을 흔들거나 알코올 솜을 코에 갖다 댔을 때의 반응을 측정했는데, 아이들 반응이 제각각이었다. 어떤 아이들은 금방 실험 상황에 적응해서 손을 뻗어 장난감을 만져보려 하기도 했다. 하지만 어떤 아이는 겁에 질려 울음을 터뜨렸고 좀처럼 달래지지 않았다. 케이건은 아이들의 반응 패턴을 근거로 저반응성과 고반응성 두 기질 그룹으로 나누었다.[1] 사실 연구 윤리가 제대로 정립되기 전이라 이와 같은 실험이 가능했지만, 아이에게 공포감을 줄 수 있어 현재는 이런 연구가 불가능하다. 그럼에도 이 실험 덕분에 우리는 성향이 생애 초기부터 이미 드러나기 시작하며 그 때문에 같은 상황에서 다른 반응을 하게 된다는 것을 알게 되었다.

유전학자가 바라본 기질

o

학자들에 따라 기질을 다양한 관점에서 이론화하고 있는데, 정신건강의학과 의사이자 유전학자인 로버트 클로닝거 C. Robert Cloninger 교수는 기질을 심리생물학적 데이터에 기반하여 설명했다. 클로닝거는 우리의 인성을 기질과 성격으로 구분하고, 기질은 유전적 요인에서 출발한 기본적 정서반응으로, 성격은 자기가 중요하게 생각하는 목표나 가치에 따라 정서반응을 조절하는 것으로 보았다.[2] 기질은 내 의지와 상관없이 반사적으로 일어나는 반응이라 반응 자체를 억지로 막을 수 없다. 가령 어떤 사람의 기질이 위험성에 대한 민감도가 높은 경우, 해보지 않은 일을 시작하려 할 때 저절로 두려운 감정이 크고 빠르게 생긴다. 이때 두려운 감정이 들지 않게 만들거나, 두려움의 정도나 속도를 줄이기는 어렵다.

H는 두려운 마음이 빨리 차오르는 사람이었다. 어릴 적 소풍 전날에는 설레기보다 긴장되고 초조한 마음이 한가득이었다. '늦게 일어나면 어쩌지'부터 '비가 올까 봐' '같이 앉을 사람이 없을까 봐' 등 일어날 수 있는 온갖 나쁜 일을 상상하느라 이미 울적해지곤 했다. 어른이 되어서도 이사나 이직으로 환경이 바뀌면 익숙해지는 데 시간이 오래 걸렸고, 쉽게 긴장해서 곧잘 피로해지곤 했다. 낯선 사람을 만나거나 어떻게 처신해야 할지 가늠이 안 되는 모임은 가지 않았고 무얼 하기 전에 혹시라도 일이 잘못될까 봐 주저하는 경우도 많았다.

그녀는 자라면서 지나치게 예민하다거나 소심하다는 이야기를 자주 들었다. 부모에게 '쓸데없는 걱정이 많다' '남들이 그냥 한 말인데 왜 털어내지 못하느냐'는 지청구를 듣기도 했다. 성격을 고치고 싶어서 애써 봤지만 잘 되지 않았다. 자기가 속한 사회에서 특히 부모가 부정적으로 평가하거나 성향을 바꾸려는 압력을 주는 경우 자신의 기질을 받아들이기 힘들어진다.

클로닝거는 H의 행동을 **위험 회피**harm avoidance 성향이 높아서인 것으로 설명한다. 위험 회피는 부정적인 결과가 예상될 때 행동이 억제되는 성향을 말한다.[3] 위험하거나 불확실한 상황에서 두려움을 더 강하게 경험하는 사람이 있고 좀 더 천천히 옅게 느끼는 사람이 있는데, H는 그 감정의 농도가 큰 사람이었던 것이다. 이런 사람에게는 안전이 중요하기 때문에 어떤 일에든 쉽게 뛰어들지 못하고 조심성이 많을 수밖에 없다.

그러나 더 좋거나 나쁜 기질은 없다. 모든 기질에는 긍정적인 기능과 부정적인 기능이 함께 있기 때문이다. 위험 회피 기질만 해도 걱정에 쉽게 빠져서 소진되는 부정적인 측면이 있지만, 무모한 행동을 하지 않게 하여 우리가 위험한 상황에 처하지 않도록 보호해 주는 장점도 있다.

H도 이러한 성향 덕분에 사람들 앞에서 엉뚱한 실수나 타인에게 해가 되는 말을 덜 했을 것이다. 미리 최악의 시나리오를 상상하고 부정적인 상황을 생각해 둔 덕분에 크게 낭패를 겪거나 당황스러운 일에 맞닥뜨리는 경우도 적었을 테다. 실제로 H는 문제를 예상한 만큼 준비도 꼼꼼히 해서 나처럼 덜렁대는 사람이 빠뜨리는 것까지 메워주었다. 길을 걷다 소낙비를 만났을 때 우산이 있는 사람, 식당 예약이 잘못될까 봐 전화로 확인해 준 사람, 발권한 티켓에 문제가 있다는 것을 미리 발견한 사람도 H였다.

클로닝거가 구분한 기질은 위험 회피 외에도 **자극 추구**

novelty seeking나 **사회적 민감성**reward dependence이 있다. 누군가는 새로운 뭔가를 시도해 보고 싶은 충동이 자주 솟구치는 반면 어떤 사람은 아무런 자극이 없는 상황에서 평온함을 느낀다. 이 강도를 측정하는 것이 자극 추구이며, 자극 추구가 높은 사람은 호기심이 많고 열정적인 편이다. 이들은 후회할 일을 자주 저지르긴 하지만 그 충동성 덕분에 새로운 기회와 경험이라는 자산을 얻기도 한다.

한편, 사회적 민감성은 타인의 감정에 민감하고 쉽게 영향을 받는 정도이다. 친밀해질 때 흥분을 느끼는 사람이 있는가 하면 타인과 어느 정도 거리가 있을 때 편안한 사람이 있다. 전자는 후자보다 외로움과 미안함, 수치심을 잘 느낀다. 이들은 사람들 사이에서 스트레스를 잘 받고 쉽게 휘둘리기도 하지만, 타인이 편안함을 느낄 수 있게 만드는 재주가 있고 관계를 맺는 데 어려움이 적다.

우리는 남들보다 쿨하거나 털털하지 못한 것 같아서, 무던하거나 느긋하지 못한 거 같아서, 열정적이지 않은 것 같아서 스스로에 대한 실망감에 사로잡힐 때가 많다. 심지어 그런 성격을 갖지 못한 자신을 어딘가 모자라게 여기며 탓하기도 한다. 하지만 기질은 다른 사람이 되지 않아도 된다고 알려준다. 무대 위 가수와 비교하며 자신의 노래 실력을 나무라지 않듯, 타인과는 다르게 내 몸에 새겨진 감정 반응을 부끄럽게 여기지 않아도 된다. 이는 우리가 선택한 것도 아니며 어떤 식으로든 우리를 위해 기능하고 있기 때문이다.

우리에게는
선택권이 있다

○

다행인 것은 아무리 우리의 감정 반응이 자동적이라 하더라도, 그것을 조절하게 도와주는 '성격' 덕분에 결과적으로는 행동이 달라질 수 있다는 것이다. 성격은 개인이 지향하는 삶의 방향으로, 기질의 정서반응이 여기에 맞지 않는다면 다른 방식으로 표현할 수 있게 도와준다. 이를테면 모임 리더 제안을 받고 두려움이라는 감정이 반사적으로 일어나더라도, 모임에 대한 애정이나 자기 성장을 위해서 두려움을 가득 안고 도전해 보는 것을 선택할 수 있다.

마치 기질을 극복해야 하는 무언가처럼 마주서지 않아도 된다. 두려움, 외로움, 미안함, 흥분이라는 자동적으로 일어나는 감정에 자주 휩싸이는 스스로를 받아들이되, 감정을 따를지 말지를 결정하면 될 일이다. 우리에게는 선택권이 있다. 미안한 마음으로 가득 차더라도 중요하다고 생각하는 일이라면 미안함을 안고 자기 의견을 밀어붙여도 되고, 충동이 거세게 일어나더라도 내가 원하는 삶을 위해 잠시 미루거나 포기하는 쪽으로 선택할 수 있다. 하지만 그 모든 것의 전제는, 자신의 기질을 받아들이는 것에서 출발한다. 어떤 기질을 갖고 있느냐보다 자신의 기질을 어떻게 받아들이느냐가 정서적인 건강과 더 밀접한 관련이 있다.[4] 클로닝거는 기질 반응을 알아차리고 수용할 때에야 성격이 성숙할 수 있다고 말한다.

기질을 받아들인다는 것은 그것을 문제로 여기지 않는다는 것이다. 기질이 문제가 되는 경우는 기질의 감정 반응 자체보다 이를 억제하려 하거나 휘둘릴 때뿐이다. 그저 내 감정 반응을 어여삐 바라봐 주면 좋겠다. '나를 위해 애쓰고 있구나' 하면서. 위험한 상황에서 나를 보호하기 위해 두려움이라는 감정이 그렇게 활성화되고, 사람들 사이에서 나의 관계 지분을 높이기 위해서 예민함이라는 촉수가 이다지도 열심히 반응하고 있다는 것을 알아주고 이해해 줄 일이다. 그럴수록 나는 기질에서 보다 자유로워지고 내가 원하는 반응을 선택할 용기를 내볼 수 있을 것이다.

'성격 좋다'는 말에
가려진 것들

: 참자기와 거짓자기 사이에서

"쟤는 성격이 참 좋아" 이런 말을 들으면 성격 좋은 그 사람에 대한 호감과 함께 나도 그런 성격을 가진 사람이 되고 싶다는 바람이 생기곤 했다. 세 자녀를 둔 친구는 "우리 집은 셋째가 성격이 제일 좋아"라고 말했다. 겉으로 보기에는 첫째는 첫째 대로 책임감이 강하고 성실했고, 둘째는 사교적이고 활달해서 좋아 보였다. 그는 셋째가 성격이 '무난해서' 좋다고 했다. 오래 준비해 온 태권도 승급 시험을 앞두고도 별달리 긴장하지 않았고, 시험에 떨어지고 나서도 금방 잊고 다음 시험을 준비했다. 먼 삼촌을 오랜만에 만나도 경계하거나 어색해하지 않고 곁에 앉아서 이야기에 귀 기울인다고 했다. 사실 그가 자랑스러워하는 셋째의 성격은 자신이 바람직하다고 생각하던 성격과 비슷했다. 그는 쉽게 긴장을 느끼는 편이라 어떤 상황에서든 태연하고 웬만해서는 불편을 느끼는 않는 성격을 부러워하곤 했다. 분명 그가 말하는 '좋은 성격'은 내가 생각하는 좋은 성격과는 조금 다른 구석이 있었다. 그렇다면, 성격이 좋다는 것은 어떤 걸까.

'좋은 성격'의 틀은
사회적으로 만들어진다
○

자신이 바라는 성향, 갖고 싶지만 가지지 못하는 모습, 동경하는 특성… 이 모든 것이 모여 상대의 성격을 바라보는 틀이 된다. 이때 자신이 바라거나 동경하는 특성은 자랄 때 주변에서 바람직하다고 이야기했거나 자신에게 기대했던 성격일 가능성이 높다. '누구와도 스스럼없이 이야기 나누는 사람이 성격이 좋고 사회생활을 잘한다'는 어른들의 훈수를 많이 듣고 자란 경우, 쑥스러 타인과 거리를 두고 싶어 하는 자기 성격을 못난 성격으로 치부하게 되고, 훗날 자녀에게도 그러한 성격을 강요하게 될 수 있다. 성격에 대한 사람들의 평가가 내면화되어 내가 타인을 바라볼 때도 '좋은 성격'의 틀이 되는 것이다.

　　대학 때 만난 친구 D는 자기가 이기적이어서 속상했다고 고백했다. 책임감이 강한 그녀는 동아리 내에서 아무리 궂은일이라도 맡으면 꼼꼼하고 성실하게 해내곤 했다. 그런 그에게 이기적이라는 형용사가 어울리지 않게 느껴졌다. 다만 D는 옳고 그름이 중요한 편이어서 누군가의 의견에 객관적인 사실을 짚고 넘어가야 속시원해했다. 친구들이 모여 연예인에 대한 험담을 하고 있으면 다른 근거로 반박한다거나, 협업해야 하는 일에 뒷짐을 지고 있는 사람이 있으면 지적해 바로잡는 식이었다. 아마 그 과정에서 상대가 불편해지는 일이 있었을 것이다.

　　유독 타인과의 관계나 배려를 강조하는 집안 분위기 탓에, D는 늘 상대에게 잘 맞춰주는 자신의 언니는 성격 좋은 사람, 자신은 그렇지 못한 사람으로 느껴왔다. 부모나 어른들은 '언니는 착하고 어질다'며 자주 추켜세워줬지만, D에게는 칭찬에 인색했다. 주변 어른들에게 좋은 성격이란 자기 고집을 피우거나 의견을 강하게 내세우지 않고 상대의 말에 수긍

해주는 성격이었을 테다.

참자기가
거절될 때

◦

대상관계 이론가인 도널드 위니컷^{Donald W. Winnicott}은 아이가 자기 존재의 핵심인 **참자기**^{true self}가 거절될 때, 이를 보호하기 위해 양육자의 기대에 맞는 **거짓자기**^{false self}를 발달시키게 된다고 했다.[5] 위니컷뿐 아니라 많은 성격심리학자들이 진짜 자기(자아)와 대비되는, 사회의 기대 때문에 만들어낸 다른 자기(자아)로 인간을 설명했다. 카를 융^{Carl G. Jung}의 페르소나도 그중 하나이다. 융은 우리가 타인에게 보이고 싶은 인상을 만들어내기 위해 혹은 자신의 본질을 숨기고 보호하기 위해 페르소나라는 가면을 쓴다고 했다.[6] 직장 동료들과 잘 지내기 위해 그들이 원하는 친화적이고 외향적인 모습을 보이고, 부모를 기쁘게 해드리기 위해 순응적이고 가족들의 필요를 우선시하는 딸 역할을 해내는 식이다. 우리는 학교나 직장, 가족들 사이에서 묘하게 태도가 바뀌는데, 그렇게 바뀐 가면은 나의 본래 자아는 아니다. 타인에게 받아들여질 것인가라는 물음을 통과한 습관이나 행동이다.

페르소나 혹은 거짓자기는 자아의 본 모습 혹은 참자기라는 고유의 세계가 외부 사회에 부드럽게 섞일 수 있게 이어주는 가교와 같은 역할을 한다.[7] 이 역시 우리 성격의 일부가 되어 우리가 사회에 잘 적응하며 살 수 있도록 돕는다. 그러느라 자기의 본모습이 변형될 수밖에 없는데, 이러한 변형된 자기가 참자기를 오래 대체하는 경우 문제가 생긴다.

부모나 사회가 바라는 모습인 거짓자기만 과도하게 발달되면 진정한 자기를 누르거나 심지어 알아차리지도 못한 채 살아갈 수 있다.[8] 겉으로는 적응적으로 잘 지내는 듯 보이지만, 타인의 모습을 모방하거나 타인을 위한 삶에 가깝다. 껍데기로 살아가는 듯 무언가가 빠진 느낌, 공허함과 허무함을 자주 느끼게 된다. 필요 이상으로 과도하게 반응하거나 아예 관심 없는 척 굴기도 한다. 이렇듯 자신의 진짜 감정과 동떨어진 행동을 자주 한다면, 거짓자기의 모습을 하고 있을 가능성이 높다.

가령 주변 사람들에게 맞춰주는 거짓자기가 과도한 경우 상대에게 거절해도 되는 상황에서도 거의 반사적으로 타인의 요청을 따른다. 그러느라 자기 욕구를 정확히 알아차리거나 표현하지 못하여 관계에서 피로감을 느낄 수 있다. 사람들과 잘 어울리는 거짓자기가 과도한 경우 독립적이고 혼자 있길 바라는 자신의 필요를 외면하고 공허감에 시달릴 수 있다. 이러한 불일치가 계속된다면 억압된 정서적 피로와 긴장은 쌓이고, 스스로에 대한 확신이 흐려진다.

D는 받아들여지기 힘들었던 자신의 모습을 부정하며 지내느라 자기가 얼마나 지적인 호기심이 많고 논리적인 판단력을 지닌 사람인지 충분히 인식하지 못한 채 자라왔다. 부모나 주변 어른들이 원하는 배려심이 많거나 다정한 사람이 아니라 하더라도, 아무나 흉내낼 수 없는 고유한 성향을 가진 존재임을 나중에야 깨닫게 되었다.

나 역시 타인을 먼저 살피고 너그러운 사람이 되어야 한다는 기대에 억눌렸고, 여자아이이기 때문에 얌전하고 고분고분해야 한다는 바람이 두텁게 보태졌다. 어머니나 주변 어른들의 '순하다'는 칭찬을 좇아 학교나 집에서 순응적인 사람이 되고자 노력했다. 원하는 것에 욕심을 내거나 타인에게 양보하고 싶지 않은 순간에 '그러면 안 돼'라며 발목을 잡는 것도 그런 기대였다. 항의하는 목소리를 내고 싶을 때 '그러면 저 사람이 불편할 수 있으니까'라며 뒤로 숨게 만든 것도 '착하고 순하다'라는, 심어진 정체성 때문이기도 했다. 특히 개인의 선호보다 사람들과의 조화와 관계가 더 중요한 문화권에서는 주변의 요구에 잘 맞추는 사람이 좋은 성격이라 여겨지기 쉽고 그래야 한다는 압박이 있다. 그렇지 못할 때 눈치 없거나 까탈스러운 사람이 될 수 있다.

막내 아이는 음식에 대해서도 선호가 분명하고 자기가 입고 싶은 옷이 아니면 입지 않는다. 선물로 받은 옷도 색이나 재질이 싫으면 새 옷 그대로 두기도 하고, 디자인이 마음에 들지 않으면 소매나 바짓단을 자르는 등 스스로 수선해서 입기도 한다. 주변 어른들은 식당을 갈 때도 막내 아이가 먹을만한 음식이 있는지 고려해야 했고, "너는 까다로워서 이 옷은 줘도 안 입겠지?"라며 핀잔 섞인 타박을 할 때도 있었다. 그래서인지 아이는 어느 날 "나는 까다로워서 안 좋(은 아이)잖아?"라고 물었다. 나는 아이에게 "까다로운 것은 자기만의 취향이 분명히 있다는 거야. 무엇이 좋은지 싫은지를 분명히 안다는 건 자기를 잘 아는 것과 같아. 그건 나쁜 게 아닌데, 때로 사람들이 맞춰주기 힘들 때 불평을 하는 것뿐이야"라고 거듭 이야기해 주어야 했다.

성격은
가능성의 영역
°
이래도 좋고 저래도 좋다는 사람이 남들에게는 아무래

도 덜 신경 쓰이는 게 사실이다. 어떤 것을 싫어하는지 한 번 더 고려하지 않아도 괜찮기 때문이다. 예측하거나 통제하기 수월한, 털털하고 무난하고 순응적인 성격은 곧잘 주변 어른들과 사회의 긍정적인 평가를 받는다. 단지 편하다는 이유만으로 '성격이 좋다'는 감투를 씌워주게 되는 것은 아닐까. 그러한 기준은 내재화되어 자신과 타인을 같은 잣대로 평가하게 되면서 '좋은 성격'이라는 사회적 틀이 재생산된다.

　　사실 흔히 '좋지 못하다'고 평가하는 성격 자체에는 문제가 없다. 세 아이를 둔 친구의 셋째처럼 낙천적이고 무던한 사람들이 있는가 하면, 작은 일에도 전전긍긍하고 쉽게 걱정에 빠지는 사람이 있다. 보통 전자에는 호감을 보이고 후자에 대해서는 소심하거나 부정적인 사람으로 평가한다. 하지만 성격이라는 것은 그저 가능성이다. 좋을 수 있고 나쁠 수 있는 여지를 모두 가진다. 쉽게 걱정에 빠지는 사람은 늘 생각이 많아 스트레스를 받기도 하지만, 그만큼 여러 시나리오를 잘 그리고 상황이 나빠지지 않도록 대비를 잘한다. 낙천적인 사람은 보통 추진력이 좋지만 부정적인 측면을 잘 고려하지 못해 일을 그르칠 때도 있고 잘못된 정보로 오판을 하기도 한다. 무던하다는 사람들 역시 자기의 욕구를 선명히 보거나 타인을 세심하게 배려해야 할 때 어려움을 느낄 수 있다.

다만 '좋은 성격'의 기준에 들지 못한 사람이 자기 성격을 책하게 될 때 문제가 생긴다. 성격에 대해 품평하는 사회와 타인의 목소리에 걸려 스스로의 성향을 받아들이지 못하게 되면, 자신에 대한 믿음이 약해질뿐더러 거짓자기에 대한 집착만 깊어진다. 부모나 속한 조직, 사회에서 바라는 성향과 다르다고 움츠러들거나 자기 성격을 탓하지 않았으면 한다. 대신 성격이라는 동전을 앞뒤 뒤집듯 부지런히 돌려가며 바라봐 주면 좋겠다.

사회가 기대하는 행동을 해줄 것인가 아니면 내 성격을 고수할 것인가는 그 다음의 문제다. 거짓자기와 참자기를 선택하는 순간이다. 타고난 성향이 어떤 상황에서는 편안하고 빛나 보일 수 있지만 또 어떤 상황에서는 불편해서 못나 보이기도 할 것이다. 좀 더 담대해야 하는 상황인데 이런저런 면을 꼼꼼히 따져보는 성향 때문에 앞으로 나가지 못한다면, 익숙하지 않지만 '대담함'의 가면을 슬쩍 써볼 수도 있다. 타인의 의견이나 취향이 거슬리지만 상대가 불편해할 만한 상황이라면, 보다 친화적인 가면으로 상대에게 친근감을 줄 수도 있을 것이다.

어떨 때는 타인이 불편해하더라도 내가 원하는 방식인 진짜 나의 모습으로 있을 수 있다. 나를 이상한 사람으로 보더라도 말이다. 나의 참자기와 상대의 '편안함'을 맞바꿀 수 없다면, 내가 중요하게 생각하는 성향을 온전하게 지키고 싶다면, 그 또한 괜찮은 선택이다. 심리학의 한 학파인 게슈탈트 학파에 따르면, 판단하지 않은 채로 현재의 감정과 감각을 바라볼 때, 사회적 역할이나 타인이 기대하는 모습이 아닌 진짜 자기를 만날 수 있다.[9] 부모나 사회의 기대와 나의 관점을 구분할 수 있는 객관적인 안목을 기를수록, 내 안에 웅크린 감정과 감각에 자주 귀 기울일수록 참자기에 보다 가까워질 수 있고, 거기서 내 고유함에 대한 믿음도 자라날 수 있다. 그 믿음이 거짓자기와 참자기를 선택할 힘을 실어줄 것이다.

소통의 지도,
마음의 지도

: 욕구에 귀를 기울이면 소통이 쉬워진다

한창 SNS에서 어떤 사진 속 드레스 색깔이 '블루-블랙'이냐 '화이트-골드'냐는 논쟁이 있었다. 같은 사진이더라도 어떤 이들에게는 명백하게 파란색으로 보였고, 어떤 이들에게는 흰색으로 보였다. 이러한 현상에 대한 설명 중 하나는 이 드레스가 실내 혹은 야외 중 어떤 조명 아래에 있다고 인지하느냐에 따라서 뇌가 색을 보정한다는 가설이었다. 평소 대부분의 시간에 실내에서 일하는 사람들은 이 드레스를 블루-블랙으로,

주로 야외에서 일하는 사람들은 화이트-골드로 보는 경향이 나타났다고도 한다.[10] 이러한 착시는 우리가 이전에 어떤 경험을 했느냐에 따라서 같은 사물을 보고도 다르게 지각할 수 있다는 것을 보여준다.

동일한 상황에서도 과거 경험과 성향에 따라 우리는 다른 것에 주의를 기울인다. 길거리에서 시비가 붙어 다투는 장면을 보고 어떤 사람은 욕을 듣는 사람의 억울한 표정에 초점을 맞추고, 어떤 사람은 화난 사람의 거친 목소리에 더 귀를 기울인다. 또 누군가는 싸움을 말리는 사람의 초조한 눈빛을 먼저 읽을지도 모르겠다. 같은 장면을 목격하더라도 이에 뒤따르는 정서적 강도는 차이가 나며, 상황에 대한 평가나 이해 역시 다를 수밖에 없다.

애초에 감각기관으로 들어온 정보부터 주관적인 필터로 걸러지는데다가, 인간의 추론하는 능력 때문에 상황에 대한 이해는 또 한 번 굴절하고 만다. 친구가 멀리서 걸어오다가 나에게 인사도 없이 그냥 지나치는 경우, 우리는 쉽게 '나한테 뭐 속상한 일이 있나' '화가 난다고 인사를 안 하다니 무례하네'와 같이 부정적으로 해석해 버리기 쉽다. 친구가 나를 단지 못 보고 지나쳤을 수도 있다는 가능성은 한참 뒤에야 떠오른다. 우리가 지나치게 주관적이거나 꼬인 사람이어서가 아니다. 한계가 많은 감각기관과 추론 능력을 가진 인간이기 때문이다.

상대와의 연결을 위한
비폭력대화

°

이렇듯 소통은 태생적으로 어긋날 수밖에 없는 한계를 지니고 있다. 상대방은 내 말을 실제 의도와는 살짝 다른 온도로 받아들이고, 나 또한 상대의 의중을 헛짚기 일쑤이다. 내가 심리학에 관심을 갖게 된 것 역시 소통의 문제 때문이었다. 나의 부모님뿐 아니라 친구들의 부모님 역시 끝끝내 소통에 실패하는 것을 보면서 어떤 방법을 찾아내고 싶었다. 본격적으로 심리학 공부를 시작한 후에는 대인 관계 갈등과 관련된 워크샵을 줄곧 기웃거렸다. 소통과 관련한 국내외 여러 이론가나 상담가들의 기법을 배우고 실습해 보았다. 그중 하나가 **비폭력대화**nonviolent communication였다.

비폭력대화는 임상심리학자인 마셜 로젠버그Mashall B. Roesenberg가 개발한 대화법이다. 이는 연민의 대화compassionate communication로 불리기도 하는데, 가시 돋힌 마음을 가라앉히고 연민의 상태에서 소통하는 것이 우리 마음의 원래 본성이라고 가정한다. 눈앞의 상황을 그대로 관찰하고, 감정과 욕구를 읽고 구체적으로 요청하는 과정을 통해 상대와 공감적으로 연결되는 것을 중요하게 생각한다.[11]

　　머리로 배운 내용을 실생활에서 적용해 보기에 제일 좋은 상대는 남편이었다. 몰아치듯 업무 마감을 끝낸 어느 늦은 밤, 씻는 둥 마는 둥 하고 침대로 몸을 옮겼다. 막 잠이 들려던 참이었다. 그때 남편이 씩씩거리며 들어왔다. 화장실 앞에 뱀처럼 똬리를 틀고 있던 양말을 들고 있었다. 퇴근하면서 내가 벗어놓은 허물이었다. 평소 내가 옷을 벗어놓는 방식이 못마땅했던 남편은 이번에는 보다 격앙된 목소리로 불만을 토로하기 시작했다. 신혼 초였던 우리는 한창 서로 칫솔을 보관하는 위치, 샤워 후 화장실을 정리하는 방식, 문단속 습관 등을 두고 열을 내어 다투고 있었다.

　　덩달아 언짢아지다가 갑자기 정신이 번뜩 들었다. "잠깐만 기다려봐!" 나는 서둘러 협탁 위에 있던 책을 펼쳐 들었다. 더듬더듬 책장을 짚어가며 말했다. "자기가 그렇게 말하니까 속상하다. 음… 나는 지금 쉬고 싶은데, 음… 그 문제는 내일 이야기해 보면 어때?" 저녁마다 탐독하고 있던 비폭력대화 책이었다. 어색하기 짝이 없는 기계 같은 적용에 남편은 어이가 없다는 듯 웃었다. 어찌되었던 비폭력대화 덕분에 남편과의 다툼이 비폭력적으로 마무리되었다.

감정의 뿌리,
욕구

。

비폭력대화는 연결을 위한 대화법이지만 내게는 그보다 마음의 지도를 간결하게 보여주는 틀로 다가왔다. 로젠버그는 대화를 위한 대표적인 키워드로 **감정**과 **욕구**를 꼽고 있는데, 그것으로 마음이 반응하는 방식을 그려볼 수 있다.

이를테면 사람의 감정은 욕구에 뿌리를 둔다. 우리가 긍정적인 감정을 느끼는 것은 우리의 욕구가 채워졌을 때이고, 부정적인 감정이 드는 것은 반대로 욕구가 채워지지 않았을 때이다. 친구와 영화를 보면서 행복하다면 '즐거움'과 '연결감'이라는 욕구가 충족되어서이고, 늦은 퇴근이 고통스러운 것은 '휴식' 또는 '자율성'이라는 욕구가 충분히 채워지지 않아서일 것이다.

비유하자면 감정은 비나 눈과 같은 현상이다. 우산을 쓴다고 비가 그치는 것은 아니다. 수증기가 가득 차 있는 구름이 내 머리 위에 있는 한 비는 계속 내린다. 비를 만든 원인인 구름이 욕구이다. 비가 온다면 구름이 무엇으로 가득 차 있는지 살펴보아야 한다.

이런 맥락에서 분노, 불안, 외로움과 같은 밀어내 버리고 싶은 감정도 우리에게 충족되지 않은 욕구가 있다는 것을 알려주는 고마운 신호로 볼 수 있다. 불안감을 느낄 때 마음을 들여다보면 나를 안전하게 보호하고 싶은 욕구가 그 아래에 있을 것이다. 외로움이 느껴진다면 누군가와 긴밀하게 연결되고 소통하고 싶은 욕구가 그 언저리에서 헤매고 있을지 모른다. 이처럼 내 감정을 살피는 것에서 그치지 않고, 그 아래 어떤 욕구가 있는지 잘 살펴보면 지금의 나를 훨씬 잘 공감할 수 있게 된다.

아이는 수학 문제를 풀다가 짜증을 낼 때가 있다. 그때 짜증이 난 감정에 집중하면 불쾌감만 높아지고, 짜증을 내고 있는 자신이 한심하게 느껴질 수도 있다. 아이의 짜증이 한 풀 꺾이는 순간은 '잘하고 싶은데 안 돼서 속상하구나'라고 그 이면의 욕구를 알아줄 때 찾아온다. 짜증이라는 파도가 걷히면서 '잘하고 싶다'라는, 그 아래에 있는 진주 같은 마음이 반짝이며 보이는 것이다. 어려운 수학 문제 앞에서 번번이 그 마음이 좌절되어 화가 나지만, 그 욕구 자체는 잘못된 것이 아니다. '감정'이라는 방향을 알지 못하는 파도에서 물러나면 '욕구'가 보이는데, 이때 욕구는 자신의 고유한 가치관과 목표,

희망, 기대를 가리키고 있다. 이를 응시할 때 지금의 기분은 이해할 만한 것이 된다.

타인에게 마음을 표현할 때도 욕구를 잘 살피는 것이 도움이 된다. 로젠버그는 다른 사람을 판단하거나 비난하는 말은 '욕구의 비극적인 표현'에 불과하다고 말한다.[12] 비난을 앞세우고 있지만 실은 그 뒤에 좌절된 욕구를 알아주길 바라는 마음이 있다는 의미이다.

아이는 단짝 친구와 성향이 다른데, 축구를 하며 밖에서 노는 게 좋은 아이와 달리 친구는 집안에서 수다 떠는 것을 좋아한다. 하루는 아이가 친구에게 "너는 매일 축구만 하잖아"라는 핀잔을 들었다며 서운해했다. 사실 친구가 하고 싶었던 말은 "오늘은 집에 가서 놀자"였을 것이다. 같이 좋아하는 놀이를 하고 싶은 욕구가 여러 차례 꺾이자 속상한 마음에 뱉은 말이었다. 어른이라고 다르지 않다. "당신은 매일 늦게 오지"라고 배우자가 불만을 토로한다면, 그가 이야기하고 싶었던 것은 '일찍 와서 나와 시간을 보냈으면 좋겠어'일 가능성이 높다. 나의 욕구가 이만큼 충족이 되지 않았으니 알아달라는 외침이 비난으로 둔갑해서 타인에게 건너가고, 변명이나 항변으로 되돌아오면서 소통이 어긋난다. 욕구를 잘 살펴 원하는 바를 그대로 표현한다면 타인이 내 욕구를 알아주고 이해해 줄 가능성이 높아진다.

욕구에
귀 기울이는 소통
。

욕구라는 것은 고맙게도, 인간 누구에게나 있는, '보편적'인 심리 특성이다. 이 덕분에 나의 마음에서 시작된 지도는 타인에게로 확장될 수 있다. 모든 사람에게는 자아실현, 자기 보호, 휴식, 편안함, 소속감과 같은 크고 작은 바람이 존재한다. 이런 바람들은 나이나 성별, 인종, 직업이나 소득수준, 성적 취향과 상관없이 모든 사람에게 공평하게 있다. 정도는 다르지만 누구나 안전하게 지내고 싶고, 친밀감을 느끼고 싶고, 성취를 하고 싶다. 그렇기 때문에 누군가가 '쉬고 싶다'거나 '존중받고 싶다'고 말하는 순간, 우리는 고개를 끄덕일 수밖에 없다. 상대가 필요하다고 말하는 욕구가 내 안에도 같은 모양으로 있기 때문에 공감이 가능해지는 것이다.

남편이 화를 내던 날 나도 덩달아 화가 났지만, 기분을 상하게 만든 남편의 행동이나 감정에만 초점을 맞추면 대화는 한 발짝도 나아갈 수 없다. 상대의 언짢음 뒤에 있는 마음에 귀를 기울여야 한다. 그날의 남편은 쉬고 싶은 내 바람을 소중하게 생각하지 않거나 나의 휴식을 방해할 의도가 아니었다. 그저 정돈된 공간에 있고 싶다는, 그래서 편안해지고 싶다는 바람이 있었을 뿐이었다. 실은 그것은 내게도 자주 찾아오는 바람이었다. 밖에서 오랜 시간을 보낸 날 특히 그렇다. 정돈된 공간보다는 아무렇게나 어질러도 되는 공간이 내게 쉼을 준다는 점이 다르지만 말이다. 정돈된 공간에 있고 싶다는 그의 욕구와 편히 쉬고 싶다는 나의 욕구는 어느 것이 더 중요하다거나 우선을 다퉈야 하는 문제는 아니었다. 똑같이 존중받을 수 있는 마음이다. 두 욕구를 조화롭게 충족할 수 있는 대안을 찾으면 될 일이었다.

우리는 자주 관계에서 삐걱대고 소통에 애를 먹는다. 취향도, 성격도, 배경도, 쌓아온 관계의 역사도 다른 우리가 서로를 단번에 완벽히 이해한다는 것은 불가능에 가까운 일일지 모른다. '왜 저래?' 하고 이해할 수 없는 행동을 할 때, 비난하거나 무시하는 대신 그 저의를 읽어준다면 우리는 그 순간 '같은 마음'으로 연결되는 기적을 경험하게 되는 것은 아닐까. 비폭력대화가 알려준 지도에 의하면, 안개가 자욱한 내 마음 속에도 그 순간의 욕구라는 또렷하게 빛나는 구슬이 있다. 그것을 찾아 꺼내 보여주고, 상대에게 있는 구슬도 바라봐 주는 것. 그것이 너무나 다른 우리가 연결되는 방법이다.

물론 상대뿐 아니라 내게 있는 구슬조차 알아차리기 힘들 때가 있다. 내 욕구를 표현하는 게 어색할 때도 있을 것이다. 하지만 지도가 가리키는 구슬을 찾아 마음을 자꾸 들여다보면, 나 자신 그리고 상대와 연결되는 순간을 더 자주 만날 수 있지 않을까. 이미 비난이나 판단 대신 자신의 욕구에 초점을 맞춘 것만으로도 우리는 연민이라는 본래 마음에 다가가고 있는 중일 테니 말이다.

거절이 어려운
당신에게

: 나를 지키는 심리적 경계 다듬기

은근히 주변의 기대에 맞추라는 압박을 받을 때 대놓고 거절하기 참 어렵다. '좋은 게 좋은 거'라서, 분위기를 깨기 싫어서, 상대의 기분이 상할까 봐 마음이 내키지 않아도 타인의 청을 따른다. 부분적으로는 사회 분위기 때문이기도 하다. 집단의 조화를 중요하게 생각하는 사회에서는 상대에게 폐를 끼치거나 불편하게 만들까 봐 신경을 많이 쓰는데, 서구와 달리 동아시아 문화권의 사람들은 '나 때문에 상대가 기분이 상하지 않는지'에 신경을 많이 쓰느라 사람들 사이에서 더 긴장하게 된다.[13] 우리가 지금 민폐를 지나치게 염려하고 있는 것에는 문화적인 이유도 분명 포함되어 있다.

타인에게 불편을 끼치지 않는 것이 중요할수록 상대의 기대나 제안을 거절하기 어려워진다. 거절하지 못한다는 것은 곧 내게 중요한 바람이나 선호를 포기한다는 의미다. 혼자 있고 싶지만 상대가 실망할까 봐, 부탁을 들어주고 싶지 않지만 상대가 원하기 때문에 응하는 식이다. 막상 해주기로 한 당일이 되면 그 일이 얼마나 싫었는지 절절히 깨닫게 되고, 그런 제안을 한 상대가 원망스러워지기도 한다.

그럴수록 타인의 거절 또한 낯설고 불편하게 다가온다. '이만큼 내 바람을 누르면서 너의 의견에 맞추는데, 왜 너는 내 의사를 거절하는지' 분한 마음이 들기도 하고, '나를 그만큼 배려하지 않는 건가' 하는 서운함도 차오른다. 이 정도가 되면 잠깐 멈춰볼 필요가 있다. 나와 타인과의 경계가 흐려진 상태이기 때문이다.

심리적 경계,

나를 지키는 담벼락

。

심리적 경계^{boundaries}는 나의 고유한 감정과 가치를 지키면서 상대로부터 보호하는 담벼락 같은 것이다. '네 맘이 내 맘 같은' 친밀한 사이에도, 연인이나 가족 사이에도 경계는 있다. 이 경계는 너무 높아도 고립, 불신, 냉소적 태도와 같은 심리적 문제가 나타나지만, 지나치게 낮아서 아무나 마음대로 들어오게 된다면 나를 온전하게 지키기 어렵다.

사람 사이의 경계를 어디서부터 어떻게 세워야 하는지 모르던 시절에는 이런저런 관계에 치여 자주 지친 표정으로 있었다. 누군가를 위해 좋은 마음으로 시작했지만 일이 쌓일수록 처음 마음은 온데간데없어졌고, 여러 모임을 챙기느라 오직 '나'만을 위한 시간은 거의 찾기 어려웠다. 모두 다 그만두고 훌쩍 떠나고 싶은 마음에 여행지 검색 사이트를 자주 열었다. 마치 그곳에 가면 이곳에서 얽혀 있는 부담이 모두 사라지기라도 할 것처럼.

그 무렵의 나는 가능한 한 상대의 바람을 나보다 우선으로 두는 것이 타인을 존중하는 방식이라 믿었다. 졸려서 그만 자고 싶어도 친구의 전화를 끊기 어려웠고, 별로 내키지 않는데 들뜬 분위기를 깨고 싶지 않아 여행을 같이 가기로 한 적도 있었다. 무엇을 하기로 결심하는 이유가 '상대가 서운해할까 봐' 혹은 '미안해서'라면, 담벼락을 너무 낮췄다는 사인이다. 그렇게 시작한 일은 결과적으로 나에게도 씁쓸한 마음을 남기는 경우가 많다.

경계가 무너져 있는 사람들의 핵심 문제는 타인을 과도하게 책임지려 한다는 점이다. 타인의 실망한 감정이나 곤란한 상황을 자신이 모두 떠안아야 할 것처럼 느낀다. 내가 중재하지 않으면 가족의 불화가 심각하게 치달을 것 같고, 돈을 빌려주지 않으면 동생이 큰 어려움에 빠질 것 같고, 내가 아니면 친구가 많이 속상해할 것 같아서 억지로 돕는다. 내 마음보다는 상대의 감정에 휘둘려 의사결정을 하게 되고 거절하려할 때 죄책감이 든다면, 이미 그가 담장을 넘어와 내 방을 휘젓고 다니고 있다는 뜻이다.

상대가 호의를 보일 때도 개운치 않을 때가 있다. 원하지도 않은 값비싼 가전을 부모님이 보내올 때, 친구가 "너는 다른 사람과 달라"라는 말을 건네며 자기에게 특별하게 대해주길 원할 때, 선배가 자신의 경험담을 들려주며 은근히 조언대로 따르기를 종용할 때가 그렇다. 원치 않는 배려나 호의는 때로 무거운 부담만 남는다. 내 마음을 움직이려 하는 상대의

133

기대가 고스란히 느껴지기 때문이다. 분명 나를 위한 제안이 거나 과하지 않은 부탁인데도 묘하게 화가 난다면, 불쾌감을 그냥 지나치지 않아야 한다. 누군가가 우리의 담벼락을 타고 넘어오고 있다는 신호이기 때문이다.

우리가 관계의 경계 앞에서 헷갈리는 것은 '경계가 없었을 때'를 경험해 봤기 때문인지도 모른다. 정신분석학자인 마가렛 말러Margaret S. Mahler에 따르면, 자궁 안에서 어머니와 한 몸이었던 아이는 태어난 후에도 몇 달 동안은 정신적으로 어머니와 하나라고 느낀다. 이 시기를 외부 대상과 자기를 구분할 수 없는 '공생 단계'라 부른다. 애착 대상인 어머니가 자신과 똑같은 감정을 느끼며 도움이 필요할 때마다 어머니가 언제든 곁에 있다고 착각한다. 영아는 발달하면서 점차 어머니가 자신과는 분리된, 다른 존재임을 깨달아간다. 어머니의 감정이 나와 다를 수 있음을, 어머니가 당장 내 눈 앞에 안 보여도 존재하고 있음을 깨닫는 것이다.[14]

어머니와 분리되어 개별적인 존재가 되는 과정은 유아기에 다 완성되는 것은 아니다. 자라면서 맺는 여러 관계 속에서 나와 상대가 다른 존재임을 배우고 거리를 조절할 줄 알게 된다. 이러한 과정을 통해 분리된 존재로서 정체성이 생기면서 나의 경계는 더욱 뚜렷해진다. 독립적인 존재가 된다는 것은 서로 간의 심리적 경계를 지킬 줄 알게 되는 것과 같다.

내 마음에 대한
책임
。

그렇다면 우리는 어떻게 경계를 지킬 수 있을까. 먼저 어디까지가 나의 경계선인지 가늠해 보는 것에서 출발한다. 내키지 않았지만 친구가 실망할까 봐 억지로 다녀온 모임에서 내가 얼마나 힘들었는지, 분위기 때문에 엉겁결에 수락한 부탁이 얼마나 부담스러웠는지를 살피면서 나의 고유한 경계의 지점을 찾아볼 수 있다. 그리고 내 감정을 믿어보는 것이다. 누군가가 경계를 침범할 때마다 감정은 경계를 다시 세워야 한다는 사이렌을 울린다. 누군가의 부탁이 부담스럽거나 무례하게 다가왔다면 그 마음을 표현하고 문제를 바로잡으라는 신호다. 그 요청에 부응할지 결정하는 책임은 나에게 있다. 내 표정이나 상황을 헤아려 상대가 적당히 눈치 채주길 바라는 것은 상대에게 그 책임을 떠넘기는 것과 같다.[15] 표현하지 않으면, 결국 마음을 알아주지 않는 상대에게 서운한 마음까지 쌓이고 만다.

때에 따라 경계가 불분명하게 굳어버린 관계에서는 상

대가 나의 거절에 당황하고 화를 낼 지도 모른다. 오래 묵은 관계의 패턴이 바뀌는 것은 관계에서 지진이 나는 것과 비슷한 일이다. 그렇다고 아무도 눈치 못 챌 정도의 부드러운 방식으로는 경계를 만들어 갈 수 없다. 상대의 실망과 당황스러움, 좌절감을 지켜보는 것 또한 경계를 세우는 과정 중의 하나다. 이때 타인의 실망감마저 책임지려 하지 않았으면 좋겠다. 담장을 넘어가 그 감정마저 달래려 애쓰고 있다면, 다시 재빠르게 나의 담장 안으로 건너와야 한다. 내 경계가 분명해진 만큼 상대의 담벼락도 그만큼 튼튼해질 것이다.

　　딸의 건강이 걱정된 엄마는 기회가 있을 때마다 홍삼·녹용·흑염소 시리즈의 한약을 사 보내셨다. 내가 원하는 방식으로 건강을 관리하겠다고 말씀드렸지만, 엄마의 불안은 한약과 함께 계속 동봉되어 왔다. 엄마를 서운하게 해드리고 싶지 않아 몇 봉지 뜯었다가 그대로 냉장고에 썩히기를 반복했다. 아깝게 버려야 하는 한약보다 내 거절을 존중하지 않는 방식에 더 화가 났다. 경계를 전달하기 위해서는 상대의 서운함과 실망이라는 다리를 건너야 했다. 먹지 않고 돌려드리기를 몇 번한 끝에 엄마의 한약 배송 서비스는 막을 내렸다.

　　거절은 경계라는 담벼락에 말뚝을 박아 세우는 것과 같다. '하지 마' '안 하고 싶어'라는 분명한 의사표현을 해야 여기까지가 내가 받아들일 수 있는 경계라는 것을 명확하게 보여줄 수 있다. 다른 사람이 내 감정이나 가치를 함부로 좌지우지하지 않도록 막아서는 것이다. 거절은 외부의 침입을 막는 파수꾼이면서 나를 단단하게 빚어가는 트레이너이기도 하다. 거절하기 위해서는 상대의 기대가 얽혀 있는 압박적인 상황 속에서도 내 마음의 소리를 알아차리고, 그 목소리에 힘을 실어 분명히 표현하는 과정을 거친다. 그만큼 마음은 힘을 얻고 견고해진다.

　　나아가 거절한다는 것은 내 마음과 행동에 대해 분명히 책임지겠다는 의미이기도 하다. 마지못해 일을 시작하면 힘에 부칠 때 타인이나 상황을 탓하게 되기 쉽다. 내 행동을 선택한 사람이 내가 아닌 타인임을 인정하는 셈이다. 그 순간만큼은 내 삶의 주도권을 타인이나 상황에 넘겨준 것과 같다. 거절은 내 행동의 결과가 어떠하든 타인의 탓이 아닌 내 책임으로 여기겠다는 뜻이다. 더 크게 봐서는 내가 주체적으로 이끌어가는 삶의 지분을 늘리겠다는 결심과 같다. 책임이 분명해지고 자신의 선택에 따라 행동할 수 있다는 통제감이 생길 때 나에 대한 확신이 더 깊어진다.

　　경계가 분명한 G와 수년째 가깝게 지내고 있다. 그녀는 관계를 살뜰히 보살피는 사람이지만, '친구라면 으레 해줄 것 같은' 함께 주말을 보내자거나 집에 놀러오라는 초대에도 부담이 된다면 정중하고 구체적으로 거절을 표현한다. 갈수록 경계가 분명한 사람들이 더 편하게 느껴진다. 예전에는 관계를 중요하게 생각하지 않는 사람으로 오해하고 차갑게 느낄 때도 있었지만, 이제는 오히려 솔직하고 용기 있어 보인다. 상대의 승낙이 진심일까 의심하지 않아도 되니 담백하게 소통할 수 있어 편한 점도 있다. 그들 앞에서는 나도 좀 더 수월하게 내 욕구를 이야기하고 거절할 수 있다.

시인 칼릴 지브란Kahlil Gibran은 서로의 경계가 분명한 것을 '너희 혼과 혼의 두 언덕 사이에 출렁이는 바다'가 있다고 표현했다.[16] 그 바다 덕분에 우리는 타인이 침범하지 못하는, 홀로 존재할 수 있는 영역을 선물 받는다. 그곳에서 스스로 어떤 것이 필요하고 무엇을 원하는지 살필 수 있다. 나에게 무리가 되는 요구를 거절할 수 있는 용기, 나의 선택을 존중하지 않는 사람에게 거리를 둘 수 있는 담대함을 얻는다. 경계가 충분히 단단해진 후에 비로소 타인의 필요를 돌보는 것과 내 필요를 채우는 것 중에서 선택할 수 있는 힘이 생긴다. 어느 쪽이든 자유롭고 기쁘게 선택할 수 있을 것이다.

MBTI가
설명해 주지 못하는 것들

: 자기 개념의 모순

'내향적인' '관계지향적인' '직관적인'과 같이 내 성격에 이름을 붙여주는 것이 좋았다. 내가 다른 사람과 다르게 행동하는 이유를 찾게 된 것도, 두루뭉술하던 내가 '이런 사람'이라고 분명하게 정리되는 느낌도 속 시원했다. '내향적'이라는 딱지 하나로 왜 낯선 사람들 앞에서 그렇게 작아지는지, 분명 모임은 즐거웠는데 집으로 돌아오는 나는 왜 진이 빠져 있는지, 어째서 활달하고 사교적인 친구 A의 말투에서 매번 감탄과 거리감을 느끼게 되는지 한꺼번에 설명받는 기분이었다. 그래서 우리는 부지런히 성격 검사로 나의 유형을 찾고 타인에게 나를 설명할 때 이러한 형용사를 즐겨 쓰게 되는지도 모르겠다.

하지만 '감정적이다, 이성적이다, 충동적이다, 게으르다, 자존감이 낮다' 등의 말들은 지금의 나를 충분히 설명하고 있을까. 성격은 복잡한 인간을 효율적으로 개념화하고 예측하기 위해 비교적 일관적인 패턴을 찾아내서 설명하는 말이다. 이처럼 개인의 패턴을 규정한 단어나 이미지는 '나는 어떠어떠한 사람'이라고 스스로 정리한 **자기 개념**self-concept이 된다.[17] 이 개념이 손에 잡힐 듯 명료해질 때 자신을 통찰하고 이해한 것 같은 안도감이 든다. 문제는 이러한 효율적인 개념 때문에 스스로를 통합적으로 이해하지 못하거나 혼란스러워하는 경우가 생긴다는 점이다.

나는
내향적인 사람
○

"저는 다중인격 같아요." "성격이 왔다 갔다 해요. 저는 도대체 어떤 사람일까요?" 성격을 질문하는 내게 사람들이 들려줬던 이야기다. 우리를 묘사하는 단일한 단어를 찾다 보면 이런 혼란에 빠지기 쉽다. 순한 사람인데 어떨 때는 뾰족하게 화를 내기도 하고, 살갑고 다정하다가도 어디서는 냉담하고 무심한 모습으로 앉아 있기도 하다.

　　나 또한 어떤 자리에서는 주도적이고, 어떤 상황에서는 있는 듯 없는 듯 몸을 사린다. 굳이 분류하자면 나는 내향적인 사람이다. 모임 인원이 세 명이 넘어가면 눈에 띄게 말수가 줄어들면서 표정이 두꺼워지곤 한다. 잘 모르는 사람들을 만나야 하는 곳은 특히 피하는 편이다. '파티' 사교 문화가 발달한 서구 어느 나라에서 태어나지 않은 것을 무척 다행으로 여기고 있다.

　　하지만 '내향적'이라는 설명에 맞지 않는 에피소드도 제법 있다. 아이 초등학교 입학 후 만난 학부모의 세계는 매우 낯설었다. 다른 부모들 또한 나만큼 긴장해 있는 듯했다. 그러다 하교 길 학교 후문 앞에서 더듬더듬 수다의 장이 열렸다. 아이들의 친구 관계, 성격, 학원 이야기로만 점철된, 무한히 겉도는 듯한 대화가 무료해질 즈음 독서 모임을 꾸려봐야겠다는 생각이 들었다. 커리큘럼을 짜고 각 학년 대표들에게 공지를 부탁했다. 아이들 학년도 다른 여섯 명이 서먹하게 카페에 둘러앉았다. 그 사이에서 모임의 취지를 설명하고 있는 나는 내향적인 사람이 아니었다.

오늘 하루만 해도 모순적인 행동으로 가득 차 있다. 교회 모임에 가서는 별말 없이 남들이 하는 말을 내내 듣고 있는 '조용한 사람'이다가도, 집에 돌아와서는 남편에게 미주알고주알 이야기를 쏟아놓는다. 충동적으로 10만 원이 넘는 여행 숙소를 결제해 놓고 만원 남짓의 보조 가방 앞에서는 한없이 신중해진다. 어떤 영역에서는 남들이 뭐라 해도 고집스레 꿈쩍도 하지 않다가도 또 어떤 문제에 있어서는 사람들의 의견에 팔랑귀처럼 흔들리기도 했다.

단편적 자아 대신
통합적 자아로

○

아이들 카톡 프로필에 MBTI 유형이 박혀 있고 초등학생인 딸이 나서서 나의 유형을 추론해 줄 정도로(이래 봬도 심리학자 엄마인데), MBTI는 소통을 위해 익혀야 할 언어로 자리 잡은 것 같다. 하지만 MBTI 성격검사가 '부먹찍먹'처럼 '너는 사고형이다' '너는 직관적인 사람이다' 같은 꼬리표를 달아주는 식으로 오용되는 현실은 우려가 되기도 한다. 각 유형을 절대적인 이름표처럼 갖다 붙이고는 서로를 거칠고 뭉툭한 틀에 가두는 경우가 많다. 상대를 '역시 T스러워'라 진단하면서 그 틀에 맞는 정보만 받아들이고 'F스러운' 정보는 무시해 버리기도 한다. 나와 상대를 잘 이해하기 위해 시작한 검사인데, 결국 개인을 단편적으로 재단하고 잘못 해석하게 만든다.

MBTI 검사의 바탕이 된 카를 융의 성격 유형론은 오히려 양극단에 있는 **성격의 통합**을 강조한다. 융은 서로 반대되는 특성인이라는 기능, 그리고 내향형과 외향형이라는 태도의 조합으로 유형을 나누었다. 그는 지나치게 한쪽의 성격만 고수하려 할 때, 무의식 속에서 반대의 성향이 억압된다고 보았다. 내향적인 사람이 내향적인 면에만 집착할 때, 외향적인 면이 발현되지 못하고 무의식에 억압되어 열등한 기능으로 자리 잡게 되는 것이다. 이렇게 억압된 기능은 타인에게 투사되어 성격이 반대되는 사람을 비난하거나 질투하게 되기도 한다. 융은 열등한 기능을 살리고 발전시킬 때 성격이 통합되면서 온전한 성격으로 성숙해질 수 있다고 했다.[18]

'나는 소심하다' '나는 의존적인 사람이다' 같은 자기 개념에 갇혀 있을 때의 문제는 "내가 이럴 줄 알았어"라고 쉽게 결론짓는다는 점이다. 다르게 이해할 수 있는 여지가 있음에도 나에 대한 컨셉에 충실한 방향으로 해석해 버린다. 유독 자기 개념과 일치하는 일들은 더 굵직한 기억으로 남는다. 과거를 회상할 때 '내가 생각하는 나'와 겹치는 일들만 더욱 또렷이 생각나 '그때도 난 그랬었지'라며 스스로 자기 개념을 더욱 공고히 한다. 연구에 의하면, 우리는 심지어 친구를 사귈 때 좋은 점을 칭찬해 주는 사람보다 나의 자기 개념과 비슷한 평을 해주는 사람과 더 가까워진다고 한다.[19] 자기 개념에 갇힌 나의 해석과 상대의 평가가 덧씌워질수록 나는 더욱 그러한 내가 된다.

과거에 꾸준히 해내지 못한 몇 번의 경험으로, 그리고 주변의 피드백을 주워 담아 '나는 끈기가 없다'는 말에 갇혀 지내는 친구가 있었다. 조금이라도 실천해 보겠다는 다짐이 흐트러지려 하면 '나는 역시'라고 단정짓곤 했고, 두꺼운 책을 완독하거나 식물을 키우는 것 같은 장기 프로젝트 앞에서는 '나는 이런 거 못해'라며 지레 포기하기도 했다. 실제로 노력을 꾸준히 들여야 하는 운동이나 일기와 같은 일에는 뒷심을 내지 못해 성과가 변변찮긴 했다. 하지만 주말마다 근교로 출사를 나가곤 했고 격주로 있는 동호회 모임도 그는 빠짐없이 참석하고 있었다. 스스로 흥미를 갖고 있는 일은 누구보다 꾸준히 하고 있었던 것이다.

'나는 불행한 사람이다' 또는 '우울한 사람이다'와 같은 자기 개념도 마찬가지다. 우울한 기분에 한창 빠져 있는 사람들은 부정적 기억이 과도하게 활성화되기 때문에 흔히 자신을 부정적인 개념으로 일반화한다. 스스로 '나는 행복한 적이 없었다'는 말을 믿어버리면, 우연히 찾아간 카페에서 먹은 와플의 맛이나 예상치 못한 친구의 선물을 받았을 때의 따뜻함, 예능을 보면서 깔깔거렸던 기억은 저만치 희미해져 버린다. 우울하다는 굵직한 감정 덩어리에 밀려 찰나의 행복했던 감정들이 흩어져 버리는 것이다. 결국 '우울하다'는 뿌연 안개 같은 감정만 남는다.

충동적이라거나 의존적이라는 등의 자기 개념은 언어로 된 명제에 불과하다. 우리는 상황에 따라, 내가 만나는 사람에 따라, 그날의 나의 기분에 따라 다른 모습으로 살아간다. 그러니 오래되고 익숙한 자기 개념에 나를 가두기보다, 새롭고 반짝거리는 면을 꺼내보면 어떨까.

때로는 충동적이고, 신중하고, 이기적이고, 이타적인 사람으로 실험하듯 살아보는 것도 나쁘지 않다. 내게 주어진 현실을 그대로 감각해 보고 그 상황에서 내 생각에 가장 좋아 보이는 행동을 하는 것이다. 한계 지어진 나를 다소 벗어나더라도 괜찮다. 그러다 보면 무의식에 눌려 있던, 미처 발견하지 못했던 성향까지 끌어안을 수 있는 사람이 될지도 모른다. '내가 아는 나'만 고집했다면 알지 못했을 나를 마주할 수도 있을 것이다. 성격심리학자인 댄 맥아담스^{Dan P. McAdams}의 말대로, 우리는 "우리가 만나는 상황, 사건, 사람들에 따라 자신의 정체성을 주체적으로 만들어 가는 작가와 같은 존재"[20]이니 말이다.

ADHD 언저리에서
살아남기

: 정확히 이해하고 대비하는 삶

나는 툭하면 넘어지고 다치는 아이였다. 학교 계단을 오르다 넘어져 무릎이 까지거나, 문을 열고 나가다가 제자리에 잘 있는 문틀에 몸을 부딪히는 일이 다반사였다. 딱지가 채 아물기도 전에 또 긁혀오곤 했고, 어디서 다쳤는지 모르는 멍이 여기저기 들어 있었다. 학교에서 잃어버린 시계를 세는 것은 속 쓰린 일이므로 진작에 그만두었다. 비가 아침에 잠깐 내린 뒤 하교 시간 즈음 그친 날은 보나마나 우산을 두고 오는 날이었다.

남들은 쉽게 단정히 끝내는 일도 나는 꼭 무언가를 빠뜨리거나 쏟아버려 엉성했다.

아버지에게도 자주 혼이 났다. 꼼꼼하고 신중한 아버지는 밥 먹듯 실수를 저지르는 딸을 이해할 수 없었을 것이다. 조금만 더 주의를 기울이면 되는 일을 왜 못하냐고 타박을 듣기 일쑤였다. 무언가를 엎지르고, 쏟고, 다치고 나면 주변 사람들의 눈치를 살피는 일까지 덤으로 늘었다. '나는 왜 이렇게 조심성이 없을까' 하는 생각에 스스로 작아지곤 했다.

심리학 대학원을 졸업하고 대학병원 정신건강의학과에서 임상심리전문가 수련을 시작했다. 병원이야말로 극도의 꼼꼼함을 요구하는 곳이었다. 심리검사 결과 수치가 잘못 기재되거나 환자 보고서에 글자가 하나라도 틀리는 일은 있어서는 안 됐다. 환자 앞에서 넘어지거나 어딘가에 부딪혀 검사자의 체면을 구기는 일 역시 일어나선 안 되는 일이었다.

검사보고서를 제출하기 전에 남들보다 배로 노력을 들여 확인해야 했다. 검사 결과 수치를 보고서에 옮겨 적어놓고 나면 어김없이 한두 개가 틀려 있었다. 자칫 잘못된 보고서가 나갈뻔했다는 생각에 오싹해지곤 했다. 이렇듯 나를 믿지 못하다 보니 숫자를 보고 또 보는 버릇이 생겼고, 늘 신경을 곤두세우고 있어야 해서 자주 체하고 두통을 앓았다.

실수나 부주의뿐 아니라 나의 산만함과도 전투를 치러야 했다. 노동요를 선곡하고 SNS에 올라온 친구들 소식을 챙겨 읽고 머리에 꼬리를 물고 떠오르는 궁금증을 검색하다 보면 한두 시간이 훌쩍 지나 있었다. 시험을 앞둔 산만러들이 다 한다는 책상 정리는 적성에 맞지 않아 생략한다는 게 그나마 다행이랄까. 어디론가 떠나 있는 내 정신을 끌어다 보고서에 옮기기를 수차례 하다 보면 보고서를 쓰는 일은 늘 새벽 두세 시까지 이어졌다.

나를 이해하는
키워드

∘

아이러니하게도 '칠칠치 못한' 성향이 그 어느 때보다 부각되고 그러한 나 자신에게 부대꼈던 시절에, 내가 왜 그럴 수밖에 없는 사람인지 알게 되었다. 정신병리에 대한 진단 기준을 익히는 것은 수련 과정에서의 중요한 과제 중 하나였는데, 수련을 받는 우리는 진단 기준을 우리 스스로에게도 적용해 보며 진심을 반쯤 담아 서로 놀려대곤 했다. ADHD를 공부할 때였다. ADHD라고 하면 보통 한자리에 가만히 앉아 있지 못하고 교실을 돌아다니는 충동적인 아이들을 떠올리기 쉽지만, 이러한 '과잉행동-충동' 타입 외에 '주의력 결핍(부주의)' 타입이 있다. 주의력 결핍(부주의) 타입의 진단 기준을 하나씩 살펴보는데, 모든 항목이 내게 "바로 너"라고 말을 걸어오는 것 같았다.[21] 쉽게 산만해지고 일과를 잘 잊어버리며, 세부적인 사항에 주의를 기울이지 못하거나 부주의한 실수가 많고, 물건을 잘 잃어버린다는 항목까지. 모두 나를 설명하는 문구들이었다. 이제야 나를 이해할 수 있는 단어를 찾은 것만 같았다.

ADHD를 처음 진단받은 성인들 중에는 설명하지 못해 답답했던 자기 모습을 이제야 이해받는다고 느끼는 경우가 있다. 유아기와 학창 시절 내내 들었을 '좀 조심해라' '집중해라' '신중해라' 같은 타박이 자신에게 전혀 통하지 않아 힘들었던 이유를 **증상**이라는 키워드로 마침내 이해하게 된 것과 같다.

나 역시 안도감이 들었다. 내가 노력을 덜 해서 혹은 할 수 있는데 게을러서 못한 게 전부는 아니었다. ADHD와 유사한 증상 때문에 어쩔 수 없는 부분이 있었다고 생각하니 마음이 가벼워졌다. ADHD의 원인은 여전히 불분명하지만, 유전이나 환경의 영향으로 인한 뇌의 신경전달물질 불균형 또는 뇌의 구조적 차이 때문에 나타나는 것으로 알려져 있다.[22] 약을 복용할 정도는 아니어도, 적어도 뇌의 어떤 부분이 남들과 다르기 때문에 내가 그렇게 실수투성이에 덤벙대고, 주의 깊지 못하고 구멍이 많을 수밖에 없었다고 말해주는 듯했다. 심지어 그동안 숱하게 들은 잔소리를 보상받는 기분도 들었다. 아버지에게 당당하게 말해주고 싶었다. "제 뇌가 이렇게 생겨버린 걸 어째요."

나를 관찰하고
대비하기
○

사실 나는 그나마 증상 몇몇을 가지고 큰 탈 없이 살아가고 있는 편에 속하지만, ADHD는 한 개인의 건강이나 직업, 사회생활 등에 큰 영향을 미치는 질환 중 하나이다. 보통 ADHD를 가진 성인의 3분의 1 정도는 비교적 잘 지내지만, 3분의 1은 가벼운 수준의 학업·정서 문제가 나타나며, 나머지 3분의 1은 불안이나 우울과 같은 심리적 문제, 대인관계 및 직장생활에서 어려움을 겪을 가능성이 있다.[23]

ADHD는 완전히 치료되기보다 지속적으로 관리해야 하는 질환으로 여겨진다. 약물치료와 함께 증상을 관리하기 위한 **인지행동치료**cognitive behavioral theraphy[24]가 병행되는 이유이기도 하다. 인지행동치료에서는 주로 일상에서 어려움을 주는 주의력이나 기억력 문제, 충동성 등을 보완하기 위해 시간을 계획하고 일과를 조직화하고 충동을 조절하는 방법을 배우고 익힌다. 이를테면, 일의 중요성과 급한 정도를 고려하여 우선순위에 따라 계획하거나 어떤 일을 시작하기 전에 일의 결과를 미리 예측해 보는 연습 등이다.[25]

ADHD를 위한 인지행동치료의 여러 방법들은 대부분 나를 과신하지 않는 것에서 시작한다. 가령 ADHD 증상을 가진 사람은 필요한 시간을 잘 예측하지 못한다. 흔히 시간을 과대평가하는 경향이 있는데, 자신이 짧은 시간 동안 많은 일을 할 수 있다고 착각하곤 한다. 약속이 있어 집에서 나가기 5분 전, 갑자기 그 시간 동안 내일 입을 옷을 다림질해 놓을 수 있을 것만 같다. 하지만 막상 시작하면 예열은 생각보다 오래 걸리고 구김은 빨리 펴지지 않는다. 결국 10분은 족히 걸리고 약속에 늦게 된다(며칠 전의 내 이야기다). 스스로 시간을 쓰는 방식을 현실적으로 평가할 필요가 있다. 집중력 또한 그렇다. 20분 정도의 집중력이 최대치라면 15분 정도까지만 일하고 짧게 쉬는 것이 현실적이고, 쉬는 시간은 꼭 지켜서 15분간의 집중에 대한 보상을 충분히 해주는 것이 좋다.

'미래의 나'를 믿어서도 안 된다. '미래의 부주의한 나'를 위해 현재의 내가 미리 단도리를 해놓는 편이 좋다. 일정을 잊거나 챙겨야 할 것을 빠뜨리는 일이 부지기수이지만, 이를 위한 가장 단순하고도 본질적인 보완책이 있다. 바로 '**메모**'이다. 내 기억력과 주의력을 믿지 못하는 만큼 '두부 사러 마트 가기'나 '은행에 문의 전화하기'와 같은 사소한 일정도 무조건 스케줄러에 적어야 한다.

꼭 챙겨가야 할 물건을 미리 현관 앞에 둬봤자 '내일의 나'는 그 성의를 못 보고 문을 열고 직진할 가능성이 높다. 아예 가방 안에 넣어두거나 차에 실어두는 편이 보다 안전하다. 미래의 정돈된 나를 위해 당장은 조금 귀찮아지는 것이다. 날카로운 액자 모서리나 옷장 경첩과 같이 '여기에 부딪히고 가'라며 손짓하는 곳에도 미리 안전하게 마감을 해놓는다. 이런 곳이 미리 눈에 띄었다는 것 자체가 드문 일이므로 발견하는 '즉시' 손을 써놓는 것이 좋다. 아니면 곧 잊어버리게 된다.

내가 ADHD 증상을 안고 살아오면서 나와 다른, 조심성이 많고 주의 깊은 사람들을 관찰했을 때, 그들은 이렇게 미리 **대비**하는 사람들이었다. 컵이 식탁 가장자리 근처에 있으면 가운데로 옮겨놓고 운동화 끈이 느슨해져 있으면 미리 단단히 묶으려 했다. 갑작스레 생각난 일에 성급하게 뛰어들기보다 (ADHD를 가진 사람들은 지금 당장 하지 않으면 세상이 끝날 것 같은 급박한 충동을 느낀다) 일정을 마무리한 뒤로 미뤘고,

물건을 보관하는 공간을 정해놓고 사용한 물건은 곧바로 제자리에 둘 줄 알았다. 나도 이제는 비교하거나 자책하는 대신, 그들의 기술을 배우고 연마하려 한다. 오늘도 여러 번 '에이, 설마'라는 마음을 '혹시'라는 마음으로 바꿔 써본다.

안타깝게도 ADHD 증상을 가진 이들에게는 더 혹독한 사회가 되고 있는 듯하다. 빼곡하게 채워진 스케줄 때문에 동시에 여러 일을 처리하는 것이 당연해지고, 경제 상식·패션 트렌드·요즘 핫한 인플루언서까지 습득해야 할 정보는 빠른 속도로 늘어난다. 가뜩이나 빈곤한 주의력을 SNS나 짧은 영상·카톡 메시지·각종 앱의 알림이 분 단위로 빼앗는다. ADHD를 가진 이들뿐 아니라 그 경계에 있는 사람들마저 더더욱 적응에 어려움을 겪을 수밖에 없다.

증상 관리의 난이도는 더 높아지고, 더 자주 실패할 수밖에 없다. 중요한 것은 나라는 사람이 감당할 수 있는 분량과 속도만큼씩만 내게 허락하는 것이다. 나를 면밀히 관찰하여 현실적 한계를 반영한 계획을 세우고, 미래의 나를 위해 지금의 수고로움을 자처할 수 있으면 좋겠다. 미래의 나를 방어하는 성공 경험이 쌓일수록 어느새 계획하고 대비하는 수고를 즐기게 될지도 모른다. 증상을 다루고 있는 내가 꽤 괜찮아 보이는 날이 오게 될는지도.

항해하는
마음으로

: 글쓰기를 통한 무의식 속 욕구 탐구

'모닝페이지'를 쓰기 시작한 지 두어 달이 되었다. 모닝페이지는 줄리아 카메론$^{Julia\ Cameron}$이 《아티스트 웨이》[26]에서 소개한, '아침마다 의식의 흐름대로 매일 세 페이지씩 쓰는 것'이다. 이 단순한 방법으로 새로운 자신을 발견하고 마음의 평안을 찾았다는 경험담을 많이 접했기 때문에 언젠가 시도해 보고 싶은 마음이 있었다.

아침에 일어나자마자 그동안 아껴두고 쓰지 않았던,

155

귀여운 노트를 펼쳤다. '아직 졸리다' '오늘 일이 많은데 괜찮을까' 같이 그때그때 떠오르는 이야기부터 시작했다. 그러다가 자연스럽게 근래의 걱정이나 기분에 대한 글로 이어졌다. 처음부터 작정하고 요즘의 가장 큰 걱정거리에 대해서만 파고드는 날도 있었다. 세 페이지를 못 채우는 날이 허다했지만, 세 페이지까지 쓰는 날은 뭔가 달랐다.

사실 오랫동안 머뭇거렸던 모닝페이지를 시작하게 된 것은 이유가 있었다. 개인적으로 중요한 선택을 앞두고 지금의 내 마음을 정확히 알고 싶어서였다. 지난 경험을 돌아봤을 때, 잘 알고 있고 확실하다고 생각한 마음도 후에 지나 보면 진짜 내 욕망이 아니었던 순간이 종종 있었다.

욕망의
변색
。

대상관계 이론가[27]인 도널드 위니컷은 우리는 부모나 사회의 기대에 맞춰진 거짓자기로 살아가기 쉽다고 보았다. 거짓자기는 자기 존재의 핵심인 참자기가 위험에 처했을 때 이를 보호하기 위해 만들어지며, 주변 대상에 순응하는 방식으로 행동하게 된다.[28] 대부분의 사람들은 때로는 거짓자기로 자신을 보호하고 때로는 참자기인 자신을 드러내며 살아간다. 하지만 거짓자기의 힘이 센 경우 친밀한 관계나 상담과 같이 투명해도 괜찮은 관계에서조차 거짓자기의 모습으로 앉아 있곤 한다. 이런 극단적인 경우가 아니라도 우리 모두는 타인에게 그리고 자신에게 '좋은 사람' 혹은 '받아들여질 만한 사람'이 되고자 **거짓 욕망**을 자신의 것으로 포장할 때가 많다. 때로는 진정한 자기 욕망이라고 착각하기도 하면서.

수년 전 큰아이 초등학교 입학을 앞두고 7년 동안 지내던 동네를 떠나게 되었다. 전원 마을이라 초등학교가 멀어서 이사를 가야 할 수밖에 없었다. 가깝게 지내던 동네 어르신들, 어린이집을 함께 보내며 끈끈해진 동네 친구들을 떠나는 것이 아쉬웠지만 오랜 고민 끝에 결정을 내렸고, 옮겨갈 동네도 찾았다. 객관적인 조건들이 좋았다. 괜찮은 혁신학교와 학부모 커뮤니티가 있고 육아 도움을 받는 시댁과도 가까웠다. 내 직장과는 좀 멀어지긴 했지만, 남편의 통근 거리는 나쁘지 않았다. 아이를 마음에 드는 학교에 보낼 수 있어 만족스러웠고, 학부모들과 새로운 형태의 커뮤니티를 실험해 본다는 설렘도 있었다.

하지만 이사 후 얼마 지나지 않아서부터 울적한 기분을 느끼는 날이 많아졌다. 도서관, 마트, 공연장과 같이 예전 동네에 없었던 인프라를 누리고, 학부모 모임에서 훌륭한 선배 부모들도 만나고, 좋아하는 활동을 찾아서 해도 이상하게 자주 울적해졌다.

한참이 지나고서야 내가 무엇에 결핍을 느끼고 있었는지 알 수 있었다. 마음을 나눴던 동네 친구들, 뒷산이 아름다웠던 전원 마을이라는 공간, 회사 접근성 같은 것을 나는 많이 그리워하고 있었다. 내가 좋다고 생각했던 '객관적인 조건'에는 나의 진짜 욕구라는 것이 듬성듬성 빠져 있었다. 가족의 편의와 필요를 고려하는 것이 우선이라 믿었고, 오랜 벗과 헤어지기 싫다거나 회사와 멀어져서 힘들다는 이유는 소소한 것이므로 이사할 때 꼭 고려해야 하는 '중요하고 심오한 항목'에는 끼워줄 수 없다고 생각했던 것이다.

그때 절실히 느꼈다. 우리가 얼마나 스스로의 욕망이라고 생각하는 것을 변색시킬 수 있는지 말이다. 사회의 압력이나 기준, 부모나 주변 사람들의 기대와 같이 방어할 새 없이 우리에게 심겨진 가치를 나의 바람으로 착각하기가 얼마나 쉬운지. 그래서 글을 쓰기 시작한 것이었다.

무의식에 닿는
의식의 흐름 글쓰기

。

이번에는 나의 거짓 욕망에 속지 않고 싶었다. 사실 모닝페이지는 '**의식의 흐름 글쓰기**'라는 글쓰기치료법 중 하나와 유사하다. 글쓰기치료는 심리적 외상이나 감정을 글로 표현하는 과정을 통해 심리적 고통을 조절하고 성찰을 돕는 치료법이다. 글쓰기를 심리치료에 적극적으로 활용하기 시작한 것은 비교적 최근이지만, 글쓰기를 통해 반복적으로 떠오르는 생각인 반추, 우울, 불안감이 줄어들고 행복감 같은 긍정적 정서가 커진다는 결과들이 속속 밝혀지고 있다. 심지어 글을 쓰는 것만으로도 혈압과 심장박동수가 떨어지고 면역기능이 강화되며, 실제로 병원을 찾는 횟수가 줄어드는 등 건강이 개선된다는 연구 결과도 있다.[29]

의식의 흐름 글쓰기는 떠오르는 생각과 느낌을 그대로 쉬지 않고 쓰는 기법으로, 글을 쓰는 동안 문법이나 내용이 어떠한지 신경 쓰지 말고 계속 써 내려가는 것을 강조한다. 이를 통해 자신의 생각이나 표현을 제한하는 내부 검열관에게서 자유로워질 수 있다. 이 방식의 뿌리는 프로이드의 **자유연상기법**과도 닿아 있는데, 자유연상기법은 환자에게 떠오르는 생각을 판단 없이 그대로 말하게 하여 억압되었던 감정이나 생각이 드러나게 돕는 기법이다. 그 덕분에 분석가는 환자의 무의식적 갈등과 충동을 해석할 수 있게 된다.

　　나에게 있어서도 글을 쓴다는 것은 무의식을 찾기 위한 여정과 같았다. 백지라는, 아무런 판단도 기대도 하지 않는 여백 위에 생각의 보따리를 가져와 아무렇게나 풀어놓으면 때로는 생각지도 못했던 기억에 닿거나 내부 검열관을 피해 숨어 있었던 마음이 더듬더듬 고개를 들이밀곤 했다. 이렇듯 백지가 무의식을 끌어내는 역할을 할 수 있다는 점에서 글쓰기는 상담과 닮아 있었다.

　　하지만 혼자만 보는 일기를 쓸 때조차 우리는 검열의 시선을 거두지 못하고 바람직한 내용인지 재단하기 쉽다. 나만의 도덕적이고 우아한 기준 때문에 나에게조차 솔직해지기는 쉽지 않고 그럴듯한 모습으로 포장해 버리고 만다. 억압된 것이 많을수록 편견은 많아지기 마련이다.[30] 좋은 사람은 이래야 한다는 기준이 촘촘할수록 그렇지 못한 나는 꺼내놓기 부끄러워진다. 세속적이면 안 된다거나 이타적인 사람이어야 한다는 것과 같은 꼿꼿한 자기 관념에 들어맞지 않은 생각은 저 뒤로 숨어버린다. 그 관념에서 벗어나지 않는 것들만 늘어놓기 바쁘다. 나의 욕구는 고상하고 상식적이고 올바른 모습이어야 하는데, 진짜 욕구가 그 수준에 이르지 못하고 저급하고 유치해 보일 때, 이를 똑바로 응시하기 힘들어지는 것이다.

마지막 페이지에서
비로소 보이는 것
°

모닝페이지는 세 페이지까지 쓴다는 원칙이 있다. 이 세 페이지라는 기준은 어딘가에 흩어져 있었거나 가려져 있던 마음까지 나오게 할 만큼 충분한 시간이 필요하다는 의미일 것이다. 제임스 페니베이커$^{James\ W.\ Pennebaker}$ 교수의 글쓰기 치료 연구에서도 총 4일에 걸쳐 일정 시간 동안 글을 쓰게 하는데, 그는 셋째 날의 글쓰기에 주목한다. 어떤 사람들은 셋째 날에 이르러서야 첫째, 둘째 날에 회피해 왔던 가장 심각한 문제를 털어놓기 때문이다.[31] 억압했던 마음은 걸어 나오기까지 시간이 걸리는 법이다.

생각의 흐름대로 글을 쓰다 보면 첫 장에서는 주로 내가 평소 의식하고 있는 내용이 글이 되어 나왔다. 이를테면 '나는 어떤 삶을 원하나?'라는 질문에 '누군가에게 쉼과 위로가 되는 사람'이라는, 자주 생각해 왔던 정답처럼 쓰여졌다. 한 페이지가 넘어가면 이런 물음이 떠오르는 것이었다. '내가

진짜 그럴 때 충만함을 느꼈던가?' 자동적으로 나오던 답에
제동을 거는 질문이었다.

마지막 페이지에 이르자 '실은 내가 원하기보다 그게
중요하다고 말한 다른 사람들의 생각이 심어진 것이면 어쩌
지?' 하는 질문들이 가지를 뻗어가며 확산되었다. 그리고 '주
변에 휩쓸리지 않고 내 행동과 감정의 이유를 알아차릴 때 어
느 때보다 충만하다 느꼈었어' 하고 마음 한구석에 있던 바람
이 목소리를 높였다. 의식 속에 가득하던 사회의 시선이나 기
대를 걷어내자 내가 원하는 것이 무엇인지 보다 또렷하게 보
이기 시작했다.

니체는 "첫 번째 판단을 버려라. 그것은 시대가 네 몸
을 통과한 것이다"라고 말했다. 부모님이 거듭 강조했던 이야
기, 내가 존경하는 사람이 했던 말이나 글 같은 것들을 내 생
각이나 욕구로 여기기 쉽다. 인간이 사회의 기대나 요구에 완
전히 자유로울 순 없겠지만 과연 내 생각인지, 그 기대에 맞추
는 것이 합당한지, 다른 생각은 가능하지 않은지 스스로에게
질문하는 과정을 통해서 사회의 판단이나 기대를 한 꺼풀 벗
어볼 수는 있다.

모닝페이지나 의식의 흐름 글쓰기와 같은 글쓰기로 모
든 껍질을 깰 수는 없겠지만, 탈피를 가능하게 만드는 하나의

도구가 될지도 모른다. 사실 의식은 우리의 바람이나 충동이 외부 사회에 조화롭게 잘 편집된 편집본이다. 저 아래에 있는 잘린 원본을 찾아가는 과정이 글을 쓰는 과정이다.

사회에 잘 길들여진 의식화된 메시지 말고 무의식에 있던 메시지가 수면 위로 올라올 수 있도록, 거짓자기에 가려진 참자기에 다다를 수 있도록 충분한 시간 동안 백지 위를 향해 보면 좋겠다. 글이 나를 어디로 인도할지 모른 채 목적 없이 넓은 바다를 부유하듯 그때의 바람과 조류에 의지하여 글을 써 내려가다 보면 내가 생각지도 못했던 섬에 닿아 닻을 내릴 수 있다. 부유하던 마음이 닻을 내린다는 것은 존재가 닻을 내리는 것과도 같아서 나라는 사람이 조금은 더 본래의 나와 가까운 곳에 깊이 자리 잡을 수 있을 것이다.

세상의 모든 끈기 없는
사람들을 위해

: 각자의 인내력에 맞게 완주하는 방법

초등 시절 개학을 앞둔 주간은 늘 괴로웠다. 분명 방학식 날 헤아려본 숙제는 거뜬해 보였는데 개학일 앞에서는 거대한 산처럼 느껴졌다. 책상 위 손도 대지 않은 일일 학습지도 수북이 쌓여 있었다. 그 후에도 발등에 떨어진 불을 황급히 끄고 뒤늦게 구멍을 메우는 일이 허다했다. 무언가 이미 다 이룬 것처럼 시작했다가 흐지부지된 적은 얼마나 많던가. 테니스를 배워보려고 수업을 등록했을 때는 아마추어 대회라도 나갈

기세였지만 두 달을 가지 못했다. 새해에는 하루 한 줄 일기를 써보겠다고 양장으로 된 다이어리를 마련했다. 예상대로 다섯 장을 채 넘기지 못한 새하얀 일기장은 고스란히 책꽂이에 꽂혀 있다.

'끈기가 있어야 성공한다'라거나 '무언가를 시작했으면 꾸준히 해야 한다'는 이야기를 많이 듣고 자랐다. 실제로 끈기가 주는 보상은 제법 커 보인다. 입시는 물론이고 어떤 시험을 치를 때나 악기나 운동을 익힐 때도 꾸준히 하면 결과가 더 좋아진다. 꾸준히 운동했더니 체중 감량에 성공했다는 이야기, 빼먹지 않고 식단 관리를 철저히 했더니 병을 고쳤다는 사례, 형편없었던 성적이 엉덩이 힘으로 몰라보게 올랐다는 성공담. 모두 꾸준하게 무언가를 했을 때 성공적인 결과를 얻을 수 있다고 이야기한다.

하지만 이런 꾸준함에는 기질적인 요인이 있다. 꾸준한 행동이 수월히 잘 되는 사람이 있고, 어려운 사람이 있는 것이다.

사자처럼 폭발적인 사람,
개미처럼 꾸준한 사람

。

정신건강의학과 의사이자 유전학자인 로버트 클로닝거 교수는 눈앞에 뚜렷한 보상이 없는데도 '언젠가는 얻을 수 있겠지' 하는 마음으로 오늘도 내일도 열심히 하는 사람들이 있다는 것을 발견했다. 지금 당장이 아닌 '언젠가'의 보상에도 쉽게 동기화되는 사람들이다. 이들은 운동한다고 오늘 저녁에 근육량이 당장 1킬로그램 늘지 않더라도 '언젠가'의 근육을 위해 가뿐히 헬스장으로 향한다.

그런가 하면 무언가를 꾸준히 하기 위해서는 애를 많이 써야 하는 사람들이 있다. 클로닝거 교수가 개발한 TCI(기질 및 성격검사)에서는 이런 사람들을 **인내력**persistence 성향이 낮은 사람이라고 말한다. 언젠가 나타날 보상에 대한 기대가 적은 사람들이다. 이들은 오늘 당장 근육이 만들어지는 일이 없다면 굳이 헬스장으로 가지 않는다.

흔히 TCI 검사를 해석할 때, 인내력이 높은 성향을 매일 끈기 있게 무언가를 준비하는 개미와 같은 사람으로, 인내력이 낮은 성향을 사자와 같은 사람으로 묘사하곤 한다. 하루의 대부분 그늘에서 쉬고 있다가 사냥이 필요할 때 먹이를 향해 전속력으로 달려드는 사자처럼, 인내력 성향이 낮은 이들은 열심히 하는 것 같지 않다가 시험 사흘 전에 갑자기 초인적인 집중력을 보이고, 마감 전날 밤을 새울 때 작업 속도가 최고조에 이르며 아이디어가 번쩍인다. 매일 정해진 양을 꼬박꼬박 해내는 것보다 집중이 잘되는 날 최대한 많이 해치우고 그렇지 않은 날은 느슨하게 보내는 편이 결과가 더 좋다. 느슨함과 에너지 폭발 사이를 오가는 사자와 같은 사람에게 매일 개미처럼 바지런히 몸을 움직이라고 요구하는 것은 타고난 본성을 거스르라는 주문과 같다. 단거리 선수에게 장거리 경주에 나가보라고 채근하는 느낌이랄까.

동시에 이들은 매 순간 앞을 향해 전력 질주하라는 세상 속에서 자기 한계에 솔직할 줄 알고 쉼이 필요한 때를 잘 아는 사람이기도 하다. 저 멀리 있는 과제보다 지금 자기 몸의 상태가 어떠한지를 감각하고, 어떻게 하면 자신이 가진 에너지를 효율적으로 사용할 수 있는지 유연하게 묻는다.

한편 꾸준함이 자기 옷인 듯 잘 맞는 사람들은 한번 그 행동을 시작하면 무빙 벨트에 탑승한 듯 중간에 내려오기가 더 힘들다. 이미 시작한 일은 내일도 모레도 계속하는 게 자연스럽고 오히려 그만두는 게 더 어색하게 느껴진다. 그러다 보니 몸에 부담이 가는데도 무리하게 운동하거나 비효율적인 업무 방식을 끝까지 고수하는 등 유연하지 못하여 원치 않는 결과를 얻게 되기도 한다. 꾸준한 사람들도 그렇지 않은 사람들처럼 그들만의 한계가 있는 법이다.

각자 맞는 방식으로
완주하기
○

꾸준함은 결과를 내는 하나의 방식일 뿐이고, 그 방식이 더 잘 맞게 타고난 사람들이 있다. 모두에게 같은 정도의 꾸준함을 요구할 수 없다. 꾸준함이라는 방식이 더 필요한 일을 만나면 열심을 내볼 수는 있다. 그럼에도 끈기를 높이는 것에 너무 집착하거나 남들만큼 안 될 때 스스로를 탓하지 않았으면 한다. 기질은 극복하는 것이 아니라 함께 잘 살아가는 것이다. 내 기질이 어떤 모양이든 주머니에 단단히 잘 지니고, 이 아이를 데리고 할 수 있는 것을 찾아볼 일이다.

상대적으로 꾸준하지 못한 사람들에게는 '조금만 더 하면' 달성할 수 있을 듯 손에 잡히는 목표, 달성 후에 곧바로 주어지는 보상, 재미와 흥분 같은 것들이 필요하다. 그러니 한 달이나 한 주짜리 계획보다는 시간 단위 혹은 단계별로 잘게 쪼개진 목표가 이들에게는 더 잘 맞다. 가령 운동을 지속하기 위한 목표를 세울 때, 먼저 실천하기 쉬운 가뿐한 목표를 잡는다. 그리고 이를 달성한 다음 '조금 더 해볼까?' 싶은 마음이 들 때 실행할 만한 중간 목표, 그날의 최종 목표를 각각 설정해 둔다. 예를 들어 매일 '근력운동 20분 하기'와 같은 큰 목표가 아니라, '플랭크 1분'의 목표부터 시작한다. 그 다음 중간 목표는 '하체운동 10분' 그리고 최종 목표는 '전신운동 20분'이 되는 것이다. 그날의 몸 상태에 따라 최소 목표를 채운 날도, 중간 목표 혹은 최종 목표까지 간 날도 있지만, 그 모두가 '목표 달성'을 한 날이다.

그럼 어느 세월에 근력이 생기냐고 물을 수 있다. 하지만 나와 맞지 않는 원대한 목표 때문에 결국 포기해 버리고 '나는 역시 안 돼'라고 자책하는 밤을 숱하게 보내오지 않았던가. **내가 잘하고 있다는 느낌**을 갖는 것이 중요하다. 그래야 과정을 즐길 수 있고 오래 지속할 수도 있다. 주눅 들어 있는 기질에 '이것밖에 못하니'라고 근엄하게 혼내기보다 그의 보폭에 발을 맞춰가 보는 것이다. 때로는 내가 원하는 속도만큼 성과가 나지 않는다 하더라도.

사실 꾸준함이 곧 성과를 보장하지도 않는다. 성공적인 결과에는 꾸준함 그 이상이 필요하다. 제아무리 꾸준한 사람도 그 일에 꼭 필요한 능력이나 환경이 받쳐주지 못하면 원하는 성과에 이르기 어렵고, 꾸준하지 못한 사람도 다른 역량 덕분에 목표하던 결과를 얻어내기도 한다. 눈에 잘 드러나고 어찌해 볼 수 있을 것만 같은 게 '꾸준함'이기 때문에 사람들은 그렇게 꾸준함에 매달리는 게 아닐까, 꾸준하지 못한 사람은 성공을 보장받을 자격이 없다고 나무라면서.

꾸준함은 사회적으로 과평가된 말일지 모른다. 서로에게 그리고 스스로에게 '꾸준히'라는 머리띠를 두르라고 권하지만, 모두가 100퍼센트의 꾸준함을 발휘하여 원하는 성과를 얻는 사회라는 것은 있을 수 없다. 설사 있다 하더라도 조금 무서운 세상이 아닐까. 갓생부터 미라클모닝까지 이다지도 꾸준한 성실을 쫓는 데에는 노력을 쌓아 올려 결과물을 생산해 내지 못하면 무능하거나 게으른 사람으로 취급하는 분위기가 있기 때문일 것이다. 그래서 꾸준한 사람도 강박적으로 스스로를 몰아붙이느라 힘들지만, 꾸준하지 않은 사람은 비교와 자책으로 괴롭게 된다. '속도가 왜 이렇게 느리지' '남들은 저만치나 갔는데 고작 이만큼 달려놓고 포기하는 거야?'라고 자신을 탓하면서.

성과를 얻는 것과 행복을 느끼는 것은 또 다른 문제다. 연구자들은 행복한 사람이 성과가 더 높을 순 있지만, 성과가 행복을 담보하지는 않는다고 말한다.[32] 우리는 소소한 성취를 해내는 그 순간의 만족감, 잘하고 싶은 열정과 기대감에서도 행복을 느낄 수 있다. 하지만 꾸준하지 못함을 질책하기에 바쁘다 보니, 나름대로 애를 쓰고 있는 자신에 대한 뿌듯함, 내가 원하는 일을 하고 있다는 기쁨 같은 것들은 쉽사리 잊혀진다.

예상만큼 해내지 못한 하루도, 성과 없이 어영부영 흘러간 하루도, 쓸모없는 날은 없다. 그저 나의 방식으로 최선을 다한 하루일 것이다. 어쩌다 예상만큼 해내는 날에는 애를 쓴 나를 격려해 주고, 그렇지 못한 날은 에너지 폭발을 위한 힘을 비축해 놓은 날로 삼으면 어떨까. 사람들이 말하는 '최선'이나 '꾸준함'에 닿지 못했다 하더라도 말이다. 스스로를 한심하게 여기는 대신 그러한 시선 속에서도 꿋꿋하게 하루를 일궈낸 나를, 내가 할 수 있는 속도로 경주하고 있는 나를 알아봐 주면 좋겠다.

내게 유난히
불편한 사람

: 나를 비추는 거울, 그림자

분명 나에게 특별한 해를 끼치거나 문제를 일으키지도 않았는데 유독 말 한 마디 한 마디가 거슬리는 사람이 있다. 친구 A는 자랑을 즐겨하곤 했다. 회사에서 좋은 실적을 올리면 친구들에게 꼭 알려주기도 했고, 심지어 남자친구가 회사에서 얼마나 인정을 받는지, 자기에게 얼마나 다정하게 대해주었는지에 대해 맥락 없는 자랑을 늘어놓았다. 평소의 나는 친구가 무슨 말을 하든 '그렇구나' 하고 맞장구치고 마는 편이었다. 하지만 그녀의 자랑 앞에서는 유난히 약해졌다. '왜 저렇게까지 자랑하는 거지.' 듣기 힘겨워 자리를 피하고 싶어지기도 했다.

물론 대부분의 사람들이 자랑을 심하게 하거나 허세를 부리는 사람을 탐탁지 않게 생각한다. 하지만 나는 자기를 과시하는 사람이 유독 힘들었다. 심지어 무례하거나 비도덕적인 사람들보다 더 대하기 어려웠다. 나 또한 혹여 자랑 섞인 이야기를 뱉을까 봐, 성과를 부풀려 이야기하거나 남을 돕고 나서 스스로 공치사하게 될까 봐 조심하고 또 조심했다. 심지어 아이가 학교에서 상을 받았다고 주변에 알리려는 남편을 말리기도 했다. 자랑하는 사람이 되는 일이 왜 그렇게 싫었을까.

내 안의
그림자
。

사람마다 유난히 거북하고 상대하기 불편한 사람이 있다. 자기 관리를 못하는 사람을 지켜보기 힘들어하거나, 자녀보다 자기 삶이 우선인 부모를 지나치게 질책하거나, 명품이나 재테크에 열을 올리는 사람을 세속적이라 비난하기도 한다. 이러한 알 수 없는 분노나 불안은 무의식이 알려주는 사인이다. 상대의 행동 자체에서 비롯된 느낌이라기보다는 내 마음을 그 사람에게 덧씌웠기 때문에 따라오는 불쾌감인 경우가 많다.

　　분석심리학의 창시자인 카를 융은 상대의 행동에 공연히 불편해지거나 필요 이상으로 화가 난다면 자기 안에 있는 '아픈 곳'이 건드려졌기 때문이라 설명했다.[33] 물론 불편하고 화가 나는 모든 감정에는 나름의 이유가 있으나, 이해할 수 없을 정도로 강렬해서 견디기 힘들 땐 그 감정이 어디서 온 것인지 의문을 가져봐도 좋다. 누구에게나 스스로 용납할 수 없어 깊은 무의식에 눌러놓은 감정과 욕구가 있다. 이러한 모습이 남들에게서 겹쳐 보일 때, 우리는 그 사람을 과도하게 미워하고 밀어낸다.

　　융은 이를 **그림자**라고 했다.[34] 그림자란 우리의 성격 특성 중 일부이지만, 무의식에 억압되어 있어 미처 깨닫지 못하고 있는 부분이다.[35] 어째서 그림자라고 이름 붙였을까. 절대 나 자신과 떨어질 수 없는 존재라는 점에서, 내가 생각할 때 어둡다고 여기는 측면을 담고 있다는 점에서, 그리고 그 그림자에 드리워져 눈앞에 있는 실체를 똑바로 볼 수 없다는 점에서 그림자는 너무나도 '그림자'이다.

　　그림자는 우리가 그 존재를 알아차려 주기를 바란다.

무의식에서 의식의 세계로 옮겨가길 원하기 때문이다. 의식과 무의식이 통합되어 가는 것이 성숙의 방향이기도 하다. 그림자를 발견하기 전까지 그림자는 우리 의식에 계속 노크를 해댄다. 때로는 꿈으로 나타나기도 하고, 우리가 상대에게서 그림자를 보게 되기도 하는데, 그때 강력한 감정을 일으키면서 신호를 보내기도 한다.[36] 다만 이 신호를 스스로 편안하게 알아차리기는 어려워서, 상담이나 친한 친구, 배우자와 같이 타인의 도움을 받아야 하기도 하고, 삶의 고통스러워질 때에야 비로소 그림자를 발견하기도 한다.[37]

　　나 역시 한동안 이 신호 앞에서 망설였다. 자랑을 극도로 꺼리는 저 깊은 심연에는 나를 드러내고 싶은 욕망, 자랑을 해서라도 인정받고 싶은 마음이 있는 것은 아닐까. 받아들이기 매우 고통스럽지만 이렇게까지 기겁을 하며 도망치는 것을 보면 나의 그림자의 일부라고 고백할 수밖에 없었다. 언제부터 무엇 때문에 이러한 욕구가 무의식으로 가라앉게 되었는지는 모른다. 성장기 나를 드러냈을 때 받아들여주는 환경이 아니라서 애써 누르게 되었는지도, 아니면 스스로 지레 부적절하다고 평가하고 꼭꼭 숨겨놓았는지도 모르겠다. 분명한 것은 나를 드러내고 싶은 욕망은 무의식 속에 오래 잠재워 둘수록 더욱 강력해져 왔다는 것이다.

낯선 나를 받아들이는
작은 용기

。

그림자는 흔히 생각하기에 부정적인 모습에서만 발견되는 것은 아니다. 누군가는 주도적이고 활달한 사람이, 어떤 사람은 논리적이고 이성적인 사람이, 누군가는 감성적이고 다정한 사람이 유독 불편할 수 있다. 감성적인 사람은 이성적인 사람을 차갑고 관계를 중요하게 생각하지 않는다고 깎아내리거나 혹은 그 앞에서 움츠러들고 주눅들 때가 있을 것이다. 하지만 그것은 내가 가지지 못한 논리적인 면에 대한 동경과 폄하가 뒤섞인 투사일지도 모른다.[38] 그림자 속에 자리잡은 분석적인 성향을 알아차리고 표현해 보라는 무의식의 주문이다.

상대에게서 보인 그림자가 실은 내 안의 받아들이기 힘든 욕구라는 걸 깨달을 수 있다면, 상대에게 투사해서 상대를 '비난받아 마땅한 존재'로 만들 필요가 없어진다. 나는 자기 과시를 상대의 결점으로 치부해 버리거나 나와 상관없는 습성으로 여기지 않고, 겉으로 드러내지 못했을 뿐 내게도 있는 욕구임을 인정해 갔다. '저 사람 또 저러는구나' 하며 나와 다른 존재로 선을 그어버리기보다 '내 마음 깊은 곳이 또 건드려졌구나' 하고 알아차리는 경우가 늘어갔고, 점차 알 수 없는 불편감이 사그라들기 시작했다. '어쩌면 나도 저런 모습이 부러운지도 몰라' 하고 스스로를 타이르듯 돌아볼 때면, 칭찬받을 만한 점을 늘어놓는 상대가 어쩐지 짠하고 귀여워 보이기까지 했다.

낯선 나를 받아들이고 나와 어울리지 않는다고 생각했던 행동을 용기 내어 시도해 볼 때 그림자는 점차 나의 자아 속으로 편안하게 들어올 수 있다. 이와 같은 행동을 **역설**paradox 이라고 한다. 예를 들어, 사치스럽고 허영심이 많은 친구를 싫어하던 사람이 자신에게 그러한 욕구가 있음을 발견하고 일부러 명품을 차려입어 볼 수 있다.[39] 단지 나의 일부로 받아들이기 수치스럽게 느껴질 뿐, 그림자 자체는 나쁜 것이 아니다. 평소 부끄럽게 여기고 혐오하던 행동을 시도해 보면서 밀어내려 했던 자기 욕구를 인정해 갈 수 있다.

하지만 이는 어마어마한 용기와 스스로에 대한 믿음이 필요한 일이기도 하다. 나 역시 내가 잘해낸 것을 입 밖으로 뱉어내기까지 오랜 시간이 걸렸다. 언젠가는 가까운 친구에게 어색하기 짝이 없는 말투로 "사실 나 이번 강의에서 좋은 평가를 받았어" 하고 말해보았다. 그런 스스로가 불편해 얼어붙고 말았다. 이만큼이나 경직되어 있었다니. 지나친 겸손이 실은 또 다른 의미의 자기 과시와 가까웠던 건 아닐까. 이상하리만치 굳어버리는 내 모습을 한 발짝 떨어져 바라보면서 인정받고 싶어 하는 바람을 애서 외면하고 있음을 받아들일 수밖에 없었다. 그런 욕구가 편해질수록 나는 나를 드러내야 하는 상황에서 더 유연해질 수 있을 것이다. '이게 내 그림자가 아닐까' 하는 알아차림이 시작됐다면 이미 성숙에 이르는 '**의식화**'가 시작된 셈이다. 그림자가 의식화되는 순간이 늘어나는 만큼 그림자에 휘둘리지 않고 상대와 나를 있는 그대로 바라볼 수 있는 힘이 생겨갈 수 있다.

내가 알아차린 영역은 그림자라는 전체 지도에서 극히 일부분이다. 아직도 의식하지 못하고 누르고 있는 그림자의 세계는 끝이 없을 것이다. 융의 이론에 따르면, 우리는 생을 다할 때까지 그림자를 모두 발견할 수 없다.[40] 나는 또다시 누군가에게 나의 욕구를 투사하고 또 알 수 없는 이유로 감정이 술렁이곤 할 것이다.

하지만 언제나 우리가 의식하지 못한 미지의 영역이 우리에게 있으므로, 변화와 성장의 기회 또한 항상 갖고 있는 셈이다. 그러고 보면 우리 삶은 우리가 미처 알지 못했던 '아픈 곳'을 발견해 가면서 성숙해지는 과정이다. 그림자라는 마음 깊은 곳을 비춰주는 거울이 늘 우리 곁에 있다는 것은 다행스러운 일이다. 이따금 알 수 없는 이유로 감정이 출렁일 때 그림자를 거울 삼아 내가 미처 깨닫지 못한 나의 욕구를 탐색해 보면 어떨까. 그림자가 비춰주는 내 억압된 감정이나 욕구와 화해할 때, 그만큼 나와 타인에게 너그럽고 유연해질 수 있을 것이다.

온전히
나를 위한 시간

: 번아웃, 강박으로부터 한 발 떨어지기

"그렇게까지 해야 돼?" 남편은 가끔 어이없다는 표정을 짓곤 한다. 나 스스로도 종종 어이없게 느껴지지만, 그럼에도 아무렇게나 흘려보내는 시간을 참을 수 없다. 버스나 자동차로 이동 중에도 오디오북을 듣거나 밀린 이메일 답을 하면서, 시간을 하릴없이 보낼 가능성을 원천봉쇄한다. 여가시간에 있어서도 효용성을 따지는 편이다. 새로운 것을 익힐 수 있는지, 성장에 도움을 주는지 묻고 그렇지 않으면 내켜 하지 않는다.

늘어지게 오락성 영화나 책을 보며 '찰나의 즐거움'만을 위해 시간을 쓴다는 것은 시간을 허비하는 것 같아 주저하게 된다.

이런 것들이 하나씩 모여 결과적으로 내가 동시에 해내고 있는 일들을 이야기하면 사람들은 입을 떡 벌리곤 했다. "아니 그 많은 일을 어떻게 다 하고 있어?"라는 질문에 내 마음속 답은 하나였다. '잠을 줄이고 주말에도 쉬는 시간 없이 매달리면 되더라고.' 충분히 잠을 자야 생존할 수 있는 몸을 갖고 있음에도 부인하고 싶었다. '잠을 좀 더 줄이면 할 수 있는 것, 배울 수 있는 게 얼마나 많은데' 하는 생각에 수면은 늘 뒷전으로 밀렸다. 매 시간 생산적이어야 한다는 강박 탓이었다.

나를 짓누르는
강박
○

사회는 계속 우리에게 무언가를 하라고 이야기한다. 조금만 더 시간을 쓰면 완성도가 높아질 업무, 수많은 쇼핑 사이트 어딘가에 숨어 있을 가성비 좋은 물건, 잠깐만 시간을 들이면 해결할 수 있을 것 같은 누군가의 부탁…, 이 사이에서 쉴 시간이 어디에 있냐고 우리에게 묻곤 한다. 미래가 불투명하게 느껴지는 경우 이러한 압박에 더욱 취약하다. 노력이 미래를 약속하지는 못하지만, 노력이라도 하고 있어야 불안이 줄어들기 때문이다.

우리에겐 '최선을 다해야 한다'는 강박도 있다. 대학 입시라는 기이한 시간을 통과하며 보다 나은 미래를 위해 현재의 나를 납작하게 누르는 훈련을 한다. 어디까지가 최선인지 모르겠으니 그저 힘이 조금이라도 남아 있는 한 계속 갈 수 밖에 없는 노릇이다. 늘어지게 쉬거나 노는 데 시간을 쏟는 것은 일탈처럼 여겨진다. '엉덩이 힘'으로 공부했듯 모든 것에 오래 매달릴수록 나는 할 도리를 다하는 사람이고, 그래서 좋은 결과를 받을만한 자격을 갖춘 것처럼 느껴진다. 그러려면 피로와 졸음, 지루함 같은 것들은 무시하거나 경계해야 한다.

지금껏 취업 준비, 재테크, 커리어 관리, 자녀 양육 등 눈앞의 중요한 무언가를 위해, 브레이크를 거는 몸의 메시지를 부정하는 연습을 오랜 기간 해왔다. 언제 휴식이 필요한지, 내가 지치지 않는 선은 어디까지인지, 어떨 때 에너지를 얻는지에 대한 감각을 훈련할 새가 없었다. 그리하여 심리적·신체적 건강이 위험한 상태라는 신호를 놓쳐버리고, 많이 소진되고 나서야 겨우 깨닫게 된다.

여가 시간을 보낼 때도 '지금의 나'를 잃어버리는 경우가 있다. 이 기회가 다시 찾아오지 않을까 봐, 남들이 좋다니까, 안 하면 후회할까 봐, 정말 하고 싶은지 충분히 생각하지도 않고 뛰어들기도 한다. 나만 해도 '여기 왔으면 꼭 가야 하니까' 들른 여행지에서, '누군가의 강력 추천으로' 신청한 강의에서, '언제 또 갈 수 있을지 모르니까' 예매한 공연에서 순간을 향유하는 기쁨보다 '미션 클리어'의 성취감만 남았던 적이 많다. 최대한의 다양한 경험이 그만큼의 강도나 순도의 즐거움을 보장하지는 않았다.

원데이 클래스, DIY, 캠핑같이 유행하는 취미활동이나 새로운 운동에 도전하고 유명한 여행지나 맛집, 전시를 쫓아다니지만, 과연 내가 그만큼 누리고 있는지 살펴볼 필요가 있다. 줄을 1시간 기다린 맛집에서, 주말의 막힌 도로를 뚫고 도착한 카페에서 그만한 즐거움을 느꼈는지 가만히 떠올려 볼 때, 그렇다고 답하기 어려운 경우가 많다. SNS에는 행복하고 화려한 일상으로 남았겠지만, 우리에게 쉼이 되었는지, 순전한 만족감을 주었는지는 스스로가 가장 잘 알고 있다. 그럴 때의 우리 마음은 그 순간 내가 무엇을 느끼고 어떤 욕구가 충족되었는지를 살피기보다 다음 스텝의 '할 일'에 가 있는 경우가 많다. 그러느라 현재를 음미하고 몰입할 수 있는 기회를 잃어버리고 만다.

쉼의 상태에서
되살아나는 것들

○

그러나 우리가 아무것도 하지 않을 때 우리 뇌는 아무것도 하지 않는 게 아니다. 미국의 신경학자 마커스 레이클 Marcus E. Raichle 교수는 우리가 아무 것도 하지 않고 있을 때 뇌에서 활발하게 활동하는 몇 군데 영역이 있다는 것을 발견했다. 이 영역들을 **디폴트 모드 네트워크** default mode network라고 부른다.[41] 디폴트 모드 네트워크는 눈앞에 있는 무언가에 집중하지 않고 멍하게 있거나 공상할 때 활성화된다. 이 시간 동안 자신에 대해 성찰하거나 타인의 입장을 생각하고, 과거의 경험을 기억할 수 있다. 또한 새로 습득한 정보를 기존 지식과 연결하고, 이를 토대로 미래를 상상하는 일이 일어난다.[42] 연구자들에 따르면, 아무것도 하지 않는 쉬는 시간 후 사람들은 동기 수준이나 집중력이 더 높아지고 불안이 줄어들어 효과적으로 계획을 세울 수 있게 된다고 한다.[43]

쉼은 무용한 시간이 아니라, 산만하게 흩어졌던 마음을 모으고 재정비하는 중요한 시간이다. 이 시간을 통해 내면을 성찰하고 과거의 경험에서 배우고 자신과 타인을 이해하게 된다. 새로 배우고 경험한 것을 내가 가진 기억과 연결 짓고 내게 어떤 의미가 있는지 발견하면서 나의 것으로 소화하는 시간이기도 하다. 어쩌면 성숙은 이 시간 동안 일어나는지도 모른다.

이와 비슷한 일이 잠을 잘 때도 일어난다. 잠을 자는 동안 뇌에서는 기억이 저장되고 학습한 내용이 기존 지식에 통합되면서 완성된다.[44] 수면이 줄어들 때 스트레스에 예민해지고, 대인관계에서 애꿎은 갈등이 생기기 쉽고, 논리적인 사고나 의사결정도 힘들어진다는 연구 결과는 충분히 쌓여 있다.[45] 심지어 오래(17~19시간) 깨어 있으면 인지나 운동 기능이 술에 취한 사람과 비슷한 수준으로 둔화되고 평소보다 반응 속도가 절반으로 떨어진다고 한다.[46] 수면이 부족하면 건강이 나빠질 뿐 아니라 수명도 줄어드는데, 하루에 7시간 미만으로 자는 경우 7~8시간 정도 수면하는 사람보다 사망 위험이 12퍼센트 더 높아진다는 연구 결과도 있다.[47] 생산적으로 보이지 않는 그 시간이 사실 우리 몸의 기능을 회복하고 생존을 돕는 시간인 셈이다.

여성의 번아웃을 다룬 《재가 된 여자들》에서 저자들은 우리 몸을 "젖먹이 아기의 몸"으로 여기라고 당부한다.[48] 갓 태어난 아기가 배가 고픈지, 목이 마른지, 잠이 필요한지 살피고 돌봐주듯 스스로에게도 그렇게 묻고 돌봐주라는 것이다.

185

우리의 기본적인 생리적 욕구는 그때나 지금이나 변하지 않기 때문이다. 쉴 만큼 충분히 일했는지 혹은 쉴만한 상황인지를 따지기보다 그저 쉬고 싶은 필요를 들여다보고 알아주는 것만으로도 우리 몸은 존중받는다고 느낄 수 있다.

지루함이나 긴장, 피로와 같은 몸에서 주는 사인을 소홀히 여기지 않았으면 좋겠다. 그만 애쓰고 잠시 놓아보라는 요청이다. 깊은 바다를 유영하는 고래가 수면 가까이로 올라와 호흡하는 순간이 필요하듯 우리의 몸도 쉼이 필요하다. 쉰다는 것은 우리 몸이 주는 메시지에 귀를 기울이겠다는 결심이다. 계속 생산적인 상태가 되어야 한다는 사회적 압력, 누군가의 기대, 과도한 책임감, 인정받고자 하는 열망을 다 제쳐두고 쉰다는 것은, '나를 향한 모든 압박'에 저항한다는 의미이기도 하다. (지금 책을 덮고 잠깐 멍 때리는 시간을 갖거나 눈을 붙여보면 어떨까.)

나는 언제 무엇을 할 때 잘 쉴 수 있을까. 남들에게 보여주기 위해서라거나 어떠한 결과를 내기 위한 것이 아닌 오롯이 내가 쉼과 기쁨을 느낄 수 있는 것을 찾아보면 좋겠다. 남들이 "그런 걸 왜 해"라고 이야기하는 것이면 거의 확실하다. 가로수에 스며든 계절을 감상하거나 아무 생각 없이 천천히 걸어보거나 예쁜 접시에 담아낸 음식의 식감을 음미하며 먹어보는 것. 멀리 '해야 할 것들'에 가 있는 마음을 잠시 내 앞으로 데리고 와서 지금의 나와 접촉하는 시간이다. 결과나 다 끝낸 모습을 상상하며 시간을 버텨내기보다 이 순간 내 몸과 마음에 "지금 어때?"라고 묻고 귀 기울여보자. 그 시간만큼 나는 존재하는 셈이다.

나를 지키는
말

: 심리갈등에서 자유로워지기 위하여

종일 이 사람 저 사람 물어가며 알아낸 병원이었다. 남편이 갑자기 근육통이 심해져 한방 치료를 할 수 있는 의사를 찾던 중, 누군가가 연륜이 있고 침 치료까지 가능한 의사를 소개해 주었다. 잠비아에 이런 분이 있다니. 괜찮다는 남편 등을 떠밀어 병원으로 데려갔다.

　　의사는 친절했다. 그도 같은 아시아인이었던 터라 해외에 정착하게 된 계기부터 요즘 지역 환자 동향까지 한참 이야기를 나누면서 문진했다. 진료 끝에 의사는 말라리아의 가능성을 배제할 수 없다며 알 수 없는 비타민과 말라리아 약을 잔뜩 처방해 주었다. 아무리 생각해도 발열, 오한이 주 증상인 말라리아는 지금 남편의 통증과는 관련 없어 보였다. 약이 많다 보니 진료비만 평소보다 세 배 가까이 나왔다. 의아하긴 했지만, 의사가 그렇다고 하니 그저 약을 받아 나왔다. 집에 온 뒤에도 찜찜하고 불쾌한 기분이 가시지 않았다.

역시 직감이 맞았다. 현지 사정을 잘 아는 지인에게 물어보니 무조건 말라리아를 진단해서 진료비를 높이는 게 일부 의사들의 패턴이라 했다. '왜 의사에게 말라리아는 아닌 것 같다고 항의하지 못했을까, 약이 이렇게 많이 필요 없을 거 같다고 거절하지 못했을까.' 입도 벙긋 못한 스스로가 한심하게 느껴져 기분이 푹 꺼졌다.

돌아보면 나는 의사를 불편하게 만들고 싶지 않았다. 전문가로서 경험과 권위를 갖고 진단한 의사에게 처방 내용을 두고 항의한다면, 의사가 당황하거나 불쾌해할 것 같았다. 의사의 체면을 지켜주고 싶었고, 문진하는 동안의 좋았던 분위기를 깨뜨리고 싶지 않은 마음도 있었다.

상담실에서도 이런 분들을 만난다. "그때 왜 이 말을 못했을까요?" "괜찮지 않는데 그냥 괜찮다고 말해버렸어요" 하는 후회를 한가득 가지고 들어온다. 우리가 그런 행동을 했던 것에는 분명 이유가 있다. 상대와의 편안한 분위기를 깨고 싶지 않아서, 상대방이 어떻게 반응할지 걱정되어서, 어떻게 말을 해야 할지 몰라서일 수도 있다. 하지만 자책이 짙어져 '나는 한심한 사람'이라는 스스로에 대한 수치심으로 이어질 때 고통은 한없이 무거워진다. 표현하지 못한 억울함이 쌓이다 보면 어느 순간 '이게 다 저 사람 때문'이라고 상대에게 화살을 겨누게 되기도 한다.

시나리오를 통해
연습하기
○

행동치료 접근의 기초를 다진 앤드류 솔터[Andrew Salter]는 사람들이 자기 마음을 표현하지 못하고 지나치게 억제하는 것이 심리 문제의 원인이라 보았다. 자기가 느끼고 있는 감정을 표현할 때 심리적 갈등에서 자유로워질 수 있다.[49] 수치스럽고 무력한 기분에서 벗어나기 위해서는 상황에 맞추느라 눌러뒀던 마음을 꺼내보는 것이 필요하다. 나는 내담자에게 당시의 상황으로 돌아가 하고 싶었던 이야기가 무엇인지 살피고, 상대가 눈앞에 있는 것처럼 상상하면서 분명히 표현해

보게 한다. 진심을 담은 목소리를 입 밖에 내어보는 것만으로도 억울했던 마음이 조금은 누그러질 수 있다. 내 욕구가 존중받았다고 느끼기 때문이다. 또한 그 과정에서 자신이 원했던 것이 무엇인지 보다 명확하게 인식하게 된다. 실제로 말로 꺼내본 기억이 몸에 남아 다음번 비슷한 상황에 처했을 때 자기 마음을 표현할 가능성이 좀 더 높아질 수도 있다.

때로는 **시나리오**를 통해 특정 상황을 미리 상상하고 연습해 보기도 한다. 실제로 적용할 수 있는 대처방법을 익혀 행동으로 옮기는 것도 상담의 중요한 기법 중 하나다. 평소 어려웠던 행동, 예를 들면 제안을 거절하거나 불만을 말하거나 부탁을 하는 상황에서의 대사를 미리 연습해 보고 실제 상황에서 시도해 본다.

가령 누군가에게 불만을 표현해야 하는 상황을 앞두고 시나리오를 미리 떠올려 볼 수 있다. 가장 좋게는 자기 감정과 욕구를 전달한 후 상대에게 원하는 것을 요청하는 것이다. 이 정공법의 예로, PT 선생님이 매번 늦게 수업을 시작할 때, "저는 정해진 시간을 지키는 걸 중요하게 생각해서"라고 나의 필요를 이야기하고, "늦어지면 초조해지거든요"라고 내 감정을 표현한 뒤 "다음부터 정시에 시작해 주시겠어요?"라고 부탁할 수 있다.

이때 스스로 느껴지는 감정과 욕구를 신뢰해야 명확하게 전달할 수 있다. '이 감정이 정당한가' '이런 욕구를 가져도 되는가'라고 스스로를 검열하기 시작하면 자기 마음을 분명히 알기 어려워 전달도 모호해진다. 친구가 약속을 연거푸 취소해 기분이 상한 경우 '이 정도는 이해할 수 있어야지'라며 스스로 검열해 버리면, 애매한 표정을 지은 채 친구에게 아무 말도 하지 않고 넘어가 버리게 된다. 결국 친구는 '다음에는 약속을 잘 지키기 원하는' 내 바람을 알지 못하고, 나는 다시 서운해지는 상황이 생기고 만다.

권위나 타인의 욕구, 자기 검열에 눌리지 않으면서도 적당히 상대를 존중하며 이야기할 수 있도록 스크립트를 많이 만들어 두자. 지나치게 소극적으로 마음을 표현하거나 침묵하는 것은 자기 욕구나 권리를 존중하지 못하는 방식이지만, 반대로 공격적으로 표현하는 것은 상대를 존중하지 못하는 방식이다.[50] 그 두 극단 사이에서 적당한 표현의 수위를 정해본다. 스스로 마음에 후회가 남지 않을 정도면 좋다.

때로 무엇이 잘못되었는지 꼬집어 설명하기는 어렵지만 미묘하게 불편함이 남는 경우도 있다. 이를테면 직장 동료가 업무 전달을 하는 내 말에 정색하며 "그거까지 다 해야 하는 건 아니죠? 아우, 욕 나올 뻔했어요"라고 장난 섞인 무례한 말을 했을 때, 그에 대해 상대를 비난하며 언성을 높이는 것도 뒷수습이 곤란하고, 아무 말도 하지 않고 넘어가는 것도 후회로 남기 쉽다. "잘 전달하고 싶은데 그렇게 말씀하시니 당황스럽네요. 좀 더 부드럽게 말씀해 주시면 좋겠어요"와 같이 정공법을 쓸 수도 있지만, 때에 따라 "욕이 나올 뻔했어요?"라고 상대의 말을 그대로 돌려주거나 "저도 당황스럽네요"와 같이 그 순간에 느낀 감정만 짧게 전달해도 둘 사이의 긴장이 줄어든다. 당황스럽고 불편한 감정을 어떤 식으로든 표현하고 나면 마음 속 갈등이 해소될 수 있다.

이러한 시나리오를 떠올릴 때 상대에게 이야기하는 상상만으로도 불안해질 수 있다. 실제 상황에서도 불안했기 때문에 말을 머뭇거렸을 것이다. 여러 학자들은 우리가 타인에게 마음을 표현하지 못하는 이유가 불안에 있으며, 이러한 불안을 조절하는 것이 자기표현을 잘하는 데 중요하다고 말한다.[51] 불안해질 때 우리 몸은 스스로를 보호하기 위해서 자율신경계 중 교감신경계가 저절로 활성화된다. 생존과 직결되는 기능이 강화되고 그렇지 않은 기능은 잠시 둔화되는데, 심박수가 올라가고 호흡이 가빠지고 몸의 근육이 단단해지는 등 위험한 상황에서 싸우거나 도망갈 수 있도록 몸을 대비시킨다.

이때 '불안해하지 말아야지'라고 생각을 바꾸거나 '심장아 그만 진정해'라고 몸에 명령할 수 없지만, 몸의 상태를 되돌려 마음의 상태를 바꿀 수는 있다. 의도적으로 심호흡을 해서 호흡 속도를 늦추거나 스트레칭으로 근육을 이완시키면 안정을 담당하는 부교감 신경계가 활성화된다. 부교감 신경계가 작동을 시작하여 몸이 원래 상태로 돌아가면 뇌는 상황이 괜찮아졌다고 착각하게 되어 경고 사이렌을 거둔다.[52] 모르는 척 지금 내가 아무런 위협이 없는 안전한 상태라는 신호를 보내보는 것이다. 이런 식으로 불안을 줄인 채로 말하는 연습을 반복하다 보면 그때의 각성 수준을 기억하는 몸이 실제 상황에서도 조금은 덜 불안한 상태로 말할 수 있게 된다.[53]

자기 표현,
나를 지지한다는 의미
○

평소에 언제 어떤 이유로 내 마음을 표현하지 못했는지 살펴보는 것도 도움이 된다. 기록지를 활용하여 자기 의사를 표현하지 못한 경우가 있었을 때, 어떤 상황에서 어떻게 행동했으며, 그때 들었던 생각은 무엇인지, 그 행동은 결과적으로 도움이 되었는지와 같은 것을 기록하는 것이다. 그러다 보면 거절이나 요청을 하기 어려울 때마다 특히 자주하게 되는 생각을 발견하게 된다. '상대가 기분 나쁠까 봐' 혹은 '나를 이기적이라 생각할까 봐' '상대가 화를 낼까 봐'와 같은 내가 가장 두려워하는 내용이 나온다.

이러한 생각은 그 아래에 '모든 사람과 잘 지내야 한다'거나 '사람들이 나 때문에 불편해지면 안 된다' '나를 우선으로 생각하는 건 이기적이다'와 같은 누구도 달성할 수 없거나 지나치게 엄격한 신념과 닿아 있다. 서로 욕구가 다른 두 사람이 같이 문제를 해결해 가는 과정에서 누군가가 잠시 불편해지거나 기분이 상할 수 있다. 상대가 기분이 상하면 안타깝겠지만, 지레 상대의 기분을 예측해서 떠안으려 할 필요는 없다. 내 예측이 맞으리라는 보장도 없을뿐더러, 이때의 상대의 기분은 내 책임이 아니다.

이러한 신념은 머릿속에서 반복 재생되면서 불안을 만들어낸다. 이에 반하는 대처진술coping statement을 마련해 두는 것이 도움이 될 수 있다. 실제 상황에서 스스로에게 건넬 수 있는 말을 미리 준비해 놓는 것이다. 비합리적인 신념을 일깨우는 메시지, 예를 들어 '모든 사람을 기분 좋게 해줄 순 없어' '상대가 기분 나빠질 수 있지만, 지금 내 생각을 전하는 것에 집중하자'와 같은 문장을 대화 중인 자신에게 들려줄 수 있다.[54] 잘못된 신념을 알아채고 이를 바로잡는 메시지를 스스로에게 들려주는 것은 강력한 힘이 있어서 어느 순간에는 자동적으로 떠올라 두려움을 막아줄 것이다.

요청을 할 때는 모호하기보다 자기 의사를 구체적으로 포현할수록 좋다. "빨리 제출해 주세요"보다는 "내일 저녁까지는 제출해 주세요"가, "자주 만나면 좋겠어"보다 "한 주에 한 번은 만나면 좋겠어"가, "가족끼리 시간을 보냈으면 좋겠어"보다 "주말 저녁에는 1시간이라도 모든 가족이 함께 이야기를 나누면 좋겠어"가 오해의 여지를 줄여준다. 내가 원하는 '빨리'나 '자주' '가족과의 시간'을 상대는 전혀 다르게 받아들일 수 있기 때문이다. 이왕이면 부정적인 말보다 긍정적인 말로 표현하면 좋다. "새치기하지 마세요"보다 "제 뒤로 서주세요"라고 했을 때 불편한 감정을 덜 유발하면서도 훨씬 직접적으로 상대가 어떤 행동을 하길 원하는지 잘 드러낸다.

물론 상대가 거절할 수도 있다. 그러나 상대가 거절하더라도 내가 표현해본 것과 아닌 것의 차이는 크다. 내 존재를 드러내고 내 경계를 확실히 규정한 행위이기 때문이다. 상대는 이로써 내가 어떤 것이 필요한 사람인지 알게 되었고, 나는 거절의 두려움을 뚫고 내 욕구를 표현해 본 사람이 되었다. 내가 지금 당장 원하는 것을 얻지 못했다 하더라도 내가 원하는 것을 후회 없이 표현해 본 경험은 내 마음 속에 차곡차곡 쌓여 '내 욕구를 표현할 수 있는 사람'이라는 자신감으로 남게 될 것이다.

저명한 상담심리학자인 로버트 알베르티^{Robert E. Alberti}는 자기 마음을 표현하는 것은 자신을 지지한다는 의미이며, 여기에는 '아니오'라고 말하는 것, 비난이나 혹평에 분노로 반응하는 것, 의견을 드러내는 것을 포함한다고 했다.[55] 나의 마음을 침묵 속에 가두지 않고 표현하는 이 모든 행위는 나를 지지하는 행동이다.

의사에게 항의하지 못한 상황으로 돌아가 내가 어떤 마음이었는지 돌아본다. 나는 처방이 납득하기 어려워 당황스러운 상태였고, 진료비가 정당하게 책정되길 바라는 마음도 있었다. 그 마음을 좀 더 믿어주었다면, 표현할 수 있는 용기를 낼 수 있지 않았을까. 더 나아가, '타인에게 피해를 주면 안 된다'는 신념 위에 '때로 내 욕구를 전하다 보면 갈등이 생길 수도 있다'는 메시지를 던져주었다면 말이다.

다음번엔 어떤 말을 할 수 있을까. "사실 저희 집에 비타민이 충분하거든요" "처방 감사한데, 이렇게 진료비가 높으면 부담돼요" "제 기준에서는 약이 많아서 줄여주시면 좋겠어요" 몇 가지 대안으로 답하는 나를 상상해 보는 것만으로도 벌써 지갑에 비상금을 채워 넣어둔 것처럼 든든해진다. 다음에는 지레 짐작한 상대의 기분보다 내 몫을 좀 더 챙기는 욕심을 부려보기를, 그래도 괜찮다고 스스로에게 이야기해 주었다.

선택이라는
여정

: 내가 원하는 것을 발견하는 기쁨

어떤 선택의 순간이 있다. 이 선택 하나로 내 인생이 달라질 거 같고, 나뿐 아니라 주변 사람들의 미래가 바뀔 거 같은 무시무시한 무게를 가진 선택의 순간. '어리석은 결정을 내리는 건 아닐까' 하는 물음에 선뜻 어느 쪽으로든 발을 내딛기 어렵다. 그 무거운 선택 앞에 망설이게 되는 순간은 삶에서 거듭 찾아온다.

우울한 사람은 선택을 더 어렵고 무겁게 받아들인다.

우유부단함은 진단 기준이 될 정도로 우울증의 대표적인 증상 중 하나이다. 버스를 탈지 지하철을 탈지, 점심은 무엇을 먹을지와 같은 사소한 선택도 한참을 머뭇거리고 혼자 결정 내릴 수 없다고 느끼기도 한다. 결정을 내리지 못하는 자신 때문에 더 괴로워지기도 하며, 심할 때는 결정을 내리고픈 마음조차 들지 않는다. 이런 경우는 우울증에서 회복되면서 차츰 나아지곤 한다.

한편 성격적으로 의사결정에 어려움을 느끼는 사람들도 있다. 특히 강박적이거나 완벽주의 성향이 있는 사람들은 조금이라도 실수를 저지르거나 실패하는 것이 두렵기 때문에 무언가를 결정하는 데 애를 먹는다. 가능한 모든 대안을 고려하고 각각을 꼼꼼하고 치밀하게 분석한다. 문제는 그 대안들이 모두 똑같이 중요하게 느껴진다는 점이다. 어떤 결정을 해도 중요한 무언가를 놓치는 셈이니 후회하게 될 것이 뻔하다. 그래서 결정을 피하거나 반대로 아무렇게나 결정해 버리기도 한다.

나는 결정에서만큼은 강박적인 성향이 있었다. 중요한 선택의 순간을 마주하면 먼지 한 톨까지 쓸어 담듯 정보를 긁어모으고 내가 놓친 옵션이 있진 않은지 살폈다. 강박적 성향의 사람들은 어떤 선택이 치명적인 파장을 가져올 수도 있다는 생각에 결정을 내리기 주저한다. 특히 선택의 결과에 대해 스스로를 비난하는 습관 때문에 결정은 때로 공포스러운 일이 된다. 내 마음 역시 더 나은 선택을 해보겠다는 열정이기보다는 그 선택에 실패하고 싶지 않다는 두려움에 가까웠다.

내가 원하는 것은
뭘까?

。

사실 우리는 누구에게나 결정이 힘겨운 시대에 살고 있다. 선택지가 많을수록 결정은 어려운 일이 되는데, 일상에서 선택지가 거의 무한에 가까워 보이는 경우를 우리는 자주 마주한다. 편의점에서 삼각김밥이나 맥주 하나를 고르는 문제만 하더라도 끝없이 등장하는 새로운 상품과 할인 행사 같은 조건을 따지다 보면 진열대 앞에서 한참을 서 있게 된다. 특히 미래가 걸린 일인 경우 그 무게는 더하다. 경쟁이 치열한 사회에서는 전공 선택부터 취업, 거주지에 이르기까지 대부분의 결정에서 실수해서는 안 된다는 불안에 시달린다. 자칫하면 한순간에 사회경제적 신분이 바뀌게 되기도 하고 다시 돌이키는 것에 큰 비용을 치러야 하기 때문이다. 어마어마한 불안을 떠안고 있으니 결정이 어려울 수밖에 없다.

최근 어려운 결정을 앞두고 있었다. 남편의 직장 때문에 몇 년간 해외에서 지내고 있었는데, 남편의 임기를 연장할 수 있는 기회가 생겼다. 문제는 내가 회사에 곧 복귀해야 하는 상황이라는 점이었다. 퇴사를 감수하고서라도 이곳에 남을지 한국으로 돌아가야 할지 어려운 고민이 시작되었다.

주변의 조언을 들을 때마다 마음이 흔들렸다. 누군가 내 안에 있는 두 마음 중 한쪽의 편을 들면 꼭 그래야만 할 것 같았다. 한국의 높은 물가와 삶의 빠른 속도를 우려하는 이웃의 이야기를 들으면 이곳에서 더 있어야겠다는 마음으로 가득 찼다가도 아이들 교육이나 내 커리어를 걱정하는 친구를 만나면 얼른 돌아가야겠다는 생각이 들었다. 내 생각에 확신이 없으니 작은 바람에도 세차게 흔들렸다.

이미 여러 번 **의사결정 비교 작업지**decisional balance sheet를 썼다가 지웠다. 이 작업지는 각 선택지마다의 장단점을 대조표로 만들어서 비교해 보는 기법이다. 상담에서 내담자의 의사결정을 도울 때 쓰이기도 하는데, 보다 선명하게 선택지의 결과를 예상해 보고 합리적으로 판단할 수 있게 해준다. 하지만 장단점을 쭉 써 내려놓고 보니 각 항목마다 중요도가 달라 균형을 맞춰 비교하는 것이 어려웠다. 이 문제에 틀리면 안 된다는 부담이 더해지니 더욱 한편의 손을 들어줄 수가 없었다.

몇 번 이런 이야기를 나누었던 친구를 오랜만에 만났다. "그래서 결정했어?" 친구는 물었다. "아직"이라는 답에 "너는 어떻게 하고 싶은데?"라고 이어 물었다. 머쓱하게 웃으며 답했다. "반반이야." 그랬더니 친구가 그런 답은 있을 수 없다는 듯 눈을 동그랗게 뜨고 "아니, 넌 어떻게 하고 싶냐니까?" 하고 재차 물었다. 그제야 내 답이 좀 우스웠다는 걸 깨달았다. 마음이 반반이라니. 어느 한쪽으로 마음이 기울어 있을 텐데 그 갈래를 못 찾아서 반반이라는 말로 대신하고 있었다.

 기어코 어느 쪽으로도 답을 하기 힘들었던 나는 "아이는 돌아가고 싶어 하고, 남편은 있고 싶어 해. 그래서 반반이야"라는 더 어리석은 답을 했다. 그랬더니 친구는 큰 눈을 더 동그랗게 뜨고 "그래서 넌 어떻게 하고 싶냐고?"라고 거듭 물었다. 그때 깨달았다. 다른 사람이 원하는 것이 아닌 내가 원하는 것에 대해서 말할 수 없는 상태라는 걸 말이다.

 '내 마음이 무엇일까'. 그 지극히 기초적인 질문 앞에 부딪혔다. 가족들, 회사, 주변 사람들이 원하는 것 말고, '엄마라면 아이의 인생을 먼저 생각해야 한다'라거나 '노후를 위해서는 이렇게 대비해야 한다' 같은 사회가 정해놓은 기준 말고, 내가 정말 원하는 것이 무엇일까?

마음을 살피는

선택

o

상담을 할 때 선택을 돕는 방법 중에 '**동전을 던져서 선택하기**'가 있다. 상담자는 내담자가 고민하고 있는 결정을 더이상 미루지 말고 지금 바로 동전을 던져서 결정하자고 말한다. 상담자가 동전을 던져서 앞면이 나오면 A를, 뒷면이 나오면 B를 하기로 약속하는 것이다. 상담자는 동전을 던지고 내담자에게 동전을 보여주기 전에 돌연 묻는다. "어떤 쪽이 나왔으면 좋겠나요?" 그때 내담자의 다급한 대답이 그의 마음을 가리킨다. 이는 내담자가 미래의 불확실한 가능성들을 비교하느라 선뜻 그쪽으로 마음을 쏟지 못하고 있었을 뿐, 이미 스스로 그 답을 품고 있다는 것을 전제한다. 다른 생각들에 가려져 원하는 것이 잘 보이지 않을 때, 동전의 어느 면을 기대하느냐고 스스로에게 묻자 조금 실마리가 잡히는 것 같았다.

일기를 쓰기 시작했다. 마음을 잘 모르겠을 때 글을 쓰면 여기저기 흩어져 있는 생각이 정리되곤 했었다. 아침마다 생각이 떠오르는 대로 꾸준히 적었다. 어떤 날은 이쪽, 어떤 날은 저쪽을 향하면서 갈피를 잡지 못하던 생각이 점점 한 방향으로 가기 시작했다. 여러 현실적 제약, 미래에 대한 불안을 뚫고 내려가니 내 마음이 보였다. '나는 여기에 있고 싶구나'. 그 마음을 알아주니 설렘이 차오르기 시작했다.

이 선택으로 삶이 어떻게 변하고 어떤 어려움이 닥칠지 알 수 없지만, 주변 사람들의 기대나 상황적 필요에 휘둘리지 않고 내가 원하는 것을 발견하고 선택했다는 순전한 기쁨이 있었다. 가장 옳은 길, 최고의 답을 선택했다는 자부심이 아니었다. 더 좋은 선택지가 있었다 하더라도 내가 원하는 바에 가장 가까운 답안지를 선택했다는 뿌듯함이었다.

내 마음에 확신의 물을 채울수록 타인의 반응이나 의견이 덜 중요하게 느껴졌다. 이 선택으로 주변 사람들이 떠안게 될 부담에 대한 미안함도, 이 선택을 두고 남들이 나를 탓할지 모른다는 두려움도, 잘못된 선택이어서 후회하지 않을까 우려하던 마음도 차츰 가벼워졌다. 타인과의 조율이나 상황에 맞게 조절하는 것은 그다음의 일이다. 내 마음을 알아야 어디까지 양보할 수 있는지 구분할 수 있게 되기 때문이다.

돌아보면 진로나 결혼, 이사, 직장 등 모든 선택을 100퍼센트 확신을 갖고 선택한 것은 아니었다. 어떤 결정이든 아쉬움과 후회가 남았다. 하지만 모든 선택지에는 명암이 함께 존재하기 마련이므로 선택이라는 문제의 정답은 있을 수 없다. 가장 후회스러웠던 선택도 후에 그 결정 덕분에 새로운 기회를 얻게 된 경우가 많았고, 최선의 선택이라고 믿었던 결정도 그 때문에 아쉬운 일이 생기기 마련이었다.

서간집 《우연의 질병, 필연의 죽음》에서 죽음을 앞둔 철학자 미야노 마키코는 인생의 선택에 대해 이렇게 말한다. "여러 길 중 하나로 들어서는 것은 외길을 선택한다는 뜻이 아니다. 그 길로 들어서는 순간 또다시 새로운 가능성을 무수히 마주한다는 것을 의미할 뿐이다. 왜냐하면 특정한 길로 들어서는 단계에 다시 여러 갈림길이 생겨나며, 갈림길마다 애초에 그 사람에게 있었던 인생의 온갖 가능성이 통째로 바뀌기 때문이다".[56] 그녀의 말대로 선택은 또 다른 갈림길의 시작에 불과하다. 선택 그 이후는 우리가 상상하지 못했던 곤란함이 기다리고 있을지도 모른다. 예상치 못했던 그 상황에서 또 마음을 돌아보고 그에 따라 다음 선택을 해나가면 될 것이다.

우리의 삶은 선택의 결과이기도 하지만 선택을 하는 과정의 연속이다. 선택을 향한 여정 자체가 나다운 삶을 찾아가도록 돕는다. 결정을 내린다는 것은 나의 필요를 알아보고 나의 가치를 발견해 가는 행위이기 때문이다. 결정을 내리는 과정에서 내가 성취·인기·가족·성장·친밀한 관계·혼자만의 공간 등 다양한 영역 중 무엇을 중요하게 생각하는 사람인지 더 분명해진다. 결국 그만큼 스스로에 대한 믿음이 단단해지고 내가 원하는 삶에 더 가깝게 한 걸음 내딛게 된다.

　　설사 지난 결정이 후회된다고 하더라도 그 결정을 내린 나를 탓할 필요는 없다. 그저 그 순간 최선을 다해 마음을 살피고 따랐던 내가 있었을 뿐이다. 미처 살피지 못했던 욕구를 알아봐 주고 이후의 선택에서 그 욕구를 좀 더 중요하게 고려해 주면 될 일이다. 나의 마음에 더 가까운 선택을 할 수 있는 기회는 앞으로도 끝없이 있을 테다. 철학자 미야노 마키코의 말처럼 "우리가 살아가는 세계란, 본래 시작으로 가득한 곳"이기 때문이다.

✳

틀을 깨는
단 한 번의 시도

: 삶의 레퍼토리를 늘리는 일

'생각이 바뀌면 행동이 바뀌고, 행동이 바뀌면 습관이 바뀌며 (…) 운명이 바뀐다'는 격언이 있다.[57] 많은 경우에 들어맞는 지혜로운 문장이라 생각하지만, 때로는 생각을 바꾸어 행동의 변화를 도모하기보다 일단 행동을 먼저 바꾸는 게 더 효과적인 경우가 있다.

　　부모님이 물려준 기질이나 어린 시절 상처 때문에 생긴 행동 패턴, 상태가 안 좋을 때 어쩔 수 없이 나오는 반응과 같은 내 한계 안에 꼼짝 없이 갇혀 있는 것만 같은 때가 있다. 우리는 문제 상황에서 익숙한 대처를 되풀이하는 특성이 있기 때문이다. 화가 날 때 티를 내지 않는 편을 택한다거나, 스트레스를 받을 때 사람들의 연락을 피해버린다거나, 결정하기 어려울 때 '아무것도 선택하지 않기'로 선택하고 끝없이 결정을 미루는 것… 이 모든 것이 오래되어 내 성격처럼 굳어져 있는 것 같지만, 실은 언젠가 우리가 선택했던 행동이다.

레퍼토리 카드가
늘어갈수록
°

처음 그 행동을 선택했을 때는 요긴했을 것이다. 자라온 환경이 화를 드러내기 어려운 분위기였다면 화를 참는 것이 적응적인 행동이었을 테고, 흐트러진 모습을 편히 받아주는 관계가 아니라면 스트레스가 쌓여 있을 때 거리를 두는 것이 더 전략적이었을 테다. 한때는 결정을 미룬 덕에 손해 보지 않았을 수도 있다. 특정 상황에서 개인이 반응하는 행동방식을 **레퍼토리**^{repertoire}라고 하는데, 이렇듯 과거에 도움이 되었던 레퍼토리는 계속 반복되는 특성이 있다. 그리고 레퍼토리가 오랜 습관처럼 자리 잡히면, 같은 상황에서 다른 레퍼토리를 꺼내기 어려워진다.

특히 자기의 취약한 생각이나 감정에 맞닥뜨릴 때 다른 행동을 상상한다는 것은 더 어렵다. 사람들은 저마다 유독 견디기 힘든 생각이나 감정이 있는데, 여기서 벗어나기 위해 거의 반사적으로 어떤 행동을 하게 된다. 상담에서 만난 C는 불안할 때마다 서둘러 일을 저질렀다. 노후에 대한 불안이 엄습하면 급히 자격증을 알아보고 학원을 등록한다거나, 부모님 건강이 걱정되면 부모님이 당장 필요로 하지 않는 건강기능식품을 주문하고 건강검진을 서둘러 예약하는 식이다. 그러느라 집안에 먹다 만 영양제나 쓰지 않는 운동 용품, 자기계발서가 쌓여갔다.

이같이 비효율적으로 보이는 행동에도 모두 그만의 목적이 있다. 인간의 행동을 설명하는 관점 중 **기능적 맥락주의** functional contextualism는 우리의 행동에는 만족스러운 결과를 얻기 위한 기능이 있다고 전제한다.[58] C의 이러한 준비성 덕분에 취업을 위한 스펙도 어느 정도 잘 다져왔고, 부모님이 편찮으셨을 때도 C가 애쓴 덕분에 치료 시기를 놓치지 않을 수 있었다.

다만 C는 불안할 때 그 불안이 타당한지 검토해 보거나 아무런 행동을 하지 않았던 적이 거의 없다. 그 아래에는 자기가 손쓰지 않으면 자신과 주변 사람들의 삶이 순식간에 불행해질 수 있다는 신념이 있었다. 원래도 불안이 높은 기질인데다 일찍부터 가계를 책임지면서 스스로에게 많은 책임을 부여한 까닭이었다. 항상 자신이 무언가를 했기 때문에 여태까지 가족들의 삶이 순탄했다고 믿었던 터라 불안해지면 또다시 무언가를 해야 한다고 느꼈다. 그러느라 때로는 불필요한 노력을 기울이고, 자신이 원하는 삶의 방향을 충분히 고려하지 못한 채 충동적으로 일을 벌이기도 했다. 불안감이 생기는 모든 상황에서 '뛰어들기'라는 같은 레퍼토리로 대처했기 때문에 생기는 결과였다.

상황이 다른데도 같은 행동을 반복한다면 삶은 불만족스럽고 원하지 않는 방향으로 흘러가 버리기 쉽다. 부당한 요구를 받은 상황에서 계속 참기만 한다면 애꿎은 억울함만 쌓이고, 자기를 표현하고 상황을 개선시킬 수 있는 기회를 잃어버리게 된다. 반대로 계속 화만 낸다면 불필요한 갈등에 휘말리는 경우가 생길 수 있다. 그때그때의 상황마다 더 나은 방식이 있다.

어떨 때는 아무렇지 않은 척 한 번쯤 맞춰줄 수도 있지만, 중요한 관계에서는 내 입장을 분명히 주장해 볼 수 있다. 직설적인 표현이 받아들여지기 어려운 상대에게는 에둘러 거

211

절할 수도 있다. 우리에게 레퍼토리 카드가 여러 장 있어서 상황에 가장 적절한 카드를 써볼 수 있으면 가장 좋다. 여기서 적절하다는 것은 옳고 그르다는 것이 아니라, 그 상황에서 가장 만족스러운 결과를 낼 수 있는가를 의미한다.[59] 이것이 '기능적 맥락주의'의 요지이기도 하다.

상담에서도 새로운 레퍼토리 카드를 만드는 것이 상담 목표가 될 때가 있다. 상담은 다른 대처법을 안전하게 실험해 볼 수 있는 자리가 되어준다는 점에서 나는 상담을 '연장을 바꾸는 경험'이라고 소개하곤 한다. 나무를 자를 때 칼 대신 톱을 써야 하는 것처럼, 상황에 더 잘 어울리는 레퍼토리로 바꿀 때 고통이 줄어들 수 있다. C의 경우, 하루아침에 '내가 움직이지 않는다고 불행이 갑자기 닥치진 않아'라고 생각을 바꾸기 쉽지 않다. 때로 효과를 발휘하기도 하는 '뛰어들기' 레퍼토리를 아예 없애버리는 것도 아까운 일이다. 그보다는 기존 레퍼토리에 없었던 '잠시 멈추고 내가 원하는 바를 생각해 보기', '타인에게 해결을 부탁하기'와 같은 행동을 추가해 보는 것이다. 새로운 행동을 시도하는 순간 나의 레퍼토리 목록은 확장된다.

이왕이면 내 삶의 목표와 방향에 부합하는 행동이 새 레퍼토리가 될 수 있으면 좋다. 내가 원하는 삶에 맞는 행동이 무엇일까. 이 질문이 어렵다면, 내가 좋아하고 닮고 싶어 하는 누군가를 떠올려 보면 좀 더 수월해진다.[60] 닮고 싶어 한다는 것은 내가 되고자 하는 모습이 이미 그 사람에게 실현되어 있음을 의미한다. 미래의 좀 더 나은 나라면 어떨까, 하는 질문과 같은 셈이다. C에게 이 질문을 건네보았다. C는 어느 상황에서도 의연해 보이는 좋아하는 선배를 떠올렸다. "그 사람이라면 산책을 하거나 차를 마시면서 불안감을 달랠 것 같아요."

  이것은 자기가 바라는 삶의 방향과 맞닿아 있다. 이때 '선배의 행동이 내게 무엇을 의미할까?' 또는 '선배의 행동에서 나는 어떤 점을 중요하게 생각하는 걸까?'라고 묻는다면, '감정을 잘 조절하여 평온을 지킬 수 있는 나' '자유롭게 내가 원하는 대로 선택할 수 있는 나'처럼 내가 중요하게 생각하는 가치가 길어 올려진다. 이 가치를 위해 C는 선배처럼 산책을 하거나 일기를 쓴다거나 심호흡을 하는 것과 같이 감정을 조절할 수 있는 레퍼토리를 더 만들어갈 수 있을 것이다. 가치에 맞는 행동이 늘어날수록 내가 원하는 삶에 가까이 있다는 생동감이 더 커진다.[61]

213

새로운 나를 위한
한 번의 변화

o

행동을 새롭게 시도하는 것은 두려운 일이다. 나만해
도 새로운 행동 앞에서 고민만 하다 흐지부지되는 경우가 부
지기수로 일어난다. 특히 성장하면서 겪은 상처나 두려움 때
문에 생겨버린 패턴은 거의 자동화되어 나오기 때문에 이를
바꾸는 데 지난한 시간이 걸리기도 한다. 운동이나 다이어트
같은 계획이 습관으로 굳어지기까지는 여러 번의 실패가 필
요하듯, 새로운 행동이 익숙해지려면 그만큼의 시행착오가
있을 수밖에 없다. 그 과정을 통해 뇌 신경망의 연결이 변하
고, 그렇게 변한 뇌 회로 덕분에 다음번에는 보다 적은 노력으
로도 쉽게 선택할 수 있는 행동이 된다.

물론 새로운 행동이 늘 효과적이거나 더 좋은 대안은
아닐 수도 있다. 하지만 적어도 새로운 행동을 시도해 봤다는
것에 큰 의미가 있다. 그것만으로 더 효과적인 다른 행동을 선
택할 수 있는 힘을 기른 셈이다. 마치 요가에서 굳어 있는 근
육을 쓸 때 처음에는 통증이 있지만, 다음번에 같은 동작이 조
금 더 수월하고, 또 그만큼 근육이 튼튼하고 부드러워졌기 때
문에 어려웠던 다른 동작까지 덤으로 잘 되는 것과 같다. 불편

한 감정이 찾아올 때 순간순간 상황과 자기 가치에 따라 자유롭게 대처할 수 있는 심리적 유연성이 높아지는 것이다.

우리에게는 매 순간 새로운 내가 될 수 있는 기회가 찾아온다. 부모에게 물려받은 성향이나 과거의 경험 때문에 습관처럼 반복하는 행동이 있지만, 영원히 변하지 않는 것은 아니다. 기존에 가지고 있던 '나'에 대한 틀을 깨는 한 번의 시도가 중요하다. 수줍어서 누가 묻기 전엔 말을 하지 않던 사람이 자기 이야기를 먼저 꺼내는 행동을 선택해 보고, 늘 다른 사람을 먼저 배려하던 이가 적극적으로 자신의 몫을 챙기기도 하고, 화가 나면 속으로만 삭이던 사람이 과감하게 자신의 불만을 상대에게 표현해 볼 수 있다. 오랜 습관을 깨고 다른 행동을 시도할 때, 그럼에도 큰 일이 생기는 건 아니라는 경험을 해 볼 때 우리는 그렇게 조금씩 과거와는 다른 내가 된다.

계곡도 나무도 없는 매끈한 언덕을 상상해보자. 당신이 오르기 시작하면 발자국을 따라 새로운 길이 생기기 시작할 것이다. 비가 내리면, 당신이 자주 오가서 깊게 패인 길을 따라 물이 흘러내리기 쉽다. 하지만 당신이 새로운 길을 만들고 그 길을 부지런히 오간다면, 비는 새로운 길을 타고 내리기 시작할 것이다.[62] 우리의 행동도 마찬가지다. 오래 했기 때문에 익숙한 길 옆에 새로운 길을 나란히 내보면 어떨까. 처음에는 새로운 길의 흔적조차 미미할 수 있다. 하지만 부지런히 새 길로 발걸음을 옮긴다면, 오래된 길과 새로운 길 모두 물이 흐르기 좋은 길이 될 것이다. 오래된 레퍼토리를 자동적으로 쓰는 대신, 새로운 레퍼토리도 그만큼 수월하게 쓸 수 있게 된다.

새로운 행동 앞에서 '내가 할 수 있을까' '후회하면 어쩌지' '남들이 이상하게 보지 않을까' 두렵고 걱정이 되는 것이 당연하다. 경험해 본적이 없기 때문이다. 때로는 질문만 하는 것을 멈추고, 스스로를 의심하는 것을 멈추고, 자신이 원하는 삶의 방향 쪽으로 과감하게 '경험해 보기'를 선택하는 것이 필요하다. 새로운 행동을 하는 그 순간 우리는 새로운 존재로 태어나는 것이니 말이다. 타고난 성향, 과거의 경험, 그리고 익숙함이라는 질곡의 터널에서 그렇게 한 걸음씩 빠져나오는 것. 그것이 내가 되고 싶은 내가 되는 길이자 진정한 어른이 되는 과정일 것이다.

3부

•

트라우마와 상처를 돌아보며
'자기자비' 베풀기

현재의 당신과
과거의 타인

: 아버지를 닮아 어려운 어른을 마주할 때

나보다 지위가 높은 남자 어른은 유독 나에게 어려운 존재였다. 그들 앞에만 가면 평소 나답지 않게 납작하게 얼어붙었다. 상대가 묻는 질문에 적절한 대답을 찾느라 머릿속이 하얗게 되기도 하고, 횡설수설하기도 했다. 상대가 예상하지 못한 말을 하면 더욱 그랬다. 비난은 물론 칭찬이나 농담을 해도 당황하는 경우가 있는데, 그럴 땐 나조차 이해할 수 없는 말이 튀어나오기도 했다. 그날 밤은 애꿎은 이불만 걷어차이는 날이다.

대학원에서 석박사생들이 같이 전공 도서를 번역하는 프로젝트 모임이 있었다. 남자 박사 선배가 리더였는데, 석사생들이 매주 챕터별로 번역해 선배에게 개별 피드백을 받았다. 당시 석사 1학기생이었던 나에게는 상담 경험이나 연구 경력이 나보다 최소 10년씩은 더 쌓인 박사생들이 어마어마한 존재처럼 느껴졌다. 잘 해내고 싶어 번역에 머리를 싸맸지만, 선배는 늘 고쳐야 할 점들을 날카롭게 찾아냈다.

　　그러던 어느 날, 여느 때처럼 박사실에서 번역 검토를 받고 있는데, 선배가 "이번에 번역이 참 잘됐는데?"라며 웃어 보였다. 예상 시나리오에 없던 대사였다. 순간 '진짜 마음에 들었다는 걸까' '그럼 지금까지는 형편없던 번역을 참고 계셨던 건가'라는 의문이 드는 동시에 '이 멘트에 적절하게 반응해야 해'라는 경고 알림이 떴다. 그저 "감사합니다" 하고 넘겼으면 될 일이었다. 하지만 입에서 "이번에 친구가 많이 도와주었어요"라는 말이 튀어나왔다. 사실 친구에게 고민되던 한두 문장을 물어봤을 뿐이었다. 박사실에서 나오면서 한숨이 새어 나왔다. '선배는 그 말을 어떻게 생각했을까' '친구가 번역을 거의 다 해준 것으로 오해했으면 어쩌지' 하는 생각도 주렁주렁 딸려 나왔다.

　　모든 어른이 내게 어려운 존재는 아니었다. 여자 상사

나 선배와의 관계는 괜찮은 편이었고, 카리스마를 뿜어내던 여자 교수님도 나를 작아지게 만들지는 않았다. 하지만 남자 어른과의 관계는 거의 서툴렀다. 특히 깐깐하거나 내게 호의적이지 않아 보이는 학교 선배나 상사들은 더욱 어려운 존재들이었다. 이상하게 마음이 쿵쾅거려서 왜 이럴까 돌아보면, 여지없이 그들과 만난 날이었다.

유독 어려운 관계의 실마리는
무의식 속에 있을 수 있다

。

정신분석이론을 배우면서 자기분석 과정을 거치며 내가 유독 취약해지는 관계는 어린 시절에 경험한 '권위 있는 남성상'과 관련 있음을 알게 되었다. 아버지는 처음 만난 남자 어른이자 부모라는 절대적인 힘을 가진 존재였다.

아버지와 나는 성향이 너무 달랐다. 아버지는 조심성 많고 신중한 사람이었다. 게다가 조금이라도 잘못될 가능성이 보이면 당장 바로잡아 놔야 안심하는 완벽주의자이기도 했다. 하지만 나는 무모할 만큼 낙천적 타입인데다, 결정적으로 아버지와 달리 부주의했다. 뜨거운 냄비에 손을 데거나 그네에서 뛰어내리다 고꾸라지거나 컵을 깨뜨리는 날에는 여지없이 회초리가 기다리고 있었다. 아버지는 그런 딸이 평생 '칠칠맞지 못하게' 살까 봐 노심초사했다. 그의 불안이 커질수록 혼나는 일이 더 많아졌고, 나는 언제 또 야단맞을지 몰라 늘 조마조마했다. 학교에서 상을 받거나 시험 성적이 좋거나 하는 날에도, 아버지는 섣부른 칭찬에 내 마음이 풀어질까 봐 '잘했다'는 한마디조차 아꼈다.

가장의 권위가 중요했던 그 시절, 아버지는 가족들로부터 존중받지 않는다고 느낄 때면 유독 예민해졌다. 퇴근하는 아버지에게 바른 자세로 인사하지 않거나 존댓말을 서툴게 쓰거나 반대 의견을 내거나 하는 날에는 날벼락 호통을 듣기 십상이었다. 아버지가 원하는 '존중'이 내 생각과는 다른 경우가 많았기 때문에, 늘 예상하지 못한 순간 혼이 났다. 그럴 때마다 나는 한순간에 쪼그라들곤 했다.

아이러니하게도 지금의 아버지가 가장 신뢰하고 의지하는 사람은 큰딸인 나다. 아버지는 집안의 대소사를 결정하거나 무슨 문제가 있을 때마다 내 의견을 묻고 경청한다. 이미 팔순이 넘어 기력이 쇠해진 아버지는 더 이상 내게 무서운 존재가 아니다. 하지만 그렇다고 남자 어른에 대한 표상이 바뀌는 것은 아니었다. 어릴 때 내 앞의 아버지는 큰 산처럼 어마어마한 존재였고, 아버지를 통해 남자 어른에 대한 이미지가 이미 선명하게 각인되었기 때문이다. 무의식은 그때의 관계와 정서를 기억하고 있었다. 이러한 감정은 나보다 힘이 센 남자 어른을 만날 때마다 반복적으로 떠올랐다.

전이의
감정
○

이러한 관계 특성을 정신분석학에서는 **전이**^{transference}라 한다. 전이는 '옮기다'는 의미다. 이전에 경험한 관계에서의 감정을 전혀 다른 사람에게 그대로 옮겨오는 것이다. 즉, 과거에 중요한 타인에게서 느꼈던 감정이나 욕구를 새로운 관계에서도 비슷하게 경험하는 현상을 뜻한다. 긍정적이든 부정적이든 감정적으로 깊은 자국을 남긴 사람은 내게 중요한 존재로 남는다. 특히 의식이 수용할 수 없을 정도로 고통스러웠던 감정은 억압되어 무의식 속에 자리 잡는다. 그러한 감정은 무의식 속에 깊이 각인되어 있다가 관계의 역학이나 성향이 유사한 상대를 만나면 언제든 재소환된다. 두 대상은 아무 관계가 없음에도, 내 무의식은 마치 그 둘이 같은 대상인 양 오인한다. 자라 보고 놀란 가슴 솥뚜껑 보고 놀라듯이 말이다.[1]

지나치게 엄격했던 어머니, 무능했던 아버지, 가혹하

223

게 수치심을 안겨주었던 선생님을 경험한 사람들이 이후 비슷한 성향의 선후배·상사·친구를 만났을 때 감정이 거세게 출렁이는 경우가 있다. S는 엄격하고 간섭이 심한 어머니 아래에서 자라는 내내 헤어스타일이나 가방 색깔처럼 사소한 것도 어머니가 결정해 주는 대로 따라야 했다. 성인이 되자, 적극적으로 조언을 하거나 관계를 주도하는 사람을 만나면 정색하며 거리를 뒀다. 스스로의 삶을 이끌어가려는 자율성을 침해받았던 고통이 비슷한 상황에서 되살아난 것이었다.

　　나는 박사 선배나 남자 어른에게 그들이 한 번도 만나 본 적 없는 아버지라는 존재를 덧씌우고 있었다. 어린 시절 언제 나를 혼낼지 몰라 무서웠던 아버지에 대한 두려움이 성인이 되어 만난 타인에게로 옮겨왔던 것이다. 이해할 수 없는 화를 냈던 아버지에 대한 분노도, 부모이기 때문에 마음껏 원망조차 할 수 없었던 억울한 마음과 엉겨붙어 있었다. 아버지로부터 인정이 고팠던 어린아이처럼, 눈앞의 다른 어른에게 아버지의 역할을 기대하고 있었다. 그들에게 비난이든 지적이든 부정적 평가를 듣고 나면, 며칠 내내 그 이야기가 머릿속을 둥둥 떠다니며 나를 괴롭혔다. 또다시 나는 아버지 앞에서 인정받고 싶지만 달리 할 수 있는 게 없는 예닐곱 살 아이로 돌아가 있었다.

지금도 여전히 남자 어른과의 만남은 편하지 않다. 하지만 해가 갈수록 그 강도는 많이 약해졌다. 자각이 곧 시작이었다. 내가 '상대방을 존재 자체로 보지 않고 무의식 속에 숨어 있던 표상을 투사하고 있음'을 깨닫는 것이다. 전이가 일어나는 그 순간 바로 알아차리면 좋겠지만 사실 그런 경우는 많지 않다. 집에 돌아와 왜 이렇게 마음이 복잡한지 들여다보면 아버지에게 느꼈던 두려움, 결핍감, 분노가 보였다.

　　거친 물살에 깊이 가라앉은 흙탕물이 휘저어지듯 내면 밑바닥에 있던 감정이 겉으로 드러나 있었다. 평소에는 가라앉아 있어 몰랐지만, 어릴 적 내게 강렬했던 감정이 여전히 알아봐 달라고 마음을 콕콕 쑤시고 있었다. 그 시절의 두려움과 좌절감을 두 손 가득 담아 올려 이토록 내게 중요했음을 알아주어야 하는 때다. 더 나아갈 수 있다면, 당시의 어린아이의 마음으로 돌아가 바라던 만큼 아버지에게 인정받거나 수용되지 못했음을 함께 슬퍼해준다. 충분히 애도한 후에야 우리의 좌절된 욕구를 편안하게 인정하고 받아들일 수 있다.

　　이렇게라도 알아차리고 나면 좀 더 거리를 두고 객관적으로 상황을 이해할 수 있다. 그 사건만 두고 보면 그 정도까지 감정이 휘몰아칠 일이 아니었는데, 어릴 때의 긴장과 좌절감이 덧입혀졌기 때문에 더욱 깊은 수렁으로 빠져들었던 것이다.

　　누군가를 보고 유난히 강렬한 분노나 불안에 사로잡힐
때, 과거에 경험한 타인을 내 눈 앞에 있는 사람에게 덮어씌우
는 것은 아닌지 살펴볼 필요가 있다. 상대에게 과거의 배역을
떠맡기고 있는 스스로를 알아차릴 때, 과거의 관계로 거슬러
올라가 당시의 나를 돌볼 수 있는 길이 열린다.[2] 이러한 이유
로 전이는 오히려 상담에서 치료를 촉진하는 재료로 사용되
기도 한다. 상담자에게마저 덧씌우는 과거의 인물이 나에게
왜 그토록 중요했는지, 그 관계에서 충족하지 못한 욕구가 무
엇이었는지, 어떤 두려움과 불안이 있었는지를 발견할 수 있
다. 당시의 감정과 욕구를 인식할 수 있을 때, 지금의 요동치
는 마음도 좀 더 이해할 만한 것이 된다.

　　　때로 과거의 인물과 진실하게 만나보는 것도 필요하
다. 과거의 인물도 당시 나의 기대가 투영된 존재였을 테다.
아버지에게 권위를 부여한 것도, 권위 있는 존재의 인정을 갈
구한 것도 실은 나였다. 권위에 가려져 보지 못했던 아버지의

226

두려움이 한참 후에야 보였다. 아버지는 가족을 책임지지 못할까 봐, 가족에게 인정받지 못할까 봐 하는 불안과, 때로는 자신 없어 휘청이는 두려움과 싸우는 존재였다. 더 이상 아버지는 나를 수용하고 인정해 주었어야만 하는 대상이 아닌, 나와 다르지 않은 불안과 두려움을 가지고 자녀에게 존중받고 싶어 하는 존재가 되어 있었다. 내가 투영한 기대를 벗겨내어 아버지의 진짜 모습이 보일수록 당시의 두려움과 결핍감도 힘을 잃어갔다.

　　현재의 나는 과거의 내가 아니란 것을 꼭 기억했으면 좋겠다. 나는 더 이상 막강한 권위를 가진 아버지 앞에서 무력했던 아이가 아니다. 나의 기쁨과 만족을 좌우할 수 있는 사람은 이제 아버지가 아닌 내가 되었음을 안다. 때로는 두려움을 조절해 가며 '과거의 반복'이 아닌, 새로운 방식의 관계를 만들어갈 수 있는 힘도 있다. 현재 내 앞에 마주 앉아 있는 사람은 과거의 타인이 아닌, 고유의 감정과 성향, 기대를 지닌 사람이라는 것을 기억하는 이 모든 과정을 통해서 나를 얽매던 관계의 사슬을 조금씩 느슨하게 풀어갈 수 있다. 이는 상대와 나 사이에 있는 현재라는 순간에 오롯이 뛰어드는 방법이기도 하다.

기억의 덫에
갇혔다면

: 부정적인 기억을 지나치는 법

"하, 내가 그 말을 왜 했지?" 세수를 하다 눈을 질끈 감았다. 농담이라고 꺼낸 말이 맥락상 부적절하기만 하고 웃기는 것에는 처참히 실패했을 때, 미처 헤아리지 못하고 무심코 던진 말이 상대의 아픈 부분을 건드렸을 때, 중요한 발표를 버벅거리다 기어이 망쳤을 때, 그 장면들은 그림자처럼 나를 바짝 쫓아왔다.

불현듯 내가 했던 말실수나 어리숙한 행동이 훅 하고 떠오르면 그 시간을 도려내고 싶어진다. '그때 그 말을 하지 않았어야 하는데' '사람들이 날 이상하게 생각하지 않을까' 하는 의문이 나를 후빈다. '나는 왜 이렇게 서툰 걸까' '나는 앞으로도 매번 이런 식이지 않을까' '왜 이렇게까지 전전긍긍할까' 하는 생각에까지 이른 날은 더욱 고통스러운 날이 된다.

이렇듯 지나간 기억이 반복적으로 떠오른다면 **반추**[ru-mination]에 가깝다. 소나 염소 같은 동물이 먹은 음식을 다시 게워내 씹는 것을 반추 행동이라고 하는데, 심리 과정에서의 반추는 부정적인 과거 사건을 되새김질하듯 곱씹어 보는 것이다. 그 기억이 떠오르는 순간은 너무나도 강렬해서 우리를 그 시점으로 순간 이동시킨다. 그렇게 우리는 무방비 상태에서 고통스러웠던 당시의 상황 한복판으로 소환되어 버린다.

뇌가 보내는 메시지,
반추
○

사실 우리 뇌는 부정적인 기억에 특화되어 있다. 편도체와 해마는 긴밀하게 상호작용하면서 기억을 감정과 연결지어 저장하는데, 이때 감정의 강도가 클수록 기억은 더 오래 저장되며 긍정적인 기억보다 부정적인 기억이 특히 강렬한 감정을 동반한다. 결국 부정적인 기억이 더 오래 더 강하게 남을 수밖에 없는 것이다.[3] 신경심리학자들은 우리를 보호하기 위해서 뇌가 그런 방식으로 진화해 왔다고 설명한다.[4] 긍정적인 사건은 우리가 눈치 채지 못하더라도 크게 해로울 게 없지만, 맹수나 적이 나타나거나 자연재해가 닥칠 것 같은 위험 경보는 재빨리 알아차려야 생존에 유리하다. 실수나 실패로 위험에 빠졌던 일일수록 두고두고 잘 기억해서 같은 일을 저지르지 않도록 조심시켜야 한다. 그렇게 보면 부정적인 기억이나 생각이 자꾸 떠오르는 것은 뇌가 부지런히 우리를 보호하기 위해 일하고 있다는 증거인 셈이다.

반추는 뇌가 보내는 메시지이기도 하다. 우리가 중요하게 생각하는 것이 위협받을 때 뇌는 더 강렬한 신호를 내뿜는다. 당시의 상황을 회상하면서 따라오는 감정이 거세다면 그만큼 그 일이 우리에게 중요하다는 의미이다. 발표를 성공적으로 잘 해내고 싶은 기대가 높을수록, 상대의 마음을 다치게 하고 싶지 않은 바람이 클수록, 사람들에게 좋은 사람으로 인정받는 것이 중요한 일일수록 마음은 더욱 요동친다.

'헉'하고 내 일상에 일시정지 버튼을 누르던 기억은 대개 수치심이나 죄책감이라는 감정과 함께 찾아왔다. 신입 시절 출장 가는 선배를 돕겠다고 자원해서는 꼬박 하루가 걸리는 먼 지방 회의에 참석한 적이 있다. 회의 내내 상황 파악이 어려웠던 나는 질문 세례 속에서 아무런 답변도 거들지 못하고 돌아왔다. 그날의 기억이 두고두고 고통스럽게 나를 따라왔다. '따라가겠다고 자원하지 말걸' 하는 후회도 들었다. 그 거센 감정의 파도 아래에는 유능한 직원이 되지 못한 것 같은 부끄러운 마음, 선배에게 도움이 되지 못해 미안한 마음이 있었다. 그만큼 도움이 되는 존재가 되고픈 바람이 내겐 중요했던 것이다.

충분히 불안한 채,
조금씩 내가 원하는 방향으로

○

그렇다면 부정적인 기억만 남긴 출장을 애초에 가지 않는 편이 나았을까? 앞으로 내 정신건강을 위해서 그런 낯선 일은 시도하지 않는 게 맞는 걸까? **수용전념치료**acceptance and commitment therapy[5]에서는 고통스러운 생각이나 기억에서 벗어나려 애쓰거나 불편한 감정을 불러일으키는 상황을 회피할수록 그것에 더욱 사로잡히고 만다고 이야기한다. 오히려 마주하기 겁나는 감정이나 무서워하는 상황 안으로 뚜벅뚜벅 걸어 들어갈 때야 비로소 자유로워질 수 있다는 것이다.

우리 마음은 부정적 정서 상태일 때가 기본 값에 가까

울 만큼, 수시로 불편하고 고통스러운 감정이 찾아와 들어앉는다. 수용전념치료의 치료 목표는 이러한 부정적인 기억이나 생각을 덜 떠오르거나 없어지게 하는 것이 아니다. 오히려 수용전념치료에서는 '이러한 고통을 끌어안고서 자기가 원하는 삶을 살 수 있는가'로 치료 효과를 가늠한다. 날카롭고 가슴 시린 기억 속에서 충분히 불안한 채로도, 자신이 바라는 삶의 방향대로 걸어가는 것을 이상적으로 보는 것이다.

얼마 전부터 새로운 교회에 나가게 되었다. 외국인 교회라 예배가 영어로 진행되기도 하고 분위기도 많이 달라서 서먹해하고 있었다. 지역별 소그룹 모임에 처음 참석한 날이었다. 사실 이전부터 모임이 있다는 걸 알고 있었지만, 몇 주 미루다 급히 나가보기로 결심을 한 터였다. 아이는 가기 싫다고 몇 번 이야기하더니 물었다. "엄마, 그냥 우리끼리 집에서 저녁 먹으면 안 돼?" 그제서야 나도 긴장했던 마음을 돌아보았다. 나 역시 집에서 가족끼리 있는 쪽이 훨씬 편하고 수월하게 느껴졌다. '영어를 알아듣지 못하면 어쩌지, 그들끼리 친해서 내가 끼어들 공간이 없으면 어쩌지, 이방인처럼 있다가 돌아오면 어떻게 하지' 하는 걱정들이 내게도 있었다. 예전 교회에서 영어의 벽 때문에 생각만큼 토론에 참여하기 어려웠던 기억이 떠올라 더욱 움츠러들기도 했다.

하지만 내가 보다 중요하게 생각하는 가치를 위해서는 걱정과 불안한 마음을 끌어안은 채로 한 발 나아가는 수밖에 없다. "엄마도 사실은 집에 있는 게 더 편하고, 낯선 사람들을 한꺼번에 만난다는 건 긴장되는 일이야. 그건 어른도 마찬가지지. 하지만 엄마는 사람들과 친해지고 싶고 새 교회에 잘 적응하고 싶어. 그게 중요하다고 생각이 들어서 여러 걱정이 들지만 한번 가 보는 거야. 걱정된다고 아무것도 하지 않는다면, 우리가 원하는 삶을 살 수 없거든." 아이에게 하는 말은 실은 나 자신을 타이르는 말이기도 했다.

이 한걸음으로 고통스러운 실패의 기억을 하나 더 갖게 될 수도 있다. 모임에서 했던 서툰 말이나 어색한 모습을 떠올리며 반추에 빠지게 될 수도 있다. 하지만 그 위험과 불편을 감수하면서 한 발을 옮기는 이 과정 자체가 결국은 내 삶을 내가 원하는 모습으로 만들어 가리라 믿는다. 우리가 그토록 불안해지는 것은 그만큼 절실히 원하는 삶이 있기 때문이다.[6] 자신이 바라는 삶을 위해 익숙하고 편안한 안전지대에서 나와 불안하고 불편하더라도 모호한 세계로 한 걸음씩 나아갈 수 있으면 좋겠다. 이미 내가 바라는 모습에 조금 더 가까워져 있을 것이다.

나에 대한
변호

: 깎여버린 자존감을 채우기

자존감은 자신을 가치 있는 사람으로 생각하는가에 대한 자기 평가이다. 자존감이 높다는 것은 결국 자신을 썩 괜찮은 사람이라고 믿는다는 의미다. 자기 존재에 대한 확신이 없을 때 우리는 자주 우유부단해지고 과거를 후회하게 된다. '지금 내가 잘하고 있는 건가' '사람들이 나를 이상하다고 생각하면 어쩌나' '그때 그렇게 하지 말았어야 했는데'와 같은 의심하는 언어가 머릿속에 가득 들어찬다.

부모의 과잉보호나 학대, 가족 불화, 따돌림이나 차별, 실패와 같은 여러 사건들을 겪으며 스스로에 대한 믿음이 조금씩 무너질 수 있다. 분노·우울·질투와 같이 불쑥 찾아오는 감정도, 인정받고 싶다거나 힘들어서 그만두고 싶다는 마음도 그렇게 못나 보일 수가 없다. 나름 상대를 기분 좋게 해주려고 했던 말도, 아무렇지 않은 척 보이려 했던 행동도 적절하지 않게 느껴진다. 스스로에 대한 불신이 깊어질수록 이런 모습을 타인에게 들킬까 봐 두렵고, 사람들 눈에 어떻게 보이는지가 중요해진다. 여기에 신경을 쓰느라 결국 잘 할 수 있는 것도 틀리거나 주저하게 된다. 자존감이 낮은 사람의 모습이다.

결혼하고 두어 달 후에 시가 친척 결혼식이 있었다. 피로연에서 시부모의 먼 친척이라는, 내게는 남과 다름없이 느껴지는 중년 남성분과 식사를 하게 되었다. 서먹한 분위기 속에서 적당한 말을 골라내어 드문드문 대화를 이어가며 겨우 식사를 마쳤다. 그런데 자리에서 일어나기 전 그는 낮은 목소리로 "이렇게 숙맥이라 사회생활하기 힘들겠어요"라는 충고를 던졌다. 순간 얼어붙었다. 남편이 뭐라고 둘러대는 말을 했지만 황당한 마음이 달래지지 않았다. 무슨 이야기를 어떻게 해야 하나 고민하다 모임이 끝나버렸다. '뭐라고 따져볼걸.' 결혼식장에서 멀어질수록 아무런 말도 못 한 내가 어이없다는 생각이 짙어졌다. 나중에는 그런 나에게 화가 나기까지 했다. 과거에도 그런 적이 있었다. 내 잘못으로 오해한 선생님 앞에서, 매섭게 따지고 드는 친구 앞에서 별다른 말을 하지 못하고 나중에서야 후회하던 내가 떠올랐다.

타당화,
내 행동의 이유 찾아주기

。

어리석은 일을 저지르고 후회가 될 때, 자기 몫을 제대로 못 챙겼을 때, 쉬운 길을 놔두고 힘들게 돌아가고 있다는 걸 알았을 때 왜 그렇게 바보 같았냐고 스스로를 탓하기 쉽다. 냄비가 타버려 집에 탄 냄새와 뿌연 연기로 가득 찼을 때는 연기를 탓하고 있기보다 얼른 연기가 나는 원인을 찾아 불을 꺼야 한다. 연기에는 잘못이 없다. 우리의 행동이나 감정도 마찬가지다. 부끄러운 마음도 어색하기 짝이 없었던 모습에도 그럴만한 이유가 있었다. 그런 마음이 왜 찾아들었는지, 왜 그런 행동을 했었는지를 되돌아 살펴보면 될 일이다.

이는 상담에서 **타당화**validation라 불리는 중요한 기법이기도 하다. 모든 행동에는 그 맥락에서 납득할 만한 이유가 있다는 전제를 바탕으로 한다. 이해되지 않는 문제 행동으로 보이더라도 당시 상황이나 그 사람의 과거 경험으로 미루어 볼 때는 당연하고 그럴 수밖에 없었다. 즉 행동의 이유가 '타당했다'는 사실을 발견해 주는 것이다.[7]

나는 그날 결혼식에서 처음 만난 남편의 친척이 당황하지 않기를 바랐다. 시가 친척들 사이에서 소란을 일으켜 괜히 남편과 시부모의 체면을 상하게 하고 싶지 않았다. 그리고 원래 사람은 너무 당황하면 어떻게 해야 할지 얼른 생각이 안 나지 않는가. 스트레스 상황에서 우리 몸은 생존을 위해 경직되고 멍해지는 회피 반응을 하기도 한다. 하고 싶은 말을 삼켰기 때문에 무례한 사람을 자극하지 않았고, 결과적으로 더 모욕적인 말을 듣지 않아도 되었을 것이다. 어리석게 보였던 행동이 실은 나를 보호하는 역할을 하고 있었던 것이다.

겉으로 보이는 모습 저 아래에 나름의 합당한 이유가 있었음을 알아주는 것은 나라는 사람을 믿어주는 것과 같다. 매 순간 크고 작게 원하는 바가 있었고, 중요하게 생각하는 것이 있었다. 그런 과정 끝에 어떤 말과 행동을 선택하며 지금껏 살아왔다. 그 선택이 때로는 부족해 보여도 괜찮다. 사람들은 누구나 어리석은 이유로 결정하고 불합리한 생각을 품고 미련한 실수를 한다. 그 뒤편에는 당시의 내게 지극히 옳고 당연했던 이유가 있었다. 그렇게 나를 바라볼 때, 모순이 가득하고 논리적으로 이해하기 어려워 보이던 내 모습이 보다 분명하고 타당하게 느껴진다.

어물쩍 대답도 못하고 넘어간 것을 '바보 같다'거나 '소심하다'고 뭉뚱그려 비난하는 것이 아니라, 타인의 마음을 상하게 하지 않으려는 의도가 있었다는 것과 그 목적이 내게 중요했음을 알아주는 것, 이를 지켜내기 위해 주어진 상황 속에서 할 수 있는 최선의 방식으로 반응했음을 믿어주는 것이다. 물론, 그 결과가 마음에 들지 않는다면 '다음에는 좀 다르게 반응해 볼까'까지 생각해 볼 수 있으면 더 좋다. 그리고 감정도 마찬가지다.

스스로에게 가장 진실한
공감자가 되어주기
◦

우리는 쉽게 감정을 그대로 인정하지 않고 '상황에 걸맞거나 옳은' 감정인지 재단해 버린다. '이깟 일로 서운해 하다니 난 너무 예민해'라거나 '다른 사람이라면 멀쩡히 잘 지낼 텐데, 이런 상황에서 우울해하다니'라며, 그렇지 않아도 가라앉아 있는 마음을 기죽인다. 친구나 다른 누군가의 언행으로 기분이 상할 때 그 정도도 이해 못하냐고 자신을 탓하기도 한다. 감정은 그 모습이 어떠하든 나에게 있어서 100퍼센트 진실하다. 타인과 비교할 필요도 없다. 같은 일이 타인에게 속상한 일이 아니지만 나에게는 충분히 그럴 수 있다. 모두에게는 다른 욕구와 맥락이 있기 때문이다. 갑작스레 여행 일정이 바뀌었을 때, 기대하며 기다렸던 사람에게는 실망이, 여행 때문에 다른 일정을 포기했던 사람에게는 분노가, 피곤해서 은근히 미루고 싶었던 사람에게는 안도감이 느껴질 수 있다. 객관적 상황은 같아도 각자에게 있었던 욕구와 개인적인 맥락에 따라 감정은 다르게 찾아온다.

　'일반적으로' 느껴야 하는 감정은 없다. 지금 내가 느끼는 것은 내 몸을 통과하고 있는 욕구가 무엇인지 알려줄 뿐이다. '화가 나는구나' '슬프구나' '지겹구나' 하고 알아줄 수 있다면, 스스로에게 세상에서 가장 **진실한 공감자**가 되어주는 것이다. '화가 난다'는 감정을 알아준다고 해서 곧 상대에게 공격적인 행동을 할 거라는 의미도, '하고 싶지 않구나'하는 감정을 알아준다고 해서 일을 바로 포기하는 것도 아니다. 많은 연구자들은 감정을 충분히 경험하고 그대로 받아들일 수 있을 때, 오히려 최선의 행동을 선택할 힘이 생긴다고 말한다.[8]

　자존감은 정신승리가 아니다. 아무리 거울을 향해 '나는 괜찮은 사람이야'라고 되뇐다고 못나 보이는 자신이 갑자

239

기 괜찮게 보이지는 않는다. 나를 괜찮은 사람으로 대해줄 수 있어야 한다. 내가 좋아하고 동경하는 누군가가 있다면 그 사람을 떠올려 보자. 그가 "나 지금 우울해" 하면 '우울할 만큼 상황이 안 좋은가 보다'라고 생각하는 것처럼, 예상치 못한 행동을 하더라도 '그만한 이유가 있으니 저렇게 했겠지'라고 짐작해 주듯, 자신에게도 '네가 그렇다면 그럴만한 이유가 있었겠지'라고 말해주는 것이다.

　　타인에게도 그런 말을 건네줄 수 있다면 어떨까. "나 같아도 그 상황에서는 그랬을 거 같아" "당연히 속상하지"라고 상대의 수치를 긍정해 준다면, 그는 자신에게서 마음의 이유를 발견하고 그럴 수밖에 없었음을 수긍하게 될지 모른다. 특히 자기를 타당화하기 힘들었던 사람은 상대의 타당화를 통해 스스로를 받아들이는 새로운 경험을 하게 될 수 있다. 마치 허허벌판에 새 길을 놓듯, 스스로에 대한 의심과 비난으로 가득 찬 마음에 자신을 긍정하는 새로운 회로를 만들어주는 것이다. 그렇게 상대에게 '이런 나도 괜찮구나' 하는 믿음이 쌓인다. 신비롭게도 타인의 마음에서 이유를 찾아 공감해 주다 보면 내게도 똑같이 있는 수치스러운 마음까지 보듬게 된다. 상대에게 준 믿음만큼 나에 대한 믿음도 자라난다.

　　그러므로 우리에게는 새로운 언어가 필요하다. 회의하

고 질책하는 말이 아닌, 나를 이해해 주는 언어로 조금씩 옮겨가는 것이다. 가시 돋친 말로 자신을 탓하게 될 때 '그래서 그랬던 거야'라는 타당화를 건네주면 좋겠다. 만일 누군가가 내 마음을 헤아려준다면 그 말이 깊이 베어들 때까지 곱씹어 봐도 좋고, 상대에게 그대로 되돌려 줄 수 있으면 더 좋다. 자존감은 내 안에 오래도록 쌓여 있는 나를 의심하는 먼지 같은 말들을 새 언어로 바꾸어줄 때 단단해질 것이다. 나를 믿어주는 단어와 문장으로 말이다.

누구나 취약한
자리가 있다

: 나의 스키마 이해하기

누구에게나 취약한 자리가 있다. 어떤 사람은 자신의 능력을 보여야만 하는 상황에서, 어떤 사람은 누군가와 관계가 깊어질 때 넘어야 하는 벽 앞에서, 어떤 사람은 타인의 비난이나 거절을 받는 상황에서 평소와는 다르게 평정심을 잃고 주저앉는다.

자기가 담당한 프로젝트의 실적이 부진했던 날 친구 J는 자신이 쓸모없는 사람인 것 같다며 흐느꼈다. 내담자로 만

났던 A는 누군가와 친밀해져 자신의 실체를 알면 실망하게
될 것 같아서 관계가 깊어질 즈음마다 불안해했다. K는 상사
나 동료에게 잘못을 지적받을 때마다 열을 올리며 반박하고
나서는 자신의 모습에 괴로워했다.

평소에는 멀쩡히 잘 지내다가도 유독 어떤 상황에서는
스스로도 납득이 되지 않을 정도로 비합리적이고 과도하게
반응한다. **심리도식치료**schema therapy[9]를 개발한 제프리 영Jeffrey
E. Young은 이를 **스키마**schema 때문이라 설명한다.

삶의 덫,
스키마
○

스키마는 우리가 세상을 바라보는 틀이자 삶에 대한
신념이다. 같은 사건을 마주할 때도 각자의 핵심 스키마가 다
르기 때문에 반응이 달라진다. 제프리 영은 어린 시절에 만들
어진 부적응적인 스키마가 반복적으로 비슷한 심리적 문제를
일으킨다고 보았고, 이를 열여덟 가지로 구분했다. 타인에 대
한 불신, 무능감, 자기 통제의 어려움, 자기희생, 정서적 억제
와 같은 것들이다.

상대가 호의를 베풀면 반가운 마음이 앞서기 마련이지

만, 불신의 스키마를 갖고 있다면 상대의 의도를 의심부터 하게 된다. 결함 스키마가 있는 사람들은 모임에 참석하라는 제안에 자신의 열등함이 탄로 나지 않을까 하는 두려움부터 생긴다. 이는 거의 자동적으로 일어나는 반응이다. 워낙 오랫동안 그런 스키마로 판단하고 해석해 왔기 때문에 이상하게 느껴지지 않는다. 설사 무언가 잘못됐다는 것을 알아차린다 하더라도 이미 익숙하고 편해져 버려 바꾸기 어렵다.[10] 스키마는 우리가 관계 맺는 사람들 사이를 잘도 비집고 들어오며, 인생의 문제 앞에 선 누구에게나, 일하고 쉬고 사랑하는 모든 순간에 찾아온다. 특히 강렬하게 좌절스럽거나 수치스럽거나 화가 날 때, 부적응적인 스키마가 작동하고 있는 경우가 많다.

제프리 영과 자넷 클로스코Janet S. Klosko는 도서 《삶의 덫에서 벗어나 새로운 나를 열기》에서 부적응적인 스키마를 **삶의 덫**life trap이라고 표현하기도 했다. 그럭저럭 지내다가도 지뢰처럼 곳곳에 묻혀 있는 '덫'이 우리 발목을 잡아챈다. 사랑하는 사람이 언젠가는 나를 떠날 거라는 유기불안, 결국은 이용당하거나 상처받을 거라는 생각에 마음을 열지 못하는 불신, 사소한 문제도 누군가의 의견에 기대고 싶은 의존, 갑자기 나쁜 일이 일어날지 모른다는 불안, 스스로 어딘가 부족하고 사랑스럽지 않다고 느끼는 부적절감, 어떤 일도 잘 해낼 수 없을 것 같은 패배감과 같은 것들이다.[11] 대부분의 사람들은 보통 두세 가지의 덫을 함께 가지고 있다.

나의 취약한 자리는 사람들이 나에게 무언가를 부탁하는 상황에서 드러났다. 고3 수험생 시절 친구가 시도 때도 없이 찾아와 모르는 문제 풀이를 도와달라고 하면 하던 공부를 접어두고 열의를 다해 설명했다. '나도 얼른 문제집 풀어야 하는데'라는 생각이 들라치면 친구에게 내주는 시간을 아까워하는 마음을 책하곤 했다. 특히 상대가 딱해 보이거나 힘겨워하는 상황에서 나는 속절없이 무너졌다. 기말과제 마감 시간을 앞두고도 친구가 우울하다고 전화를 걸어오면 끊지 못하고 내내 이야기를 들었다. '과제야 조금 부실하게 내면 되지.' 친구를 위로하는 것이 더 중요하다고 생각했다.

내가 희생하더라도 다른 사람의 입장을 헤아리고 배려해 주는 것이 옳다고 믿었다. 내 몫이나 시간을 우선적으로 고려할 때는 죄책감이 들었고, 받는 것보다 더 많이 베풀어야 마음이 놓였다. 그 순간 내 진짜 마음은 오간데 없었다. 내가 좋은 사람인 것 같은 순간에, 친구를 실망시킬까 봐 두려울 때 나는 자주 나를 잃어버렸다.

스키마는 보통 어린 시절의 방임이나 학대를 겪거나 과잉보호되었을 때, 혹은 소외되거나 비난받았던 그 모든 경험과 타고난 기질의 상호작용에서 비롯된다. 고통스러운 상황에서 살아남기 위해 마음을 닫아버리거나 상대에게 맞추거나 자기를 탓하는 전략을 취했을 것이다. 이러한 패턴이 반복해 쌓이면서 핵심 신념으로 자리잡게 된 것이다.[12] 그러다 보니 비슷한 위기 상황이 또 찾아왔을 때 달리 반응하기 어려워진다. 처음에는 스스로 선택한 전략이었지만, 존재 자체가 되어버린 것이다.

내가 원하는 대로
선택할 자유가 있다
o

소란스런 싸움이 끊이지 않던 부모 사이에서 내 욕구에 주의를 기울일 여유나 드러낼 공간은 부족했다. 오히려 아버지의 기세에 눌려 안쓰러운 어머니의 마음을 살피고 위로하는 것이 내가 할 일이라 생각했다. 원래도 타인의 감정에 민감한 성향이라 더욱 그랬을 것이다. 내 욕구를 못 본척하고 타인의 욕구에 더 귀를 기울이는 게 익숙했다. 부모의 갈등 사이에서 택한 생존 전략이었지만, 내 몫을 챙기고 상대와 싸워가며 나를 보호해야 하는 상황에서도 이런 패턴이 반복되었다. 문제는 그러고 나면 언짢고 억울한 마음이 찌꺼기처럼 남는

다는 것이었다. 헤아려지지 못한 욕구는 깊은 곳에서 분노라
는 감정을 세차게 내보내고 있었다. 급기야 부탁을 한 상대를
애꿎게 탓하기도 했다.

그 속에서 나를 건져 올린 것은 '내 욕구가 타인의 욕
구만큼 중요하다'는 깨달음과 '나에게 선택할 수 있는 자유가
있다'는 믿음이었다. 상대방 때문에, 그가 원해서, 어쩔 수 없
이 내린 선택이란 건 없었다. 그 순간 어떤 반응을 할 것인지
결정할 수 있는 힘이 내게 있었다.

삶의 덫으로 빨려 들어갈 때, 내가 우르르 무너지지 않
으려면 한 템포 쉬어야 한다. 상대의 욕구가 먼저 보이더라도,
곧바로 반응하기보다 '내가 진짜 원하는 것이 무엇인가'라는
질문의 여백을 남겨놓아야 한다. 이때 꼭 내 욕구만을 따르는
게 정답이라는 것은 아니다. 어느 쪽을 선택해도 내가 감당해
야 할 정서적인 몫이 있다. 내 욕구를 우선시하고 죄책감을 견
디거나 내 욕구를 포기하는 아쉬움을 떠안는 것 중에 더 수월
한 것을 택하는 것이다.

얼마 전 오랜만에 친구와 근교로 1박 여행을 가기로
했다. 같이 마실 와인도 챙기고 가는 길에 들을 노래도 고르면
서 날짜를 세고 있었는데, 친구에게 연락이 왔다. "우리 이번
여행 P랑 같이 가지 않을래?" P는 사이가 아주 가깝진 않지만

가끔 함께 어울리는 친구였다. 그 역시 여행을 좋아하지만 아이가 어려 가족이 함께 여행을 다니기 어려운 상황이라는 것을 익히 알고 있던 터였다. "요즘 P가 힘든가 봐. 이참에 P도 스트레스 풀 수 있고, 셋이 같이 여행해 보는 것도 좋지 않을까?" 친구가 물었다.

바로 대답이 나오지 않았다. 친구와 둘만의 여행을 기대했던 터라 P와 같이 가는 것이 썩 내키지 않았던 것이다. 예전 같았으면 '어려운 처지의 타인을 배려해야 한다'는 강박 속에서 "그러자"라는 답이 반사적으로 튀어나왔을 것이다. 하지만 이번엔 쉼표를 찍고, 선택할 수 있는 두 가지 가능성을 저울질해 보았다. 별것 아닌 듯 보이지만 한 템포 쉬는 리듬을 탈 수 있다는 것의 차이는 어마어마하다. P와 함께 간다면 방을 사용하는 문제나 대화의 주제까지 여러모로 불편해질 테지만, P는 오랜만에 여행을 갈 수 있어 즐거워할 테고 이 조합의 여행도 색다를지 모른다. 내가 어디까지 불편해도 괜찮을지 잠시 고민했다.

둘 중 조금 더 마음 편한 쪽을 선택했다. 답은 역시나 P와 함께 하는 쪽이었다. 하지만 알 수 없는 충동에 이끌려 하는 결정과는 엄연히 다르다. 내가 무엇을 원하는지 분명히 알고 무엇을 감수해야 하는지 충분히 고려한 결정이기 때문이다. 그렇기 때문에 감정의 찌꺼기가 남지 않는다. 그리고 그 결정으로 설사 내가 힘들어진다 하더라도 친구나 P를 탓하지 않고 내 선택의 결과로 오롯이 책임질 수 있게 된다.

강도는 다르지만 누구에게나 취약한 자리, 삶의 덫이 있다. 이제 겨우 친해진 누군가가 싸늘하게 반응할 때, 막막하게 느껴지는 과제 앞에서, 은근히 나만 겉도는 것 같은 자리에서 발목을 잡고 끌어당긴다. 휩쓸리듯 급하게 반응이 나오려는 상황에서 잠시 멈추고, 어떤 감정의 짐을 질 것인가 고민해 봤으면 좋겠다. 그 후에 선택해도 늦지 않다. 실은 오랜 반응의 습관을 깨는 것은 쉽지 않아서, 나도 여전히 멈추지 못하고 타인의 필요에 거의 자동적으로 반응할 때가 많다. 하지만 내 취약한 자리가 무엇인지 알아차렸다면 이미 변화는 시작된 셈이다. 나를 온전히 통과하는 결정, 조금씩 다르게 선택하는 시간이 차곡차곡 쌓여갈수록 삶의 덫은 점차 힘을 잃어갈 것이다. 선택을 고민하는 그 시간만큼 나에 대한 확신, 삶을 주도적으로 이끌어가고 있다는 자부심도 깊어질 것이다.

상처가
내게 남긴 것

: 트라우마 후 성장에 대하여

'어떤 사람과 연애를 하고 싶냐'는 질문에 친구는 '화목한 가정에서 구김살 없이 자란 맑은 사람'이라고 답했다. 많은 사람들이 이와 비슷한 유의 사람을 이상형의 조건 중 하나로 이야기한다. 드라마에서도 해맑은 성격의 여자 주인공이 재력가이지만 깊은 상처 때문에 성격이 음울해져 버린 남자 주인공을 구원하는 이야기가 심심찮게 등장한다. 우리는 행복하게 살아온 사람을 동경하며, 반대로 상처를 받았던 사람은 뭔가 어두운 구석이 있고, 꼬여 있고, 정서적으로 건강하지 못할 거라고 짐작하곤 한다.

그런 이야기가 불편했다. 자라온 환경만으로 한 사람을 지나치게 단순화해서 보는 관점도 못내 거슬렸지만, 한편으로는 내가 그 '구김살 있는' 사람이라 그랬을지 모른다. 어릴 적 나는 종종 아이답지 않은 표정을 짓고 있어 어른들이 자주 '어디 아프냐'고 묻곤 했다. 당시의 부모님은 그다지 행복해 보이지 않았다. 가장이라는 이름으로 완력을 휘두르던 아버지와 숨죽이고 살았던 어머니 사이에서 언제 또 싸움이 시작될지 몰라 조마조마했고, 그 사이에서 어떤 역할도 할 수 없어 무기력했다.

어릴 적의 상처는 어른이 되어서도 쫓아왔다. 그 시절 아버지의 분노가 극에 달한 상황에서 내가 느꼈던 분노나 두려움, 원망은 고이 접어두는 편이 안전했다. 아버지의 화를 돋우어 상황을 더 나쁘게 만들지 않으려면 그래야만 했다. 하지만 어른이 되어서도 여전히 갈등이 있거나 화가 나는 상황에서 감정을 습관처럼 눌러버리곤 했다. 화를 내며 나를 보호해야 하는 상황에서도 괜찮다고 넘겨버리고, 나중에서야 뒤늦게 부글거리는 마음이 올라와 후회한 적도 여러 번이었다. 불쑥불쑥 올라오는 불안감이나 분노도 어린 시절의 무엇과 관련이 있는 건가 싶어 거대한 벽을 마주한 듯 막막해졌다.

상처를 건너온
사람들

○

트라우마, 즉 심각한 마음의 외상은 '심리적 화상'과 같다.[13] 데인 자국에 뜨거운 기운이 조금만 스쳐도 강렬한 통증을 경험하듯 과거 상처를 받았던 당시와 비슷한 상황에서 이해할 수 없을 정도로 불안해지거나 화가 나기도 한다. 트라우마는 무엇보다 관계를 치명적으로 파괴한다. 사람에 대한 신뢰를 잃고 냉소적으로 반응하거나 두려워서 피해버리기도 한다. 이처럼 트라우마 사건은 이미 지나간 과거의 일이지만, 지금의 삶을 취약하게 만든다.

하지만 분명 내가 만난 깊은 상처를 가진 사람들은 그저 '트라우마 환자' 같지 않았다. 가끔 비슷한 상황을 만났을 때 힘겨워하기도 하지만 내내 움츠러들어 있거나 삐딱해 보이지 않았다. 오히려 그들은 깊고 단단했다. 바닥을 통과하며 스스로에 대해 끊임없이 묻고 또 답을 찾아서인지 자기 철학이 뚜렷한 이들이 많았다. 남들의 기준을 답습하기보다 자신만의 방식으로 삶을 사유하고 성찰하는 사람들이었다. 그래서인지 스스로에 대한 확신 또한 커 보였다.

누구보다 연민의 마음이 넘치는 사람들이기도 했다. 어머니에게 오래 학대를 경험한 H는 타인의 아픔에 마음이 움직이고 함께 눈물을 흘릴 줄 아는 친구였다. 사려 깊은 그녀와 이야기하면 내 마음 저 깊이 들어가서 만져주는 느낌을 받았다. 슬픔이 얼마나 고통스러울 수 있는지 누구보다 잘 알기 때문일 것이다. 타인의 아픔을 돌보는 데 주저함이 없고 그 앞에서 진지할 줄 아는 친구들은 대부분 깊은 상처를 극복한 지난한 역사를 갖고 있었다.

PTG$^{\text{post-traumatic growth}}$라는 용어가 있다. 트라우마를 경험한 사람은 그저 불행해지고 마는 것이 아니라 오히려 심리적으로 성장한다는, **외상 후 성장**을 뜻한다. 학자들은 트라우마를 지나온 사람들이 자신에 대한 생각, 관계, 그리고 삶에 대한 태도가 예전과 달라졌다는 점에 주목했다. 이들은 고통을 겪은 이전의 상태로 돌아가지 않고 그 이상의 수준으로 성장했다.

리차드 테데스키$^{\text{Richard G. Tedeschi}}$ 심리학 교수팀의 연구에서는 트라우마를 겪은 사람들의 90 퍼센트 정도가 삶 자체에 감사함을 느끼거나 삶의 우선순위가 새로 정립되고, 타인과의 관계도 깊어졌다고 이야기한다. 불운을 겪었지만 불행에 빠지지는 않은, 오히려 새로운 삶의 서사와 지혜를 얻게 된 사람들이었다. 많은 연구자들이 '스트레스 관련 성장stress-related growth' '역경 관련 성장adversarial growth' 등 비슷한 개념으로 이 같은 현상을 증명하고 있다.

트라우마를 잘 겪어낸 사람들은 고통에 대해 자신들만의 이야기를 만들 수 있게 된다. 트라우마 상담의 기본 줄기도 고통스러운 사건을 본인의 관점으로 '재해석'하는 것이다. 고통이 자기 인생에 어떤 영향을 주었는지, 그 의미는 무엇인지를 자신만의 필터를 통해 해석한다. 그렇게 스스로 만들어낸 이야기를 바탕 삼아 지금 내 모습은 어떠하고 또 어떻게 되길 바라는지에 대한 새로운 삶의 원칙을 세울 수 있다. 나 자신과 세상을 이전과 다른 방식으로 이해하게 되면서 결국 자기가 원하는 삶에 더욱 가까워질 수 있다.

하지만 모든 사람들이 그런 성장을 보이는 것은 아니다. 심리학 박사인 데이비드 셀라니David P. Celani의 말대로 상처는 심리학적으로 '금광'이 될 수 있지만[14], 상처를 그대로 내버려 둔다면 '영원히 묻혀 있는' 금광에 그치고 만다. 어떤 경험을 했느냐보다 그런 경험을 어떻게 다루었느냐가 더 중요할 때가 많다.

정신화,

나를 설명하는 이야기 속으로

。

오랜 기간 부모에게 언어적 학대를 받은 S는 자주 발끈하며 언성을 높이곤 해서 관계에서 문제가 반복적으로 생겼다. 하지만 자신을 무시한 상대를 탓하기만 하고 왜 그렇게 화가 나는지 스스로를 돌아보려하지 않았다. 따돌림이라는 깊은 상처를 간직한 J도 누군가와 친밀해지려 하면 연락을 줄이거나 모임에 나가지 않는 식으로 거리를 두곤 했다. '나는 원래 그러니까'라는 말로 물러났고, 그럴수록 타인에 대한 불신도 깊어져 갔다. 자각하지 못할 때 상처는 가장 강력한 힘을 발휘하는 법이다.

과거 언젠가 위협을 느꼈을 때 나를 보호하려고 했던 대처 방식은 내 몸에 그대로 남아 있는 경우가 많다. 부모처럼 타인도 자신을 비난하고 무시할까 봐 미리 공격적인 모습을 보였던 S도, 사람들이 다시 상처를 줄까 봐 두려워 계속 거리를 두는 J도 한 때는 통했던 방법을, 달리 할 수 있는 방법이 없었던 그때의 아이처럼 꼭 쥐고 있었다. 내가 얼마나 그 방식에 고착되어 있는지 스스로 깨닫고 이를 과거의 상처와 연결 지어 해석할 수 있을 때, 우리는 이전과는 다른 사람이 된다.

이를 **정신화**mentalization라고 한다. 정신화는 우리가 왜 그러한 반응을 하게 되는지, 그때 마음속에서 무슨 일이 일어나는지 이해할 수 있는 능력이다.[15] 감정에 매몰되어 지나가 버리지 않고 성찰하는 연습을 통해 발달한다. 결과적으로 타인을 원망하거나 자신을 탓하는 대신 그렇게 반응하는 자신을 이해하고 감정을 조절할 수 있다.

또한 이 과정에서 '나를 설명하는 이야기'가 만들어진다. 자신의 완결된 서사를 가지고 있는 사람들은 힘이 있는데, 자기 인생을 이해할 수 없는 무언가에 휘둘리는 삶이 아닌, 분명한 맥락과 의미가 있는 삶으로 이해하게 된다. S는 그저 충동적으로 화를 내는 사람이 아니라, 과거와 현재가 연결된 존재로 이해된다. 과거가 남긴 대처 방식과 지금의 두려움 때문에 공격적인 반응을 할 수밖에 없지만 여전히 회복의 의지가 있는 사람이다. 그럴 때 지금의 나는 과거의 나와 달리, 다른 방식으로 대처할 수 있음을 깨달을 수 있다. 더 이상 거칠게 상대를 밀어내지 않고도 타인에게 존중받을 수 있고 그 방법을 시도할 힘이 있음을 발견하는 것이다. 그렇게 우리는 우리의 과거가 남긴 문제를 넘어서게 된다.

정신화나 자기 이야기를 만드는 것은 모두 아픔을 표현하는 과정을 통해 가능하다. 신뢰하는 타인에게 이야기하던, 혼자 글을 쓰던, 기도를 하던 누군가에게 털어놓으면서 눌러놓은 기억과 얽혀 있는 감정에 이름이 생기고, 비로소 감정 반응을 조절할 수 있는 힘이 생긴다. 사실 트라우마를 겪은 사람들은 자신의 기억을 마주하기가 쉽지 않은데, 이는 당시의 감정이 생생하게 저장되어 과거를 마치 지금 일어나는 일처럼 감각하기 때문이다. 가둬두고 싶은 기억을 마주하고 감각을 다시 깨우는 것만으로도 엄청난 용기가 필요하고, 과거 사건을 이해하고 표현하기까지는 더더욱 긴 시간이 필요하다. 안전한 공간에서 자기가 감당할 수 있는 만큼 떠올려 보고 말로 쏟아내는 시간을 통해, 조각난 채 뒤엉켜 있던 기억이 정돈될 수 있다. 그리고 오랫동안 외면했던 것들이 보이기 시작할 것이다.

　　내게는 상담이나 기도 시간이 그러했다. 안전하다고 여겨지는 그곳에서 까맣게 잊고 있던 기억이 하나 둘 떠올랐다. 고통스러운 기억에 허우적거리다가 어느 순간 한 발 떨어져서 그 시절을 볼 수 있게 되었다. 그러다 보니 조금씩 보이기 시작했다. 두려움 속에서도 최선을 다해 스스로를 보호하고 있었던 내가, 소란스러웠던 밤 미안하다며 등을 쓸어주시던 어머니가 있었다. 집안의 모든 대소사를 책임져야 한다는 압박 속에서 무력한 가장이 될까 불안해하던 아버지의 고통 또한 보였다. 당시를 바라보는 시야가 확장될수록 나의 과거도 이해할 수 있는 무언가가 되어갔다.

사람을 통해서 그 이해는 더 확장되었다. 많은 연구자들은 주변 사람들에게 아픔을 고백하고 그 감정을 이해받을 때, 정서적으로 안정될 뿐 아니라 외상 후 성장으로 이어질 확률이 높아진다고 말한다.[16] 내게도 내 이야기를 들어주고, 본인들의 아픔도 털어놓아준 사람들이 있었다. 인생의 고통은 나에게만 찾아온 게 아니었다. 각기 다른 모양을 했을 뿐 모두의 삶에 자리 잡고 있었다. 같은 아픔을 가진 어머니들과, 불안을 힘으로 분출했던 아버지들과, 숨죽이며 지냈을 아이들 또한 헤아려졌다. 어찌할 수 없는 시간을 통과하면서 생존해낸 사람들의 아픔이 내 아픔처럼 느껴져 자꾸만 마음에 걸렸다. 그래서 내가 상담자가 될 수밖에 없었는지도 모르겠다.

고통을 지나온 이들의 가장 큰 힘은, 어려운 상황이 닥쳤을 때 '이 시간도 건너갈 수 있을 거야'라며 스스로의 힘을 믿게 된다는 점이 아닐까 싶다. 이것은 결코 견뎌내지 못할 것 같던 시간을 통과했던 경험이 온몸에 각인되어 있기 때문이다. 고통이 다가와도 정색하며 도망쳐야만 하는 건 아니라는 것을, 누군가의 손을 잡고 스스로를 돌아보기를 포기하지 않는다면 견뎌볼 법한 것임을 이제 안다. 그렇게 삶이 품은 무수한 고통의 가능성 앞에서 조금은 더 담담해질 수 있게 된다.

언젠가 또 다른 상처와 어려움이 찾아올지도 모른다. 나는 넘어지고 흔들리고 한껏 취약해질 것이다. 동시에 나는 이제 나만의 서사가 있는, 회복과 연대의 기억을 가진 사람이다. 나를 빚어온 회복의 힘에 기대어 무던히 마음을 살피고 돌본다면, 그 고통 또한 삶의 또 다른 이야기가 될 것이다. 그 덕에 내 삶은 조금 더 단단해질 것을 믿는다. 세찬 비가 지난 후 흙이 마르면서 더욱 땅을 단단히 굳히는 것처럼 말이다.

캄캄한 방으로의
초대

: 신뢰하는 관계 속에서 피어나는 치유의 힘

나만 불행한 줄 알던 시절이 있었다. 나라는 정체성이 고민스러워진 10대에 접어들자 우리 집이 다른 집과 비교되기 시작했다. 왜 친구네처럼 우리 집은 외식을 자주 못하는지, 드라마 속 가족처럼 저녁상에 둘러앉아 화기애애하게 이야기를 나누지 못하는지, 엄마는 왜 큰엄마처럼 집 안 인테리어를 고민하거나 친구들과 하릴없이 수다나 떨면서 시간을 보낼 수 없는지. 그런 의문이 들 때마다 나는 울적해졌다. 그들에 비하면 우리 집은 수시로 먹구름이 드리워졌고, 엄마는 늘 살림과 부업으로 분주했고, 아빠의 큰소리가 문 밖을 새어나가는 일이 많았다. 아빠가 언성을 높이고 난 자리에서 엄마는 부지런히 깨진 그릇을 쓸어 담았다. 엄마의 슬픔이 깊어질수록 나를 둘러싼 세계도 엄마의 눈물로 가득 차버리는 것 같았다.

그렇다고 그 이야기를 남들에게 꺼내기는 더 싫었다. 사람들이 알게 되면 나를 그저 그런 집의 아이로 여기거나 부모님을 비난할까 봐 두려웠다. 더구나 집안 사정 때문에 속앓이하는 나를 이해하지 못할 게 분명했다. 친구들이 하는 고민이라야 체육 시간은 어떻게 빠져나갈지, 유행하는 가방을 어떻게 살지, 어떻게 하면 들키지 않고 만화책을 읽을 수 있는지가 고작인 것 같았다. 그런 고민쯤은 내가 가진 갈등에 비하면 가벼워 보였다. 나는 마음을 닫아건 채 10대의 절반을 보냈다.

수치스러운 서랍을
꺼내 보일 때
○

내 이야기는 그렇게 끝나지 않는다. 마음의 문에 아주 미세한 틈이 생긴 건, 우연한 계기였다. 고등학교 시절 교내에 기독교 동아리가 있었다. 음악 선생님의 주도로 한 주에 한 번씩 예배 모임을 하는 비공식적 동아리였다. 남녀 성비도 적당한 우리 아홉은 종종 음악실에 모여들었고 방학에는 수련회를 가거나 봉사를 같이 다니곤 했다.

그러다 어떻게 그 이야기가 시작되었는지 모르겠다. 여느 때처럼 음악실에 모여 있던 우리는 하나둘 자신의 가족사를 꺼내놓기 시작했다. 아빠의 사업 실패로 집안에 드리운 빚과 가난, 가출한 엄마, 딸이라서 받아야 하는 차별까지, 마치 누가 더 불행한지 내기라도 하듯 각자 숨겨둔 자신의 이야기를 털어놓았다. 늘 밝고 쾌활해 보였던 친구들에게 그런 깊은 고통이 있었다니. 친구들의 솔직한 고백과 진심 어린 눈빛을 만나서인지, 나 또한 그동안 아무도 모르길 바랐던 내 이야기를 꺼내는 용기를 냈다. 누군가가 울었는지 아니었는지는 기억나지 않는다. 우리는 숨죽여 서로의 아픈 이야기를 들었고, 이야기가 멈추는 곳에선 같이 한숨을 내쉬었다. 그렇게 더듬더듬 서로의 마음을 헤아렸다.

그 후부터였던 것 같다. 누구에게도 털어놓지 못했던 치부를 꺼낸 후, 이 친구들에게는 어떤 것이든 모두 이야기할 수 있을 것만 같은 믿음이 생겼다. 우리는 야간자율학습 시간 어두운 복도 구석에서, 중간고사를 마친 오후 분식집에서, 주말 교회 골방에서 모여 이야기하고 또 이야기했다. 그때는 몰랐다. 우리가 하던 작업이 아픈 기억을 재구조화하는 치유의 과정이었음을. 처음에는 입 밖으로 꺼내기도 힘들었던 사건도 이야기를 나누고 또 나누다 보면 어느새 그 일을 떠올릴 때마다 느꼈던 고통이 옅어졌다. 그러면서 그 상황에서 아빠의 입장과 엄마의 마음을 이전과는 다른 관점에서 헤아릴 수 있었다. 내가 겪은 불행이 나의 수치가 아니어도 괜찮다는 것 또한 나는 어렴풋이 깨달아갔다.

채 아물지 못한 상처 위에 또 다른 상처가 생기면, 우리는 또 열심히 서로의 이야기를 듣고 또 들었다. "야, 느그 아빠 또 그랬나?" 친구들은 나보다 더 내 마음을 알아주었다. 우리는 부모를 원망하기도 하고 안쓰러워하기도 하며, 분노와 이해가 뒤섞인 한탄을 쏟아놓았다. 그리고 갈등의 한복판에서 힘들어하는 서로를 딱하게 여겨주었다. 이들 곁에 있으면 나는 불행을 떠안고 홀로 서 있는 존재가 아니었다. 우리는 캄캄한 동굴 속에 있지만 다닥다닥 붙어 앉아 온기를 나누는 무리 같았다.

대학에서도 그런 친구들을 만날 수 있었다. 한 동아리에서 만난 우리는 하나같이 진한 수다를 열망한다는 공통점이 있었다. 전공이 제각각이라 가까스로 시간을 맞춰 매주 만남을 이어갔다. 우리는 각자 살아온 여정과 상처, 죄책감, 분노, 성격의 취약점, 진로 고민에 이르기까지 점점 더 깊은 무언가를 꺼내 보이면서 차곡차곡 관계를 쌓아갔다. 다정함을 갈망하지만 선천적으로 무딘 성격이라 고민인 K, 자기회의감과 늘 싸우게 된다는 J, 남에게 싫은 소리 하기가 너무도 힘든 나까지. 이렇게 셋은 서로가 어디에 열광하고 무엇을 겁내고 언제 힘들어지는지 조금씩 더 알게 되었다.

강의가 비는 시간에 맞춰 모이기로 한 날이었다. 점심도 거르고 부랴부랴 늦지 않게 도착했는데, 아무도 없었다. 한참을 번잡한 학생회관 앞에서 바람맞은 사람마냥 서성거리고 있으니 약속한 시간을 훌쩍 지나서야 친구들이 도착했다. 나는 불쑥 "너네 짜증 나"라고 내뱉었다. 아마 허기 때문에 더욱 거칠게 튀어나갔을 것이다. 평소 같으면 아무렇지 않은 척 의연해 보이고도 싶고 상대를 미안하게 만들고 싶지 않아 꾹꾹 눌렀을 말이었다. 어쩌다 그런 말을 꺼냈는지 스스로도 놀라던 참이었다. 그런데 미안하다고 말하는 친구들의 표정이 어쩐지 환해지고 있었다. 타인에게 날 선 표현을 하는 것이 내게 얼마나 어려운 일인지 잘 알고 있었기 때문이었다.

그 일이 있은 후로도 친구들은 나의 옹졸함이 아무것도 아님을 여러 번 확인시켜 주었다. 외로움·질투·두려움과 같은 끈적한 감정이나 소심하고 어리석은 면을 드러냈을 때에도, '나도 그렇다'며 맞장구쳐 주었다. 내 방에서 가장 수치스러운 서랍을 열어 보였을 때, 오히려 그들은 성큼 내 방으로 들어와 곁에 머물러주었다.

관계의
치유
。

우리는 자기 자신에게 박하다. 자기 눈에 부족하고 창피해 보이는 부분은 스스로에게조차 감추려고 한다. 그리고 자기에게는 그런 면이 아예 없는 것처럼 무시하며 지낸다. 그러나 이는 마치 호주머니 속에 날카로운 송곳이 있는데도 없다고 부인하는 것과 같아서, 언제든 자신이나 가까이 다가오는 타인이 찔리게 마련이다. 당장 송곳을 빼낼 순 없다 하더라도 송곳의 존재를 인정하는 게 중요하다. 자신에게 그런 부분이 있음을 알아차리고 용기를 내어 믿을만한 사람에게 '나에게 이런 면도 있어'라고 보여줄 때, 그리고 상대가 '그렇구나' 하고 받아줄 때, 나는 상처나 수치가 있어도 괜찮은 사람이 된다.

사람에게 받은 상처는 다른 사람과의 관계를 통해 회복될 수 있다. 누군가에게 온전히 받아들여지는 경험에는 신비로운 힘이 있다. 숨기고 싶은 우리의 못난 부분마저 이해받

265

는 경험을 할 때, 자기 인식과 관계에 변화가 일어난다. 가족이든, 친구든, 상담자든, 우리가 맺는 관계는 새로운 전기轉機를 맞게 된다. **치유의 힘을 가진 관계**로 거듭나는 것이다.

물론 치유가 반드시 타인과의 관계를 통해서만 일어나는 것은 아니다. 나와의 관계에서 내가 나의 분석가이자 위로자가 되어 스스로를 보살필 수도 있다. 스스로 묻고 답하는 과정을 통해 나를 투명하게 성찰하고 취약함을 받아들여 주면서 상처를 회복한다. 자신을 마주하고 싶지 않아 도망치듯 관계로 뛰어드는 사람들에게는 더욱 이러한 시간이 필요하다. 오히려 관계가 의존적이거나 퇴행적으로 변색될 때, 관계는 더 큰 상처를 낳을 수 있다. 서로를 돌보면서도 각자의 공간을 존중하고 경계를 지키는 안전한 관계 속에서 치유가 가능하다.

나에게도 치유의 관계를 경험할 만한 기회가 왕왕 찾아왔다. 나조차도 내가 싫어지던 밤 오랜 통화로 공감해 주던 친구, 자신의 진한 고민을 풀어 보인 친구, 정리되지 않고 쏟아놓은 말에도 귀 기울여준 친구. 그들이 지금의 나를 빚어냈다. 때로는 관계에서 거절의 두려움까지 감수하고 힘껏 마음을 연 순간, 사람들이 내 삶에 들어와 자리를 잡았다. 더러 선을 긋고 뒤로 물러난 사람도 있었지만, 대부분 내가 다가간 만큼 곁을 내주었다. 나와 같이 관계나 공동체를 소중히 여기는 이들 곁에 머문 덕분이었다.

나를 알아봐 주고 이해해 주는 이들을 만날수록 내게
도 빛나는 부분이 있다는 것을 알게 되었다. '이런 내 모습을 이
상하게 생각하면 어쩌지' 하는 거절의 두려움도 점차 옅어져갔
다. 관계가 포개어질수록 사람에 대한 신뢰가 단단해졌고, 그
신뢰는 부메랑처럼 돌아와 나에 대한 믿음으로 쌓여갔다.

상담이라는
'비현실적인' 관계

○

결국 상담이 가진 힘도 그 뿌리는 관계에 있다. 상담의
치료 효과는 어떤 상담기법을 쓰느냐보다 상담자와의 관계
가 얼마나 진실하고 튼튼한가에 달려 있는 경우가 많다.[17] 단
지 훌륭한 치료 기법이나 정확한 분석, 예리한 질문 같은 것만
으로는 내담자가 변하기 힘들다. 인본주의 상담의 창시자인
칼 로저스Carl R. Rogers에 따르면 상담자에게 나라는 존재가 그
대로 받아들여질 때 비로소 변화가 시작될 수 있으며, 이것이
상담의 핵심요소 중 하나이다.[18] 이곳에서라면 어떤 마음이든
안심하고 꺼내놓을 수 있다는 질긴 믿음을 줄 때, 내담자가 풀
어놓은 마음을 상담자가 명료하게 비춰줄 때 상담은 효과를

발휘한다.

상담은 특유의 구조가 있는 '비현실적인 관계'이기 때문에 오히려 우리의 진짜 현실을 드러낸다.[19] 어떤 모습이든 받아들여질 수 있다는 기대가 있으면 평소 감춰두었던 깊고 진실된 감정이 떠오른다. 사람들 사이에서 용기내지 못했던 행동이나 차마 말하지 못한 생각, 인정하기 힘들어 오래 외면했던 감정도 상담이라는 안전한 공간에서 드러날 수 있다. 열등감이나 수치심, 나를 거절하면 어쩌나 하는 불안감, 무조건 참느라 인지하지 못했던 분노와 같은 마음이 하나둘 수면 위로 올라온다.

상담사가 이를 버텨주고 공감해 줄 때 이런 내 모습도 '괜찮은 것'이라 안도하게 되고, 손에 박힌 가시처럼 시도 때도 없이 찌르던 기억조차 받아들일 만한 것이 된다. 모순으로 가득 차 보이던 자신의 모습 또한 나름의 이유가 있었음을 이해하게 되고, 이해할 수 있으므로 받아들이게 된다. 이런 식으로 자기 마음을 돌아볼 수 있는 성찰 능력이 길러진다는 점이 상담 관계의 가장 큰 힘이 아닌가 싶다. 자기를 이해하고 설명할 수 있게 되면서 감정을 조절하는 힘이 생기고, 다시 어려운 시절을 만나더라도 조금은 덜 아프게 통과할 수 있다.

무엇보다 상담자와 새로운 관계를 경험하는 그 자체만

으로도 타인에 대한 신념이나 오랜 관계 패턴에 균열이 생긴다. 과거의 부정적인 관계 경험 때문에 타인을 믿지 못해 마음의 문을 걸어 잠그거나 반대로 지나치게 관계에 의존하는 사람들이 있다. 이들은 무의식적으로 사람은 위협적인 존재라 여기거나 나를 비난하고 거절할 것이라는 식의 표상이 잠재되어 있다. 상담자와 안정적인 애착관계를 맺어가면서 이러한 표상에 변화가 생기고, 타인에 대한 믿음이 자란다. 상담이 끝날 무렵 '왜 변했는지 모르겠지만, 사람이 편해졌다'고 말했던 내담자는 바로 이런 과정을 통과했을 것이다.

그렇기 때문에 관계가 두려워 한 발짝도 나갈 수 없거나, 나를 이해해 주는 사람이 없다고 믿거나, 사람들 사이에서 지나치게 과민해지는 사람들에게 상담을 권하는 편이다. 상담은 현실 관계의 밀도 높은 축소판과 같아서, 현실에서 일어나는 관계의 어려움이 상담 관계에서도 그대로 드러난다. 또 상담 관계에서 해결된 갈등이 현실에서 풀리는 방식으로 확장될 수 있다. 아직 누구에게도 내 방 서랍을 열어 보인 적이 없지만 관계가 깊어지길 바란다면, 보다 안전하게 관계를 돕는 사람과 시작해 보는 것도 썩 괜찮은 방법이다. 언젠가 서랍을 열어 보일 때, 그 방에 들어오는 누군가를 반갑게 맞이하게 되길 바란다.

엄마와 딸의
적정한 거리

: 미분화된 관계 속에서 균형점 찾기

어머니에게서 전화가 오면 모든 것이 정지 화면으로 변하곤
했다. 나는 더 이상 서울 어딘가에서 친구들과 떠들며 웃고 있
는 대학생이 아니었다. 마치 타임슬립처럼 빠른 속도로 과거
로 돌아가 300여 킬로 떨어진 도시의 어느 작은 단층집과 연
결되었다. 아무 일이 일어나지 않아도 늘 묘한 긴장감이 흐르
던 그 집으로.

그 집에서 가장 슬픈 얼굴을 한 엄마라는 존재가 있었

다. 엄마는 결혼 이후 입고 싶은 옷이나 그릇 한번 살 수 없었다는, 믿을 수 없는 이야기를 하곤 했다. 무엇 하나 하려 해도 남편이나 시가 눈치를 봐야 했고, 번번이 엄마의 의견은 묵살당했다. 어느 순간부터 스스로를 의심하게 되었다 했다. 나는 곁에서 그 시절의 엄마가 되어 속으로 눈물을 삼키고 또 가슴 아파했다. 엄마의 하소연은 내 이야기가 되었다가 내가 돌봐야 하는 누군가의 긴급한 요청으로 들리기도 했다. 어떻게 해서라도 엄마의 그늘을 지우고 싶었는데, 어느 순간부터는 그 또한 무겁게 느껴지기 시작했다.

그래서였는지 나는 늘 집을 떠나고 싶어 했다. 조금이라도 더 멀리, 부모님의 목소리가 닿지 않는 곳으로 가고 싶었다. 대학 입시를 앞두고 교실 앞에 붙여진 지도를 보며 집과 가장 가까운 대도시인 부산과의 거리를 엄지와 검지로 가늠해 보았다. 그만큼 열 번을 더 짚어내야만 서울까지 닿을 수 있었다. 나는 꼭 서울로 가리라 다짐했다.

미분화된 관계의
어려움

°

대학에 입학하면서 몸은 멀리 떨어졌다. 하지만 마음

은 부모님 곁에서 그리 멀리 떠나오지 못했다. 전화 너머 어머니의 축 처진 목소리를 들으면 나도 덩달아 마음이 가라앉아서 종일 기분이 울적해지기도 했다. 어머니는 물리적 거리를 뛰어넘어 그렇게 스무 살의 내 삶 한가운데에 불쑥 들어왔다 나가곤 했다. 우리 둘 사이에는 다정한 모녀라는 질긴 밧줄에 무거운 추가 몇 개 더 달려 있는 것만 같았다.

어머니의 속상한 얼굴을 보고 싶지 않았다. 어머니가 가고 싶어 하는 여행이나 어머니가 원하는 가전을 바꾸는 일 같은 것도 나에게는 어떻게든 '꼭 이루어져야 할 일'이었다. 그러느라 만료가 두 달 남은 적금을 깨기도 했고, 동아리 공식 행사를 빼먹어 선배에게 혼이 나기도 했다. 어머니는 불운한 사람이었으므로 그의 필요를 살피고 돌보는 것이 우선이었다.

가족치료학자 보웬Murray Bowen은 가족 간에 감정의 경계가 없어진 것을 **미분화된 관계**라고 표현했다.[20] 분화가 잘 되어 있는 가족은 정서적으로 친밀하게 연결되어 있으면서도 개개인이 자율성을 갖고 각자의 문제를 해결해 나간다. 반면, 미분화된 가족은 한 몸인 것처럼 경계가 흐려져 서로의 감정에 영향을 많이 받고, 각자의 감정이나 생각이 다를 수 있음을 유연하게 인정하지 못한다.

특히 부모의 불화가 심한 경우 가족 내 긴장을 해소하

기 위해 무의식적으로 자녀를 끌어들이게 된다. 이때 자녀는 부모 중 한쪽 편을 들거나 부모에게 일방적인 비난을 받는 '희생양'이 되면서 결과적으로 부모의 정서와 요구에 휘둘린다. 어머니가 폭력적이거나 무관심한 남편에 대한 분노를 자녀에게 이해받으려 하고, 타인에 대한 감수성이 발달한 딸이 어머니의 의지처가 되는 것은 흔한 서사이다.

보웬은 가족 내에서 서로 연결되어 있다는 연합성과 독립된 존재로서의 개별성의 균형이 중요하다고 보았다.[21] 가족이 연합성에 치우쳐 서로에 대한 의존과 집착이 심한 상태라면, 개별성을 강화시켜 균형을 맞춰야 한다. 가족 중 한 명이라도 잘 분화된다면 전체 가족의 개별성이 높아진다. 분화된다는 것은 가족의 감정에 휩쓸리지 않고, 자기 감정과 욕구를 분리해서 인식하고 표현할 수 있게 된다는 뜻이다. 이때 반드시 '거리두기'라는 과업을 거쳐야 하고, 그 과정에서 넝쿨처럼 촘촘히 얽혀 있는 서로의 기대를 가지치기하는 단계가 필요하다. 가족의 불화를 중재하고 슬픔을 위로 하는 배역을 거절하고, 으레 그 역할을 해줄 것을 기대하는 누군가를 좌절시키는 시간을 지나야 한다는 의미다.

정서적 균형을
찾아서

。

한 몸 같았던 관계가 분리될 때의 고통은 부모와 자녀
모두에게 아프게 다가온다. 의식적이든 무의식적이든 자녀에
게 정서적으로 의지했던 부모는 자녀를 떠나보내는 것을 마
치 자신을 잃어버리는 것처럼 느낀다. 자녀에게 삶을 포개어
놓은 자리가 클수록, 자기 삶을 찢어내어 자녀의 삶에 덧대는
방식으로 자녀의 '행복한 삶'을 완성해 가려 했던 부모일수록
더 힘겨울 수밖에 없다. 자신의 의지처이자 존재감이 사라지
는 것이기 때문이다. 자녀에게도 마찬가지다. 개별적인 존재
가 되어간다는 것은 부모의 기대를 등지는 일이므로 필연적
으로 죄책감이 따를 수밖에 없다. 게다가 나를 위해 모든 것을
활활 태우고 재가 된 듯한 부모가 나의 도움 없이 잘 살아갈
수 있을 거라 믿기 어렵다.

나 또한 어머니 스스로 자기 삶을 누릴 수 있는 존재임
을 존중하지 못했었다. 크고 작은 고통과 불편을 혼자서도 충
분히 감당해 낼 수 있는 사람이라는 것을, 자신만의 행복을 위
해 한 걸음 나갈 수 있는 어른임을 믿지 못했다. 내가 어머니
의 안녕과 행복감을 지켜낼 수 있다고 착각할 만큼 나는 밀착

되어 있었던 것이다.

어머니와 거리를 두는 것에서부터 출발했다. 어머니에게서 메시지가 오거나 무언가가 필요해 보일 때 일단 멈추었다. 내가 뛰어들어야 하는 순간인지 어머니가 스스로 해결할 시간을 기다려야 하는 타이밍인지, 내 마음에 어머니가 들어올 공간이 있는지도 살폈다. 도움의 요청에 기꺼이 뛰어들 만큼 넉넉할 때도 있지만, 어떨 때는 이미 다른 문제로 가득 차 있어 내어줄 자리가 없을 때가 있었다. 그럴 때는 어머니의 실망을 감수하고서라도 분명하게 선을 그어야 했다.

나의 도움이 절대적으로 필요한 것만 같았던 자리에서 한 발씩 물러날수록 어머니는 당신만의 공간을 만들어갔다. 때로는 친구가, 때로는 스스로가 당신의 위로자이자 조력자가 되었다. 친구들과 둘러앉아 가부장들의 지난 만행을 서로 고발하고, 더듬더듬 우크렐레를 배우며 노래하고, '땡처리 여행 상품'을 기다렸다가 산으로 바다로 떠났다. 어머니는 더 이상 무력한 피해자가 아니라 자기 삶을 가꿔나가는 사람이었다.

독립은 여전히 내 삶에 강력한 영향을 미치는 부모의 기대와 간섭의 그물망에서 자유로울 수 있는 지점을 찾아가는 여정이다. 누군가는 연결에 더 가깝게, 누군가는 분리에 더 가까운 곳에서 균형점을 찾는다. 최소한의 경계선은 있다. 부모의 감정에 따라 내 마음이 좌지우지된다면 금을 밟았다는 신호이니 한 발짝 물러나야 한다. 관계 속에 있지만 스스로에게 억지스럽지 않고 서로의 경계도 침범하지 않는 어딘가를 찾아야 한다.

어쩌다 보니 20대 이후 나의 삶은 집에서부터 더욱더 멀리 떨어져 온 여정이 되었다. 서울에서도 틈만 나면 도망치듯 먼 나라로 떠났던 나는 지금은 꼬박 20시간을 비행해야 닿는 타국에서 지내고 있다. 물리적 거리만큼 정서적 거리가 쉽게 조율이 되면 좋으련만, 여전히 연합성과 개별성 사이에서 줄타기를 한다. 세 걸음 멀어졌다가 다시 한 걸음 다가서 보는 식이다. 언제는 수월하게 때로는 위태롭게 어머니와 나만의 고유하고 적정한 선을 찾아가는 중이다.

아직 늦지 않은
수선

: 애착 관계에서의 결핍을 메우는 시간

어린 시절 어머니를 잃은 친구는 어머니가 떠났던 나이보다 더 오래 살아남아 아이들 곁을 지키는 부모가 되는 것이 꿈이라고 했다. 나이가 들어서도 부모님을 잃는 일은 큰 상실감을 낳는다. 정채봉 시인의 〈엄마가 휴가를 나온다면〉부터 롤랑 바르트의 에세이 《애도 일기》까지 어머니 혹은 아버지에 대한 애도나 그리움을 담은 노래와 시, 산문이 많은 것은 그만큼 부모라는 존재가 가진 정서적인 힘이 얼마나 뿌리 깊은지 보여준다.

　　"숨겨놓은 세상사 중 딱 한 가지 억울했던 그 일을 일러바치고 엉엉 울겠다"[22] 고 표현한 정채봉 시인의 마음처럼, 그 그리움은 '어머니라면 나의 어떤 마음이든 나와 같은 심정으로 공감해 줄 것'이라는 기대에서 나온 것일 테다. 자궁에서 어머니와 몸이 연결되어 있었듯 말이다. 나의 부족함과 실패에도 있는 그대로 나를 품고 이해해 줄 거라는 이상이 어머니에게 투영된다. 깊은 상실감은 그런 이상화된 존재에 대한 그리움일 것이다.

　　부모가 곁에 있었지만 정서적으로 함께 하지 못한 경우에도 비슷한 상실감을 갖게 된다. 방치나 학대받은 경우뿐 아니라 부모가 지나치게 비판적이었거나 무력했던 경우, 부모에게 충분한 돌봄이나 인정을 받지 못한 경우도 그 허기를 어딘가에 지니게 되고, 다른 사람과의 관계에서도 걸림돌로 놓인다.

　　여러 심리학 이론에서는 생애 초기 양육자와의 정서적 유대감인 **애착**이 심리 건강에 절대적인 역할을 한다고 강조한다. 양육자와의 관계를 바탕으로 자신과 타인에 대한 심리적 이미지인 '표상'을 만들게 되고, 이는 관계와 세상을 바라보는 하나의 틀이 된다. 가령 양육자에게 적절한 돌봄을 받지 못해 애착 관계가 불안정했다면, '나는 사랑받을 만한 사람이 아니고 타인은 믿을만하지 못하며 세상은 안전하지 않다'는 틀이 만들어질 수 있다. 자신과 타인에 대한 부정적인 표상이 내면에 자리 잡게 되어 성장 후에도 관계를 회피하거나 의존하게 되기 쉽고, 스트레스를 다루는 데도 어려움을 겪게 된다.[23]

하지만 정서적인 안정감과 관계 발달에 영향을 주는 성공적인 '애착 경험'은 어린 시절에만 쌓을 수 있는 것이 아니다. 우리에게는 기회가 또 있다.

재양육이
가능하다

○

처음 애착이론이 나온 뒤 많은 연구자들은 성장하는 과정에서 관계 표상이 변하는 현상에 주목했다. 데이빗 월런 David J. Wallin 심리학 박사는 《애착과 심리치료》[24]에서 '초기 관계에서 문제가 있었더라도 이후 맺는 관계들이 두 번째 기회를 제공한다'고 말한다. 어릴 적 부모와의 애착이 불안정했더라도, 성장 후 타인과 건강하고 지지적인 관계를 맺어간다면 다시 안정적인 애착, 즉 관계나 타인에 대한 긍정적인 표상을 만들어 갈 수 있다는 것이다.

이는 신경생물학적 차원에서도 어느 정도 검증되고 있다. 아동이 발달 과정에서 겪은 심각한 트라우마로 뇌의 구조나 기능에 문제가 생길 수 있지만, 성장 후 갈등을 해결하는 법을 배우고 관계에 대한 신뢰가 생기면서 왜곡되었던 뇌 구조와 기능이 변할 수 있다.[25] 이는 '신경가소성neuroplasticity'이라는 이름으로 입증되고 있는데, 새로운 학습이나 행동, 사고 훈련 등으로 뇌의 낡은 신경망을 없애거나 새로운 신경망을 만들어내는 현상을 말한다.[26] 이러한 신경계의 변화는 일생 동안 계속된다.

리패런팅reparenting, 번역하자면 '재양육'이라는 개념이 있다. 부모가 해주지 못한 보살핌을 어른이 된 자기 자신이 대신해 준다는 의미이다.[27] '나를 좀 더 너그럽게 받아줬었다면' 하는 아쉬움부터 '내가 마음 놓고 기댈 수 있는 존재가 되어줬더라면' 하는 서글픔까지, 각자의 결핍은 모두 다르다. 내가 바라고 필요했지만 받지 못한 부모의 돌봄, 그 결핍이 남긴 상흔을 회복하는 과정이 리패런팅이다. 부모에게 기대했던 다정한 말을 스스로에게 또박또박 말해주고, 자신이 초라하고 미덥지 않아 보일 때도 굳게 믿는 태도를 보여주는 것이다. 이 과정을 통해 내면에 자리한 부모상을 보다 지지적인 모습으로 바꿔갈 수 있다. 스스로 할 수 없을 정도로 힘을 잃은 경우에는 상담자가 그 역할을 대신해 주게 된다.

사실 상담은 내내 재양육의 과정이다. 내담자는 상담자에게 온전하고 전적인 집중을 받고 또 이해를 경험한다. 부모에게 바랐으나 충족하지 못했던 인정이나 독립, 수용과 같은 욕구를 상담 관계에서 해소해 보기도 한다. 상담자와의 신뢰를 바탕으로 자신의 문제를 받아들일 수 있는 용기를 내보고, 타인에 대해서도 현실적인 기대를 갖고 소통하는 법을 배우게 된다. 그렇게 성장이 멈춰 있던 부분이 재양육 과정을 통해 자라는 것이다.

성장기 내내 아버지에게 '남자가 돼가지고 너무 예민하다'는 비난을 받았던 한 내담자는 중요한 순간마다 스스로 너무 약하거나 '남자답지' 못한 게 아닐까 고민했다. 상담에서 그의 성향을 그대로 받아들이고 이해해 주는 재양육 경험을 거치면서 그제야 자신의 민감한 성향 덕분에 가족이나 타인을 섬세하게 배려했던 경험을 떠올렸다. 스스로를 바라보는 시각이 넓어지자 그만큼 예민하지 않은 척하느라 애쓰거나 자신을 매섭게 탓하지 않아도 된다는 것을 배워갔다. 부정적인 양육 경험이 우호적인 재양육 경험으로 다시 채워진 것이다.

결핍을 메우는
수선공

。

소아과 의사이자 대상관계 이론가인 도널드 위니컷은 좋은 부모는 아이가 필요할 때 곁에서 있는 그대로 받아주며 아이의 어떠한 행동도 견디는 단단함을 가진 사람이라 했다. 상담자는 정서적으로 안아주는 사람이면서도 버티는 사람이다. 내담자의 '좋은 부모'가 되어 어린 시절 덮던 이불에 듬성듬성 난 구멍을 메우고 새로운 조각 천을 덧대어 다채로운 빛깔과 무늬를 가진 퀼트 이불로 만들어간다.

때로 우리는 상담자가 아니더라도 부모가 주지 못했던 메시지를 서로에게 건넬 수 있다. 부모에게 원했던 관심, 안전하다는 느낌이나 신뢰를 서로를 통해 조금씩 채울 수 있는 것이다. 물론 우리 누구도 부모를 대신할 순 없고 모든 결핍을 메울 수 없다. 그런 존재가 되려는 시도 자체가 위험하기도 하다. 지나치게 의존하는 관계는 결핍의 골을 더 깊게 만들 수 있기 때문이다. 다만 서로에게 모남과 흠이 보이더라도 저의에 있는 순한 마음을 공감하고 그 곁에 서줄 수는 있다. 그러한 태도와 언어를 서로 주고받으며 결국에는 각자가 자신의 건강한 부모가 될 수 있을 만큼 성장하도록 돕는다.

이 같은 공감의 언어는 두고두고 마음을 다림질한다. 남편과 다투고 무작정 밖으로 나왔던 날, 깜깜해진 공원을 걸으며 무엇이 잘못되었는지 씩씩거리며 생각해 보고 있었다. 밑도 끝도 없이 남편이 원망스럽기도 하고, 이렇게까지 서운할 일인가 싶어 스스로에게 화가 나기도 했다. 그때 "당연히 그런 마음이 들지"라는 다정한 위로의 목소리가 귓가에 들리는 듯했다. 친구들은 내가 어떤 마음이든 털어놓을 때마다 이 말을 거듭 들려주곤 했었다. 그럴 때마다 마법처럼 이런 구차한 마음도 진짜 괜찮은 것처럼 느껴져 안도하게 되었었다. 속상한 나를 토닥이는 목소리 덕분에 실컷 울고 나니 집으로 돌아갈 수 있을 것 같았다.

마음속 어딘가에는 '충분히 잘하고 있어' '최선을 다하고 있잖아' '너는 꽤 괜찮은 사람이야'와 같이 누군가가 내 편에 서서 해줬던 말, 나를 믿고 건네줬던 격려가 자산으로 남아 있다. 유리병에 가득 찬 알록달록한 구슬처럼 차곡차곡 마음속에 쌓여 있다가 결정적인 순간 말을 건네곤 했다. 스스로 형편없다 느끼며 자신에게 어떤 말로 위로할지 모를 때, 이 같은 말들이 다리에 힘을 주고 무릎을 일으키게 만들기도 했다.

거의 전 생애 동안 트라우마를 연구해온 베셀 반 데어 콜크^{Bessel van der Kolk}는 그의 책에서 "인간은 서로를 파괴하는 능력만큼 서로를 치유하는 능력도 지니고 있다"[28]라고 거듭 이야기한다. 누군가가 파괴해 놓은 자리에서 누군가가 회복을 위한 수선을 시작한다. 결핍이라는 구멍을 부지런히 바느질하며 메워간다. 마음이 저릿하고 흔들릴 때마다 덮을 수 있는 퀼트 이불의 한 조각을 그렇게 만들어가는 것이다. 더러 엉성하게 만들어질 때도, 완성하지 못할 때도 있겠지만, 이러한 관계를 오랫동안 이어간다면 언젠가 깊은 자국으로 남아 있던 상흔이 조금은 옅어져 있을지 모른다. 우리가 서로에게 그런 존재가 될 수 있다는 것이 멋지지 않은가.

자신에게
건네는 친절

: 자기자비, 내가 듣고 싶었던 말을 찾아서

하루에 아르바이트를 두셋씩 연달아 하던 때가 있었다. 대학 시절 도서관에서 시험공부를 하다 말고 아르바이트 시간에 맞춰 지하철역으로 향하곤 했다. 일을 끝내고 어둑해진 밤거리를 거슬러 오를 때면 앞으로 일이 끊기면 어쩌나 하는 현실적인 불안에 남은 잔고를 서둘러 계산해 보기도 했다. 목도리에 얼굴을 파묻고 늦은 퇴근을 하는 인파에 휩쓸리다시피 지하철역에서 빠져나왔다. 계단을 반쯤 올라왔는데 발등에 바둑알만 한 눈이 뭉텅이로 떨어졌다가 사라졌다. 하늘을 올려다보니 꼭 마법처럼, 까만 하늘에서 새하얀 눈이 툭툭 흩어져 내려오고 있었다. '하늘이 주는 위로구나.'

내가 자란 곳에서는 눈을 보는 일이 귀했다. 몇 년에 한 번 눈이 내릴까 말까 했고, 쌓이는 눈은 더더욱 희귀했다. 그래서인지 어른이 될 때까지 내게 눈은 신비로운 설렘으로 남아 있었고, 눈이 내리는 날은 뜻밖의 선물을 받은 것만 같았다. 하늘이 내 모든 사정을 다 알고 필요한 순간 내려주는 선물이 아닐까. 이런 생각은 외롭고 팍팍한 날이 많았던 스무 살 언저리를 지나며 내내 이어졌다. 어쩌면 눈이라는 갑작스러운 사건, 아무도 거스를 수 없는 장엄한 풍광에서 나를 위로하는 메시지를 찾아내려 했던 건지도 모르겠다.

자기자비,
나를 향한 가만한 응시

○

사람에게는 태어남과 동시에 고통과 번민을 안고 인생을 사는 과제가 주어지지만, 또 그 반대편으로 스스로를 위로할 수 있는 능력 또한 타고난다. 이를 **자기자비**self-compassion라고 한다. 자비는 불교에서 유래된 단어이지만 심리학적인 개념으로 확장되어 치료법으로 사용되고 있다. 최근 자비중심 치료를 통해 불안·우울·외로움·자살 충동이 줄고 삶의 만족감이 높아진다는 연구가 많이 쌓여가고 있다.[29] 자비의 비悲는 고통에 공감하고 함께 슬퍼함을 뜻하는 산스크리트어 '카루나karuna'에서 온 말이라고 한다.[30] 슬퍼하고 있는 누군가의 곁에서 같이 슬퍼한다는 의미이다. 그 누군가가 자기 자신이라도 말이다.

그렇다고 '내가 가장 불쌍하다'라고 타인을 원망하거나 자신의 불행에만 집중하는 자기 연민은 아니다. 고통에 기꺼이 민감해지되, 세상 모든 사람들이 고통 앞에서는 한없이 취약한 존재이며 누구나 겪는 삶의 한 챕터를 나도 통과하고 있을 뿐이라는 시선으로 바라보는 것이다. 감정을 과장하거나 소용돌이 속에 빠지지 않고 고통스러운 상태를 그대로 인정하려는 태도다. 기꺼이 돕고자 하는 마음도 포갠 채로.[31]

상담실에서 만난 H는 무슨 일에서건 자신을 탓하곤 했다. 고민하던 새 핸드폰 가격이 올라버린 것도, 버스 배차 시간이 바뀌어서 지각을 한 것도 미리 대비하지 못한 자기 잘못이라는 식이었다. 학창 시절 따돌림을 당한 사건에서도 자기 잘못을 찾아냈다. 그녀는 '뭐라고 말도 못하고 그저 당하기만 했다'며 '바보 같다'고 스스로를 자책했다. 몇 번의 만남 후에 "그때의 H 곁으로 갈 수 있다면 어떤 이야기를 해주고 싶어요?"라고 물었다. 그녀는 잠시 뜸을 들이더니 그렇게 스스로를 비난하던 사람이 맞나 싶게, "너무 힘들고 외롭겠다고 말해주고 싶어요"라며 스스로를 위로했다.

내담자에게 과거 가장 힘들고 수치스러웠던 때로 돌아가 자신에게 어떤 말을 해주고 싶은지 물으면, 할 수 있는 가장 용감하고 따뜻한 언어를 골라 인사를 건네곤 한다. '많이 무서웠지, 아무도 이해해 주지 않아서 외로웠겠다, 그래도 잘 견뎠구나'와 같은 자기에게 꼭 필요한 언어를 끝내 찾아내었다. 스스로에게 인색해서 곧바로 떠올리지 못하는 사람들도, 같은 고통을 겪고 있는 그 나이 무렵의 아이나 어른을 생각해 보게 하면 비슷한 이야기를 들려주었다. 슬픔과 분노가 뒤섞일 때도 있었지만, 자신이자 타인인 고통스러운 이의 곁에 버티고 서서 슬픔을 달래는 말을 건넸다. 우리는 스스로를 위로하는 법을 어느 정도 알고 있다. 자신이 가장 듣고 싶은 말을 알고 있는 것이다.

그 말을 지금 고통을 통과하는 자신에게 해줄 수 있으면 좋으련만, 우리는 스스로를 가혹하게 대하는 것에 더 익숙하다. '더 열심히 하지 않아서 그래' '원래 넌 이렇잖아' '남들은 다 잘 사는데 넌 왜 이래'라는 무시무시한 언어는 장난감 상자를 열자마자 튀어 오르는 광대 인형처럼 우리에게 날아와 박혀버린다.

내 마음속 상전과
하인의 목소리
。

게슈탈트 심리치료의 창시자 프리츠 펄스는 우리 마음은 **상전**topdog과 **하인**underdog이라는 두 부분으로 나눠져 늘 갈등하는 상태에 있다고 이야기했다.[32] 상전은 인정사정없는 엄한 선생님이나 고압적인 상사처럼 나를 닦달하고 혼낸다. '이 정도 일로 힘들어하면 안 된다' '엄마라면 다 잘 챙겨야 한다' '이만큼은 이해해 줄 수 있어야 한다'와 같이 '해야만 한다'는 당위, 도덕적 기준이나 결코 도달할 수 없는 이상적인 기준을 들이댄다.

그 아래 하인의 목소리는 상전의 눈치를 보느라 꺼내 보이지 못한, '좀 뒤처지더라도 지금은 쉬고 싶어' '나도 억울해'와 같은 억압되어 있는 바람이나 감정일 때가 많다. 하인의 목소리는 좀처럼 잘 들리지 않지만, 수면 아래에서 상당한 긴장을 만들어낸다. 때로는 우리가 '오늘 종일 힘들었는데 좀 늘어져 있어도 되지 않아?' '나도 할 만큼 했잖아?'라고 항의하면서 있는 힘껏 하인의 편을 들어주어야 할 때가 있다. 하인의 목소리가 밖으로 나올 때야 두 힘이 균형을 찾기 때문이다.

평소 우리는 하인의 목소리는 얼른 눈치채지도 못하면서 상전의 목소리가 될 때는 소리 높여 자신을 나무란다. 희한한 점은 타인이 같은 실수를 하면 상전의 목소리는 온데간데없고 "그럴 수도 있지"라며 다정한 표정으로 말을 건넨다는 것이다. 나 역시 내가 일을 끝내기로 약속한 기한을 지키지 못하면 '시간 계획을 잘 못해서' '일하는 속도가 너무 느려서'라고 날카롭게 혼내지만, 친구가 같은 실수를 할 때는 '다른 일이 너무 많았잖아' '그만큼 한 것도 잘한 거야'라고 사정을 헤아려주고 있었다.

자기자비는 가까운 타인에게 친절한 그 시선을 나에게 그대로 옮겨와 보는 것이다. 면접에서 말실수를 했거나, 중요한 약속을 깜박하고 놓쳐버렸거나, 어리석은 선택을 했다고 후회하는 친구가 눈앞에 있다면, 어떤 표정으로 무슨 말을 해줄 것인가. 그 말을 그대로 내게 해본다. 어떤 식으로 무슨 말을 해줘야 하는지 어렵다면 상상해 볼 수 있다. 상상을 이용한 심상기법은 심리치료기법 중 하나다. 사람의 상상력이란 생각보다 놀라워서 이미지를 떠올리는 것만으로도 몸과 마음에 실제적인 영향을 준다.[33] 맵고 맛있는 음식을 상상하기만 해도 침이 고이고 무시무시하고 잔인한 장면을 떠올리면 몸에 소름이 돋는 것처럼, 자비로운 제스처를 상상하는 것만으로도 마음의 긴장도를 낮추고 스트레스 수준을 바꿀 수 있다.[34]

완전히 자비로운 존재의
입을 빌려

○

완전하게 자비로운 존재를 상상해 보는 방법이 있다. 내가 의지할 수 있을 만큼 힘과 책임감이 있으면서도 내 마음을 깊이 이해해 줄 수 있는 너그러운 존재를 떠올려 보는 것이다.[35] 존경하던 누군가에게 느꼈던 단단함, 어머니에게서 느꼈던 자애로움, 영화 속의 누군가를 보며 느꼈던 포근함. 그 모든 것을 갖춘 존재일 수도 있고, 내가 바라는 강인하고 느긋한 모습의 나일 수도 있다. 여성이든 남성이든 이 세상에 있는 존재든 아니든 상관없다. 눈을 감고 그 사람의 구체적인 형상을 그려본다. 처음에는 어색하고 어렵게 느껴질 수도 있다. 상상하기 어렵다면 가슴에 손을 얹거나 손으로 가슴을 감싸 안는 것과 같이 안전한 느낌이 드는 자세로 있는 것도 도움이 된다. 숄이나 머플러로 몸을 감쌀 때 더 진정되는 기분이 들 수도 있다. 어떤 표정으로 나를 바라보고 있을지, 지금 내게 어떤 말을 해줄지 궁금한 마음으로 하나씩 떠올리다 보면, 그는 말을 건네줄 것이다.

    몇 년 전 한국을 떠나면서 집과 가구를 처분하고 짐을 꾸리는 일은 대단했다. 직장을 다니면서 혼자 할 수밖에 없던 상황이라 밤을 새우는 날이 많았다. 그러다 아이들 학교를 해외로 옮기는 전학 시점을 잘못 계산해서 학기 일수가 부족해졌다는 것을 나중에야 알았다. 학교 선생님이 잘못된 정보를 준 것도 원인이었지만, 충분히 알아보지 않은 내 탓도 있었다. '아이에게 최선을 주지 못한 엄마'라는 생각이 쫓아왔다. '다른 일에 신경 쓰느라 가장 중요한 것을 놓치고 있어' '너 때문에 아이가 힘들어지게 됐잖아'라고 상전이 엄하게 혼을 내고 있었다. 스스로가 무능하게 느껴져 한숨이 새어나왔다.

    놀라고 속상한 마음을 그대로 바라보면서, 그 틈 사이로 나보다 더 지혜롭고 강한 누군가를 떠올려 보았다. 나에게 그 존재는 인생을 조망하는 거대한 시선을 가진 절대자와 느긋한 남편 그리고 다정한 친구가 더해진 상상의 존재이다. '그는 이 상황에서 무어라고 말할까?'라는 물음 끝에 '너로서는 빠듯한 시간 속에서 최선을 다한 거 잘 알아' '네가 지금 소홀히 한 그 부분 때문에 아이 인생이 뒤바뀌진 않아, 이미 벌어진 일은 어쩔 수 없으니 지금 아이에게 할 수 있는 것을 찾아

보자'라는 위로와 지혜의 말이 길어 올려졌다. 그 말은 실은 내게 있던 말이었다. 너그럽고 자애로운 마음, 강하고 단단한 마음은 이미 갈래갈래 내 안에 있기 때문이다.

자기자비는 '괜찮아' '좋아질 거야'라는 자기 주문이라기보다는 한심하고 부끄러운 나를 있는 그대로 껴안아 주는 것과 같다. '그 결정이 후회되는구나' 하고 실망한 마음을 온전히 느끼고 받아주는 것이다. '왜 그렇게 결정했어' '왜 더 신중하지 못했어'라고 비난하는 대신, 다른 사람에게 말을 건네듯 '좋은 선택을 하고 싶었는데 속상하겠다. 하지만 과연 잘못된 선택이었는지는 아무도 모르는 거 아닐까?'라고 친절한 눈빛으로 바라보는 것이기도 하다.

자신에게 너그러워지다 보면 마냥 나약해져 버려 원하는 삶과 멀어지진 않을까 두려울 수 있다. 그러나 스스로를 거세게 비난하거나 몰아붙이는 전략이 오히려 불필요한 걱정으로 효율성을 떨어뜨리고, 하고자 하는 일을 미루게 만든다는 증거는 많다.[36] 여러 연구에 따르면, 실패를 경험한 사람들 중 자기자비의 태도를 가진 이들은 자발적인 동기가 높아져 노력을 더 기울이면서도 실패할 가능성을 받아들이게 된다. 결과적으로 삶의 만족도나 자존감이 높아진다.[37] 우리 모습이 여전히 부족한 상태 그대로라 하더라도, 우리가 돌보기 때문에 단단하고 사랑스러운 사람이 되어가는 것이다.

《해방의 밤》에서 은유 작가는 중국계 미국인 작가 이 윤 리^{Yiyun Li}가 '친절'에 대해 성찰한 말을 들려준다. "삶은 그 저 삶일 뿐이지요, 늘 고난이 있습니다. (…) 그것은 삶의 일부 입니다. 하지만 친절은 우리가 베풀거나 베풀지 않겠다고 선 택할 수 있어요. 타인뿐 아니라 자신에게도 친절한 사람들이 있습니다."³⁸ 수치와 후회가 밀려드는 매 순간 우리 자신과 어 떻게 관계 맺을지 선택할 수 있다. 혹독한 상사의 모습을 하 고 앉아 있을 것인지, 아니면 우리가 곤경에 처한 다른 사람 에게 그러하듯 따뜻한 위로자가 될 것인지. 우리에게는 이미 스스로에게 들려줄 자비의 언어가 있다는 것을 기억했으면 좋겠다.

4부

◆

타인에게 불편해질 용기를 통해
관계의 균형 잡기

민폐의
효용성

: 수용 욕구에 대하여

나는 민폐를 극도로 두려워하는 사람이었다. 누군가의 시간도, 돈도, 마음도 그냥 쓰고 싶지 않았다. 누군가와 만날 때면 나는 항상 청자를 자처했다. 친구가 "그래서 너는 요즘 고민이 뭐야?"라고 묻기 전까지는 내 이야기를 꺼내는 법이 없었다. 내 고민을 얹어 부담을 주고 싶지도, 타인의 소중한 시간을 '갉아먹고' 싶지도 않았기 때문이었다. 돈에 있어서는 더 엄격했다. 상대가 밥을 사면, 다음 번에는 기어이 내가 밥값을 내고, 선물을 받으면 더 큰 선물을 주는 식이었다. 물건을 사달라고 부탁을 받으면 굳이 사양하는데도 십 원 단위의 거스름돈까지 맞춰 주었다. 굳이 그렇게까지, 라고 생각할 수도 있지만 그래야만 마음이 편했다. 누군가에게 빚진 기분이 싫었다.

수용의
욕구
○

폐를 끼치는 것에 대한 두려움은 '사람은 타인에게 그만큼의 관심이나 호의를 갖고 있지 않다'는 냉소적 믿음에서 비롯되었을 것이다. 그 바탕에는 내가 상대에게 귀찮은 존재가 될지도 모른다는 염려가 자리하고 있었다. 내가 친구의 호의를 덥석 받으면 나를 염치나 눈치 없는 사람으로 생각할까 봐, 또 내 이야기를 시시콜콜 털어놓으면 나를 지루하거나 버거운 사람으로 여길까 봐 하는 공포였다.

이 두려움은 '**수용**'의 욕구를 반증하는 것이기도 했다. 대부분의 성격 심리학자들은 누군가에게 받아들여지고 싶은 욕구를 인간의 기본 욕구로 여긴다. 사회적 존재인 인간은 누군가에게 수용되지 않으면 생존할 수 없기 때문이다. 내게는 유독 받아들여지고픈 욕구가 크게 자리 잡고 있었다. 상대에게 적절하고 무결한 존재로 받아들여지고 싶은 만큼 거절의 두려움도 컸다. 모순되고 부적절해 보이는 이런 내 모습을 나조차도 이해하기 힘든데, 상대는 더욱더 받아들이지 못할 게 분명하다고 짐작했다.

내가 상대에게 폐만 끼치는 존재가 아닌가 하는 두려움은, 역설적으로 적극적으로 폐를 끼치는 경험을 통해 점차 옅어져갔다. D는 대학에서 처음으로 가까이 지내고 싶은 사람이었다. 그녀는 무심한 듯 예리했다. 내가 무슨 이야기를 해도 힘들거나 지치는 기색도, 감정의 미동도 없어 보였다. 하지만 끝까지 잘 듣고 있다가 내가 생각지도 못한 관점을 얘기해주었다. 내가 어떻게 하면 시간을 허비하지 않을까 고민하면, 멍 때리는 시간의 소중함에 대해 이야기해 주는 식이었다. 내가 하는 말에 귀 기울이고, 중간중간 이해 안 되는 부분을 되물어주고, 또 내 생각을 궁금해 하는 그녀에게 내 이야기를 하는 시간이 조금씩 길어졌다.

그러던 어느 날 D에게 물었다. "우리 매주 수요일은 같이 점심 먹을까?" 나에게는 익숙지 않은 질문이었다. '상대의 시간을 이렇게 탐해도 될까' 하는 망설임이 있었지만, 이 관계에 욕심을 내보고 싶었다. 다행히도 그녀 역시 그 약속을 나만큼 소중히 여겨주었다. 그렇게 해서 우리가 쌓은 4년간의 시간은 말해 뭐 할까 싶다. 그녀를 통해 내 이야기를 자꾸 듣고 싶어 하는 사람이 있다는 것, 서로의 고민을 나누고 함께 풀어가면서 관계가 깊어질 수 있다는 것을 알게 되었다.

민폐의 절정은 친하지도 않던 언니 P의 집에서 얹혀살기로 결심한 것이었다. 하숙집과 고시원을 전전하며 적당한 거처를 찾지 못하던 와중이었다. P와는 같은 동아리에 있었지만, 이야기 한 번 제대로 나눠본 적 없는 사이였다. 그녀는 오래전부터 원룸에서 자취를 하고 있었는데, 우리 둘을 잘 아는 선배가 서로에게 도움이 될 거라는 의미심장한 이유를 대며 P에게 같이 살아보길 권했다. 혼자 지내는 것이 익숙한 그녀에게도 쉬운 결정은 아니었다.

그러다 그 일이 터져버렸다. P가 잠을 자고 있던 어느 밤, 천장에서 바퀴벌레가 정확히 그녀의 얼굴로 낙하했다. 평소에는 씩씩한 그녀였지만 바퀴벌레에는 유독 취약했다. 섬뜩한 불청객을 퇴치할 수 있는 누군가가 절실했다. 마침 나는 바퀴벌레를 잡을 수 있는 인간이었다. 거할 곳이 궁했던 나는 P에게 얼마나 부담이 될지 생각할 겨를도 없이 그 이유만으로 P의 집에 당당히 들어가기로 했다. 바퀴벌레가 내 인생에서 그렇게 중요한 존재가 될 줄은 몰랐다.

극 외향인인 P와 극 내향인인 나는 누가 봐도 잘 어울리지 않는 조합이었지만, 의외로 잘 맞는 순간이 제법 많았다. 누구 하나 연애가 꼬이거나 부모님과 갈등이 생기거나 친구와 사소한 오해로 짜증이 나는 날에는 좁은 방바닥에 같이 쪼그리고 앉았다. 대놓고 못했던 욕을 실컷 하며 소리를 질러대다 서로의 고함 소리에 와르르 웃음이 터지곤 했다. 좀 더 격하게 스트레스를 풀고 싶은 날에는 집 근처 지하 노래방에서 보너스 시간까지 야무지게 챙겨 노래를 부르고 골목길을 거슬러 돌아왔다. 누가 감기라도 걸리면 한껏 장을 봐와서 서툴게 백숙을 삶거나 더듬더듬 배숙을 끓여 내기도 했다. 비좁은 싱글 침대에 몸을 붙이고 누워 밤늦도록 이야기를 나누던 날들은 대학 졸업 후에도 8년이라는 긴 시간동안 이어졌다.

서로의 삶에
틈입할 기회
。

민폐를 끼친다는 것은 내 몸과 마음의 무게를 상대에게 싣는 행위다. 어딘가 부족해 도움을 받을 수밖에 없는 처지인 나를 인정하고 드러내는 일, 내가 그다지 자립적 인간이 못 된다는 사실을 공공연히 밝히는 일, 상대가 나 때문에 불편해지는 것을 허용하는 일이다. 무엇보다 이런 부족한 모습 그대로 상대에게 받아들여지고 싶은 마음을 인정하는 것이기도 하다.

수용에 대한 갈망이 큰 만큼 두려움 또한 많았던 나는 다행히 누군가의 **삶에 틈입할 기회**를 얻어왔다. 그러고 보면 상대의 시간과 공간과 마음에 침입한 '민폐' 덕분에 나는 여기까지 올 수 있었다. 조금씩 나의 취약함을 내보이고 상대에게 기대는 연습을 할수록 그 두려움에 균열이 생겼다. 용기 내어 타인의 삶에 한 발 들여놓았을 때, 다음번에는 좀 더 큰 보폭으로 들어갈 수 있었다.

온 가족이 코로나에 걸려 꼼짝없이 집에 묶인 와중에 먹을거리를 챙겨온다는 일본인 친구의 호의를 덥석 물었다. "이왕이면 과일로 부탁해." 아주 글로벌하게 민폐를 끼치고 있다. '그냥 한번 던진 말인데 귀찮게 됐다고 생각하면 어쩌지? 뻔뻔하다고 생각하면 어쩌지?' 여러 생각이 가로놓여 망설이게 된다. 하지만 두려움의 허들을 뛰어넘으며 "예스"라고 답하는 순간, 그들은 내 삶으로 틈입하고 서로의 마음에는 온기가 더해진다. 문 앞에 과일이며, 과자, 주스까지 봉투가 터질 듯 가득 채워져 있다. "와줘서 얼마나 힘이 났는지 몰라." 메시지를 쓰며 울컥하고 있는 나를 보니 조금은 유연해진 것 같다.

각자의 삶의 영역이 중요한 요즘엔 서로의 경계에 분

명한 선을 긋고 지키는 것이 센스 있고 쿨해 보일 수 있다. 하지만 누군가 나로 인해 불편해지기로 자처할 때 타인과 나 사이에는 신뢰가 자라났다고, 나는 말할 수 있다. 내 짐을 함께 져주고 나의 민폐를 기꺼이 받아줬던 이들처럼 나 또한 내 삶에 들어와 내 시간과 공간을 요청하는 누군가를 그렇게 환영하고 싶다.

관계의
만학도

: 편안한 거리감을 배우는 기쁨

지금은 아동 전문 정신건강의학과나 상담센터에서 사회기술 훈련 프로그램을 심심찮게 볼 수 있지만, 그보다 훨씬 전의 이야기다. 대학원 시절 나의 전공 학과는 정신건강 클리닉을 운영했다. 당시 선배들은 해외에서 사용되는 사회기술훈련 워크북을 번역하여 클리닉에 도입해 보고 있었다. 우연히 보조 겸 참관자로 참여할 수 있는 기회가 생겨 사회기술훈련을 조금 맛볼 수 있게 되었다.

주 치료자인 박사 선배와 나, 그리고 초등학교 저학년 아이들 네 명이 동그란 탁자를 둘러싸고 앉았다. 첫 회기는 친구들에게 인사하는 법부터 시작했다. 친구들에게 인사할 때 어떤 말을 하면 친구가 더 기분이 좋을지, 친구가 인사를 걸 때 어떻게 답하면 되는지에 대한 내용이었다. 아이들은 쭈뼛거리면서도 진지하게 의견을 내고 실습했다. 매 세션마다 친구와 가까워지는 법, 놀이에 끼어들거나 부탁을 거절하는 법과 같이 아이들이 관계에서 맞닥뜨릴 수 있는 상황과 그에 대처하는 기술을 배우고 연습해 갔다.

그런데 놀라운 점은, 보조 치료자이자 20대 중반이었던 나 역시도 이 사회성 훈련에서 관계 기술을 배우게 된다는 것이었다. 인사를 하는 첫 단계가 지나면 친구의 학용품이나 옷에 대해 가벼운 칭찬을 하거나 만화영화나 연예인 같은 공통 주제에 대해 질문하는 법을 익혔다. 친구의 이야기를 듣거나 자기 의사를 표현할 때 눈을 맞추고 편안한 표정을 짓는 연습도 했다. 계속 놀리는 친구에게는 화내거나 울지 않고 무시하기, 갈등이 생겼을 때 여러 대안의 결과를 예상해 보고 선택하기와 같은 유용한 기술도 있었다. 이 정도는 자라면서 눈치껏 배우게 되는 사람도 있지만, 어떤 사람은 하나씩 알려줘야 익힐 수 있다. '이런 식으로 친구들과 가까워질 수 있구나!' '관계에서 문제가 생기면 이렇게 하는 거였어!' 나는 속으로 크게 외쳤다. 선배가 명확한 지침으로 정리되어 있는 가이드를 설명해 줄 때마다 아이들보다 내가 더 눈을 반짝이며 설명을 들었던 것 같다. 나도 미리 알았으면 초등 시절이 훨씬 순탄했으련만!

관계의
적절한 거리

°

어린 시절의 나는 워낙 내향적인데다 말수가 적은 아이였다. 목소리도 개미만큼 작아서 친구들이 내 답을 듣기 위해 한두 번씩 더 물어봐야 할 때도 있었다. 그나마 친한 친구 몇몇을 제외하고는 다른 아이들과 거의 말을 섞어 본 기억이 없다. 별달리 하고 싶은 말이 없어서이기도 했지만, 어떻게 말을 걸어야 할지 잘 몰랐던 것 같다. 하루는 평소 친해지고 싶던 아이와 하교를 같이 하게 되었는데, 무슨 말을 어디서부터 어떻게 시작해야 할지 몰라 10분 거리였던 하교길이 1시간처럼 느껴지기도 했다.

비록 의식하진 못했지만, 그 시기 나의 가장 큰 과업은 나를 보호하는 것이었다. 친구들에게 우습게 보이거나 이상한 아이로 여겨지고 싶지 않았다. 그 방법을 알지 못해 무조건 조심하는 편을 택했다. 말을 늘어놓거나 먼저 다가가는 것은 위험하니 최대한 움츠리고 있는 것이었다. 그러느라 친구가 이야기할 때 그 의도를 어떻게 파악해야 하는지, 화가 날 땐 어떻게 표현해야 하는지, 그 시기 또래들 사이에서 시도해 보고 성공하고 실패해 가며 배워야 할 것들을 충분히 연습해 보지 못했다.

충분하고 안정적인 지지를 받는 관계경험이 부족한 사람일수록 확신 있게 관계에 뛰어들지 못한다. 막막해서일 수도, 방법을 몰라서일 수도 있다. 관계를 더 어렵게 만드는 문제는 그 결핍감 때문에 관계에 과도한 기대를 하거나 아예 기대를 거두는 염세적인 태도가 생긴다는 것이다.

내담자로 만난 J도 그런 사람이었다. 학창 시절 심하게 따돌림을 겪으며 사람들을 잘 믿지 못하게 된 그녀는 새로운 관계를 맺기 어려워했다. 직장 동료도, 성당 모임에서 만난 사람들 중에서도 마음이 맞는 사람이 없다고 말했다. 지하철을 잘못 타서 멀리 돌아온 그녀를 보고 동료가 귀엽다고 웃었을 때, '나를 비웃는 건가, 내가 우습게 보이나' 하는 생각이 들었다고 했다. 스스로 예민하게 반응하는 줄 알면서도 관계에 선을 그었다. 그럴수록 상처를 회복시켜줄 수 있는 관계의 기회들이 저만치 멀어졌다.

M은 부모에게 충분히 의지해 본 적이 없다고 했다. 그녀에게는 무조건적으로 품어주는 사랑이 어딘가에 있을 거라는 기대가 있었다. 친한 친구가 생기면 늘 1순위로 사랑받기 원했다. '저 사람은 나를 많이 좋아할까? 아니면 여러 친구 중의 하나로 생각할까?' 하는 의심이 따라다녔다. 이처럼 충분히 얻지 못했기 때문에 더 절실해진 애정을 성인이 되어 친구나 연인, 배우자에게 충족하려 하는 경우가 종종 있다. '내가 필요할 때는 꼭 같이 있어야 한다'거나 '무조건 내 말에 지지해줘야 한다'와 같은 태도를 보이기도 한다. 그러면 상대는 관계를 무겁고 부담스럽게 느낄 수밖에 없다.

J와 M은 관계의 거리 조절에 어려움이 있었다. J는 너무 멀어서, M은 너무 가까워서 문제였다. 정서적 거리 역시 관계에서 익혀야 하는 것 중 하나다. J는 관계에서의 매서운 기억이 몸에 새겨져 있어 누군가와 가까워질 때마다 그 기억의 버튼이 눌러지고 있다는 것을 알아차려야 했다. 두려움에 가려진 친밀함에 대한 기대를 깨닫고 타인의 의도를 부정적으로 해석하는 습관을 바꿔나가야 했다. 반대로 M은 완전히 밀착되고 의존적인 관계는 자신을 영원히 어린아이로 내버려두고 만다는 것을, 나만의 이야기와 감정으로 채워진 **자기만**

의 방이 필요하며 타인에게도 그런 공간이 있다는 것을 배워야 했다.

타인에게
배운 소통
°

나도 성인에 가까운 나이가 되어서야 관계에 대해 차츰 배워갔다. 타인에게 내 마음을 적절하게 표현하고, 나와 타인 사이에 편안한 경계를 찾아가는 그 모든 과정을 늦되게 시작했다. 직접 관계 속에 들어가지 않으면 알 수 없는 것도 있었다. 타인이 관계에서 기대하는 바를 헤아리고 내 반응의 수위를 결정하는 것은 관계에서 부딪히면서 배워갔다. 상대의 반응이 내 예상과 다를 때 한 걸음 뒤로 물러나며 그 상황에서 그런 행동을 하면 안 된다는 것을 배웠다. 상대의 요청을 내가 어디까지 받아들일 수 있는지도 시행착오를 겪으며 알아갔다.

타인이 내게 해준 행동이 고맙고 좋은 느낌으로 다가오면 잘 기억했다가 비슷한 상황에서 그대로 옮겨보기도 했다. 회사나 동네를 옮겨 새로운 사람들을 만나면 또 새로이 배울만한 관계 기술이 있었다. 환하게 웃어줘서 좋았던 이웃, 내 마음을 세심한 언어로 표현하며 공감해준 동료, 실수를 저질러 움츠러들어 있을 때 "에이 당연히 그럴 수 있지"라고 라며 힘을 주었던 선배, 내가 갈등하고 있을 때 옆에서 가만히 기다려준 친구… 그 기억들을 마음속에 잘 저장해두었다가 하나씩 꺼내어 써보는 것이었다.

가벼운 약점을 툭 펼쳐 보일 때 상대와의 거리가 좁혀진다는 것도 배웠다. 어떤 사람들은 "나 원래 낯을 많이 가리잖아" "내가 좀 덜렁거려"와 같이 내가 숨기고 싶던 단점을 별스럽지 않게 선뜻 내보였다. '응? 너두?' 속으로 크게 환호했다. 괜찮은 사람으로 보이고 싶어 긴장하던 마음도 따라 풀어졌다. 자신의 부족함을 스스럼없이 내보일 때 그들의 단점은 더 이상 모자라거나 잘못된 점으로 보이지 않았다. 심지어 어떨 땐 귀여워 보이기까지 했다. 약점을 숨기느라 긴장된 표정과 어색한 자세로 있지 않고 '누구나 다 모난 구석이 있잖아'라는 편안한 얼굴로 나를 바라봤기 때문일 것이다. 자신에게 너그러운 사람이 가질 수 있는 눈빛이었다.

타인의 행동을 관찰해서 내게 없었던 새로운 행동패턴을 습득하게 되는 것을 **모델링**modeling이라고 한다. 나를 스쳐간 사람들은 나에게 편안한 관계를 위한 모델이 되어주었다.

완벽하게 안정적인 어린 시절을 보낸 사람은 없을뿐더러 성장하면서 관계의 소통 방식이 미묘하고 복잡해지기 때문에 누구나 청년, 중년에 이르기까지 배움의 과정을 거친다. 나도 여전히 상대와 나의 바람을 조율하는 법, 타인과 조화롭고 건강하게 사랑하는 법을 배워가고 있다. 내 마음이 잘 전달됐을 때, 타인과 나 사이에 '친밀함'의 적정한 선을 찾았을 때 더디지만 뒤늦게 공부하는 기쁨이 있다.

나도 모르게
틀어지는 관계

: 전이의 렌즈를 거두고

별다른 이유 없이 점점 틀어져만 가는 관계가 있다. 연구 프로젝트에서 만난 선배는 평소 조용조용하고 다른 동기들과는 농담도 주고받으며 잘 지냈는데, 유독 나와는 껄끄러웠다. 처음부터 그랬던 것은 아니다. 언젠가부터 나를 볼 때 표정이 굳어 있는 듯하더니 업무 확인 차 질문을 해도 화가 묻어나는 말투로 답하곤 했다. 실험 참가자에게 일정이 바뀌었다고 연락하는 걸 깜박한 날, 그녀는 한숨을 쉬며 전화기를 뺏어들었다.

수화기를 내려놓는 소리가 그렇게 날카로운지 예전엔 미처 몰랐다. 뭐라고 혼을 내줬으면 차라리 좋으련만, 선배는 아무 말 없이 문을 쾅 닫고 나가버렸다. 내 마음도 쿵 하고 내려앉았다.

어디서부터 뭐가 잘못된 걸까. 내가 너무 덤벙대서 선배가 나와 같이 일하기 힘든 걸까. 혹시 말실수라도 해서 선배에게 서운함이 남은 걸까. 침울한 얼굴을 하고 있으니 다른 선배가 조용히 나를 불렀다. 연구실 구석 캐비닛 사이에서 그녀는 조심스럽게 말했다. "네 요인이 있지만, 상대의 요인도 있어. 모두 네 탓으로 돌릴 필요는 없어." 알쏭달쏭한 그 말이 무슨 뜻인지 잘 이해할 수 없었다. 몇 년 지난 후에야 선배가 유난히 나를 힘들어 했다는 걸 알게 되었다. 선배는 내가 마냥 해맑고 친화력이 좋은 사람이라 업무 능력이 아닌 쌓아둔 관계 덕분에 인정을 받는다고 생각했다. 그런 사람들 때문에 제대로 인정받지 못하는 아픔이 있던 선배는 나를 볼 때마다 화가 날 수밖에 없었다. '전이'가 슬며시 고개를 내밀고 있었다.

감정의 덧씌워짐,

전이

。

앞서 나왔듯 **전이**는 예전에 누군가와의 사이에서 겪은 감정을 관련 없는 타인에게 투사[1]하는 것이다. 우리는 의식하지 못하는 사이에 이전에 만났던 사람들에게 느꼈던 긍정적·부정적 감정을 눈앞의 사람에게 덧씌워 상대와의 관계를 왜곡할 수도 있다. 상대를 채 알아가기도 전에 순간의 인상이나 몇 가지 행동을 보고 무의식이 빠르게 단정지어 버리는 것이다. 하지만 사실 상대는 내가 생각하는 것과는 다른 사람일 가능성이 크다.

나 또한 선배의 오해와 달리, 내향적이고 조용한 사람에 더 가까웠다. 오히려 낯가림이 많았던 터라 처음 들어간 프로젝트팀에서 분위기를 처지게 만들고 싶지 않아 애를 쓴 면이 있었다. 그 시기 과도한 스트레스 때문이었던지 평소 나답지 않게 잠시 쾌활하게 굴기도 했다. 내가 진짜 그런 사람이든 아니든 어떤 우연한 행동이 나를 그런 사람처럼 보이게 했을 것이다. 그리고 선배의 상처를 둘러싸고 있던 '붙임성이 좋아서 능력에 비해 더 인정받는 사람'이라는 짙은 보자기를 덮어씌웠을 것이다.

우리는 모두 자기가 경험한 틀로 상대를 바라보고 또 관계를 꼬이게 만든다. '사람이 온다는 것은 그의 과거가 함께 오는 것'이자 '한 사람의 일생이 오는 것'이라고 하지 않았던가.[2] 그 '과거'나 '일생'이라는 것은 그 사람이 지금까지 맺었던 관계의 실패와 성공, 상처와 불안까지 포함하는 것일 테다. 그 때문에 우리는 서로를 '있는 그대로' 순수하게 바라보지 못한다. 상대방이 내가 한 행동 이상으로 날카롭게 반응하거나 평소에도 종종 날이 서 있다면 자신만의 선입견, 기대, 관계에서의 상처 등의 렌즈를 덧대어 나를 바라보고 있을 가능성이 높다.

투명한 마음으로
관계 맺기 위하여

◦

나 역시 곁에 있으면 자꾸 내 마음이 불편해지거나, 과거 굵직한 상처를 남겼던 이와 비슷해 보이는 상대는 일찌감치 거리를 두고 만다. 스스로를 보호하기 위한 일종의 방어책이다. 언젠가는 어느 모임에서 처음 만난 이에게 그런 감정을 느낀 적이 있었다. 다른 사람의 말을 자르고 자신의 어려움을 토로하는 모습이 그렇게 못마땅해 보이면서 화가 나는 것이었다. 오래 전 '독선적'이라고 느꼈던 친구와의 갈등이 고스란히 떠올라서였을 것이다.

그렇게 나의 시선으로 한 번 걸러진 상대는 다시 있는 그대로 바라봐지기 어렵다. '독선적인 사람'이라던가 '화를 잘 내는 사람' '가벼운 사람'과 같이 내 틀에 맞춘 납작한 존재가 되고 만다. 그 후로는 어쩜 그렇게 내가 예상했던 모습만 눈에 잘 들어오는지, '거봐, 이런 사람 맞네, 가까워지면 안 되겠어' 하며 더욱 몸을 사린다. '그런' 사람과 투명한 관계를 맺어볼 기회는 그렇게 사라지고, 나의 선입견만 더욱 공고해질 뿐이다.

상대의 의도가 선한데 내가 불편한 경우, 마음이 더 복잡해진다. S는 처음 만난 자리에서 남자친구가 없어서 외롭다는 이야기, 친구와의 갈등, 회사 상사와의 어려움 등을 허심탄회하게 털어놓았다. 그리고 '친절하고' '사람 좋은' 나를 알게 되어서 너무 좋다는 말을 연거푸 했다. S에게 있던 '잘 들어주는 상냥한 사람'이라는 이미지를 나에게 투사하고 있었던 것이다. 그녀의 바람에 맞춰 더 성실히 고민에 귀 기울여야만 할 것 같고, 그녀가 바라는 친절하고 좋은 사람처럼 행동해야 할 것 같은 기분이 들기도 했다. 하지만 나의 실상은 그녀의 기대만 한 사람이 아니므로 나는 한 걸음 물러났다. 잠깐 실망을 안겨주더라도 오래 편안한 관계로 맺어지기 위해서는 그래야만 했다.

　　모든 관계에는 투사가 눈처럼 덮여 있다. 적당히 내 기대를 덮어씌우며 적당히 왜곡된 시선으로 상대를 바라본다. 그 덕에 한순간에 사랑을 빠지는 일도, 한순간에 사람을 마음에서 밀쳐내는 일도 가능할 것이다. 우리는 어느 정도 기대에 어울리는 행동을 하다가도 또 그와 어긋나는 행동으로 둘 사이에 긴장을 만들기를 반복하며 관계를 이어간다.

　　하지만 겹겹이 쌓인 투사라는 눈 때문에 서로가 보이지 않을 때 관계는 깊어지기 어렵다. "나 그런 사람 아닙니다"라고 아무리 외쳐본들 상대의 시선은 변하지 않고, 나에게 감정이 이미 얽혀든 사람과 오해 없이 단정한 관계를 이어가기 위해서는 어마어마한 에너지가 든다. 이상하게 그 사람 곁에 있으면 무능하거나 이기적인 사람이 된 것 같고 긴장감에 숨이 막힌다면, 은근슬쩍 한 발 빼서 물러나도 괜찮다. 애매한 갈등에 말려들지 않고 나를 지키는 길이다.

　　시간이 지나고 관계를 투명하게 볼 수 있는 힘이 생기면 그제야 관계를 삐끗거리게 만든 그와 나의 약한 고리가 보일 것이다. 그러니 오래전 한 선배가 내게 이야기해 주었듯 나도 들려주고 싶다. "모든 관계는 당신뿐 아니라 상대의 서툴고 취약한 마음, 상처의 역사가 함께 뒤섞여 있답니다. 그러니 모든 관계의 어려움을 당신의 탓으로만 돌리지 마세요"라고. 그리고 나 또한 상대를 오래된 렌즈로 봐왔을 수 있다는 서늘한 가능성을 기억해 보기를.

상대의 거절을
이해하는 법

: 서로의 욕구 바운더리를 존중하기

우리와 3년째 함께 지내고 있는 반려견 쿠디는 무릎 위에 올라오는 것을 좋아한다. 의자에 앉아 있는 나를 한참 올려다보고 있다가 "올라와"라는 신호가 떨어지기 무섭게 무릎 위로 점프한다. 덩치는 중형견에 가깝지만 스스로 소형견이라 착각하는 그는 긴 허리와 다리를 주체하지 못하고 떨어질 듯 엉거주춤하게 있다가, 사랑받고 있다는 것을 충분히 확인하면 내려간다. 간혹 일에 집중해야 할 때는 단호하게 "안 돼" 하고 올라오지 못하게 하는데, 그럴 때면 낑 소리를 한 번 내고 혼자 장난감 공을 가지고 놀거나 잠을 청한다. 그리고 다음 날이 되면 언제 퇴짜를 맞았냐는 듯 살랑살랑 곁으로 다가와 빤히 올려다본다.

쿠디가 사람이라면 어땠을까? 놀아달라는 쿠디의 제안을 거절할 때 나는 한참 더 생각해야 하지 않았을까, 어떻게 거절해야 기분이 덜 상할지 여러 시나리오를 생각해 보면서. 하지만 쿠디는 거절했다고 해서 내가 그를 미워한다거나 일부러 피하려 한다고 의심하지 않는다. 다음 날까지 서운함을 품고 있지도 않는다. 단지 지금 엄마의 무릎에 올라갈 수 없다는 사실을 가감 없이 받아들이고 제 할 일을 찾아간다.

해석하고 추론할 수 있는 고유한 능력 덕분에 인간의 삶은 풍요롭지만 그만큼 피곤해지기도 한다. 특히 함께 시간을 보내자는 제안이나 도움을 구하는 요청을 거절당할 때 평하는 폭발음과 함께 불안한 생각은 여러 갈래로 뻗어나간다. '내가 못마땅한가' '나한테 화가 난 일이 있을까' 하고 해석하기 시작하면서 괴로워지고 만다.

거절을 받아들이기
어려운 이유

。

거절을 당하는 순간 우리 마음은 신체적 고통과 비슷한 통증을 경험한다고 한다.[3] 거절을 당할 때 활성화되는 뇌의 영역은 몸이 고통을 느낄 때 활성화되는 부위와 비슷하다. 우리에게는 타인에게 이해받고 관계에 속하고 싶은 본능이 있기 때문이다.

유난히 거절을 받아들이는 것이 힘겨운 사람들이 있다. 상대가 '나'라는 사람 자체를 거절했다고 해석할 때, 거절의 고통은 걷잡을 수 없어진다. 이런 사람들은 상대가 거절한 이유를 자신에게서 찾으려 한다. 자기 잘못에 집중하여 당시의 상황을 되돌아보면서 상대가 싫어했을 법한 행동을 기어이 짚어내고 스스로를 탓하는 벌을 내린다. 오히려 그 편이 안심이 되는지도 모른다. 적어도 내가 어떻게 하느냐에 따라 거절을 피할 수 있을 거라는 묘한 통제감이 들기 때문이다. 그렇다고 감정이 정리되는 것은 아니어서 거절에 과도한 의미를 부여한 만큼 자신에 대한 화살은 뾰족해지고 상대에 대한 감정의 골도 깊어지게 된다.

이런 이들에게는 여러 이유가 있을 수 있다. 신뢰하는

관계를 맺어본 적이 드물거나 심하게 거부당한 경험 때문에 타인에 대한 믿음이 희미해졌을 것이다. 또는 겉으로 보이는 수줍은 모습과 달리 '나는 상처받아서도, 거절받아서도 안 되는 사람이다'라는 터질 듯 부풀어진 자기감이 있을 수도 있다. 그 아래에는 깨지기 쉬운 취약한 자존감이 근근이 버티고 있다. 타인의 평가에 따라 나의 가치가 좌지우지된다고 믿기 때문에 타인의 거절이 내 존재에 대한 매우 중요한 메시지가 될 수밖에 없다. 그럴수록 더욱 레이더를 풀가동하고 미묘한 표정이나 애매한 대답도 거절의 신호라 해석하게 된다. 최대한 방어벽을 높이 세워 거절의 위험을 대비하려는 것이다.

하지만 자기 존재가 거부당했다는 분노는 어떻게든 드러나기 마련이어서, 상대에게 은근히 화가 난 티를 내거나 상대를 탓하는 말투가 삐져나오기도 한다. 어떤 사람들은 그 긴장감 때문에 아예 관계에 선을 그어버리거나 자기감정을 솔직하게 표현하지 않고 숨기기도 한다. 그럴수록 타인은 거리감을 느끼게 될 수밖에 없고 결국 거절의 가능성 또한 높아지고 만다.

그렇다면 거절을 어떻게 해석해야 할까. 가장 두려운 상황은 상대가 나를 싫어하거나 존중하지 않아서 거절한 경우다. 만일 그런 이유로 거절하는 사람이라면 오히려 그를 관계의 바운더리 바깥으로 밀어낼 필요가 있다. 미워하는 감정은 단지 나의 행동 때문에 생기는 것은 아니라서 내가 어떻게 행동하든 상대의 태도를 바꾸기 어려울 때가 많다.

혹은 지난 관계에서의 어떤 경험 때문에 내가 싫어졌을 수 있다. 예전에 가까운 이에게서 나무라는 듯한 비난을 자주 받았던 사람이라면 비슷한 말투를 쓰는 사람만 봐도 경계하게 된다. 크고 작은 상처를 경험하면서 '이러이러한 사람은 힘들더라' 하는 자기만의 울타리가 생기고 그 선을 넘어올 것 같은 사람에게 가장 험악한 표정을 지어 보인다. 심지어 상대의 능력이나 조건 때문에 열등감을 느끼면서 자신의 치부가 자극될 때 그 사람이 미워지기도 한다. 모두 스스로를 보호하기 위한 방어기제다. 그것이 나에 대한 거절의 화살이 되어 날아들 수 있다.

물론 이런 관계가 반복된다면 비슷한 관계 패턴을 만들어내는 나의 어떠함이 있는지 살펴볼 필요는 있다. 그러나 어느 쪽에서 먼저 시작되어 만들어진 패턴이든, 이 패턴을 스스로 교정하는 것은 쉽지 않은 일이다. 이들과는 어느 정도의 거리가 필요하다.

그럼에도 우리가 만나는 거절은 대부분 '나'라는 사람에 대한 거절이라기보다 나의 제안이 그 순간 상대의 욕구와 맞지 않아서다.

서로의 욕구를 인정하고
존중하는 태도

。

K와 D는 친한 대학 선후배 사이다. 소도시라 독서 모임이 없어 늘 안타까워하던 K와 후배 D는 작정하고 멤버를 모집하여 모임을 시작했다. 모임이 늦게 끝나는 날은 K가 회식을 제안하곤 했다. 그런데 D는 자주 불편한 기색을 내보이며 회식 자리에 빠졌다. 이런 일이 여러 번 쌓이자 K는 D가 모임을 중요하게 생각하지 않는 것 같아 서운해졌다. 나중에는 D가 자신을 피한다는 의심마저 들었다. 한편 사람들과 있을 때 빨리 소진되는 D는 한시라도 바삐 집으로 가서 긴장을 풀고 싶었을 뿐이었다. 이때의 D의 거절은 각자의 욕구가 어긋난 결과에 지나지 않았다. K는 D와 함께 있는 시간을 통해 친밀감과 소속감을 얻고 싶은 반면, D는 혼자만의 쉼이 필요했다.

상대의 거절을 존중한다는 것은 타인의 욕구와 바운더리, 타인의 선택권을 모두 존중한다는 의미다. 함께 있고 싶은 내 바람을 무시하거나 일부러 마음을 상하게 하려 한 것이 아니라, 그 시간보다 더 우선으로 두고 싶은 다른 것이 있을 뿐이다. 어떤 사람은 모임에 끼기보다는 혼자 있고 싶은 것이, 어떤 사람에게는 지금 당장 시작하기보다는 천천히 생각할 시간을 갖는 것이 필요할 수 있다. 그것을 존중하는 것이다.

간혹 의도적이고 공격적으로 거절하는 사람을 만나겠지만, 그렇지 않고서야 거절에 특별한 악의가 있다기보다는 자기 욕구를 알아달라는 부탁일 뿐이다. 상대가 거절할 때, '이 순간 내가 모르는 이 사람의 욕구는 무엇일까'라고 질문해 보면 어떨까. 가족에게 더 시간을 쏟고 싶은 마음에 만나자는 내 청을 거절했거나, 자기가 세운 원칙을 지키고 싶어 제안을 거절했거나, 일을 잘 해내고 싶은 바람이 커서 내 의견을 거절했을 수도 있다. 때로는 두려움 때문일 수 있다. 자신의 경계를 침해할까 봐 혹은 자기의 취약함이 드러날까 봐, 또다시 상처 받을까 봐 하는 두려움에 거절했을 가능성도 있다.

때로는 배려조차 거절이 되어 돌아올 수도 있다. 일을 도와주려던 것이 스스로 해결해 보고 싶었던 후배에게 부담이 될 수 있고, 큰일을 겪고 있는 친구 곁에서 위로의 말을 잔뜩 건네는 게 혼자 마음을 정리하고 싶은 친구를 곤란하게 만들지도 모른다. 타인을 존중한다는 것은 그가 나와는 다른 기호와 욕구를 가지고 있는 사람이라 나의 호의가 때로는 무례와 침범이 될 수도 있다는 것을 인정하는 것이기도 하다. 내가 생각한 최선의 결론이 그에게는 낯설고 의아하게 느껴질 수 있고, 내가 좋은 것이 그에게는 불편하고 부담스러운 것일 수 있다. 그는 나와 다른 사람이라는 것, 그의 선호와 마음 상태를 내가 모를 수 있다는 것을 받아들일 때, 상대의 거절이 조금은 덜 당혹스럽게 다가올 것이다.

그럼에도 거절이 고통스러울 때, 그 순간 내 마음이 "여기 다쳤어"라고 이야기하는 곳을 살펴봐 주면 좋겠다. 상대가 그러고 싶지 않다고 이야기했을 때 나는 왜 그렇게 서운했던 걸까. '나를 가까운 사람으로 생각하지 않는 것은 아닐까'라는 영원히 알 수도 없고 내가 바꿀 수도 없는 상대의 의도를 추측하기보다는 '나는 저 사람과 가까운 사람이 되고 싶구나' 하는 내 욕구를 바라봐 주는 것이다. 거절이 아플수록 나의 바람이 강렬한 것일 테다. 그 바람이 잘못된 것은 아니다. 특정한 누군가를 통해서만 채우려 하면 갈등이 생기지만 말이다. 나의 바람은 나의 기대일 뿐이다. 상대가 그 기대에 응할 수도 있지만 아닐 수도 있다.

실은 상대도 거절하기 위해 큰 용기를 내었을지 모른다. 누군가의 실망이나 관계에 줄 여파를 감수하고라도 자기 욕구를 표현하기로 결심했을 수 있다. 그러니 또 다른 거절을 피하기 위해 관계에서 물러나지는 말았으면 한다. 오히려 거절을 무심하게 툭 받아치고, 내 마음을 들여다보는 데에 더 힘을 실어보면 어떨까. 내 존재를 거절했다는 섣부른 해석을 멈추고, 지금 나와는 어긋났지만 그 자체로 존중받아야 할 상대의 욕구와 기대, 두려움을 찾아보면 좋겠다. 상대의 거절을 그의 욕구로 편안하게 받아들일 수 있을 때, 관계는 더 편안하게 오래갈 수 있을 것이다.

화는 저절로 사라지지 않는다

: 수동공격 표현 대신 적절하게 화내는 법

우리가 화를 내는 방식은 기질이 영향을 주기도 한다. 어떤 사람은 충동적이고 즉흥적으로 표출하는 편이, 또 어떤 사람은 조심하고 억제하는 편이 더 쉽다. 하지만 대부분은 부모나 주변 사람들이 화가 났을 때의 모습, 또는 자신이 화를 표현했을 때의 주변 반응을 보거나 짐작해서 학습한 것이다. 화를 심하게 표출하는 누군가를 보고 자란 사람은 갈등 상황을 무조건 피하거나 분노를 여과 없이 드러내기도 한다. 부모가 불만을 들어줄 만한 여력이 없었거나 더 크게 화를 낼까 봐 불안했던 사람은 화가 나면 일단은 참고 보게 된다. 이렇게 화를 표현하는 굳어진 패턴은 크게 변하지 않고, 그 경직성이 우리를 괴롭게 만들고 만다.

애매하게 새치기를 당했을 때, 항상 두는 곳에 치약이 자주 사라질 때, 남편이 내 의사를 묻지 않고 남은 수박을 다 먹었을 때에도 화가 났다. 하지만 그때마다 너무 소소해서, 오히려 일을 키울까 봐 티를 내지 못했다. 정말 화가 났을 때는 어떻게 화를 내야 할지 몰라서, 적당할 말을 찾지 못해 스스로에게 화가 날 때도 있었다. 화를 드러냈을 때 다른 사람이 입을 피해를 상상하게 되어 망설여졌다. 그 이면에는 혹시라도 불러오게 될 상대의 분노에 다치고 싶지 않다는 두려움도 있었다.

부부 관계에 들어서자 화를 참는 나의 패턴이 곧 문제가 됐다. 남편에게 서운한 것이 생기거나 불만이 있을 때 '그도 다 무슨 이유가 있겠지' '이건 화를 낼만한 일은 아니지'라는 생각으로 삭히다 보면 어느새 불만이 눈덩이처럼 커져 있었다. 그러다 꼭 한번은 쏟아내야 하는 순간이 찾아왔다.

이를테면 이런 식이었다. 일단 언짢은 일이 생겨도 '평화'를 위해 그냥 넘긴다. 자잘한 일이 쌓이다가 한계 수위를 넘기면 남편에게 대화를 청한다. "지난 주 그 일 말이야"로 시작한 대화는 그제 있었던 일과 오늘 아침 사건과 엮어져서 엄청난 문제로 부풀어져 있다. 그는 당혹해 한다. "그때 화난 줄도 몰랐네. 이야기를 하지 그랬어." 그의 어리둥절한 얼굴에 내 대답은 한결같다. "그땐 별일 아닌 줄 알았는데 아니었어." 이런 식으로 한꺼번에 쏟아놓는 패턴이 반복되자 언제부터는 "이야기 좀 하자"는 내 말이 그에겐 가장 부담스러운 말이 되었다.

수동공격적인 표현은
갈등 해결에 도움이 되지 않는다

○

화는 표현하지 않고 지나간다고 없어지는 것은 아니다. '자고 나면 괜찮겠지' 하고 자고 일어나도 화는 여전히 그 자리에 있다. 그러다 엉뚱한 곳에서 드러나기도 한다. 못마땅한 표정으로 앉아있거나 퉁명스럽게 말하기도 하고, 부탁받은 일을 미루거나 실제로 잊어버리기도 한다. 이처럼 분노를 은근한 방식으로 드러내는 패턴을 **수동공격적인**passive-aggressive 표현이라 한다.[4] 스스로는 화를 내고 있다는 사실조차 인지하지 못하지만, 분노는 전달되기 마련이어서 상대는 영문도 모른 채 불쾌해지고 만다. 이처럼 수동공격적인 표현은 갈등 해결에 도움이 되지 못할뿐더러 장기적으로 관계의 만족도를 떨어뜨리게 된다.

우리는 좀 더 적극적으로 방법을 찾아보기로 했다. 나역시 상담사로 부부 내담자를 만나면서 갈등의 불씨를 그대로 두었을 때 나중에는 걷잡을 수 없어지는 모습을 많이 봐왔기 때문이었다. 부부상담을 받아보기도 했고, 그즈음 상담 공부를 위해 비폭력대화를 배운 것도 도움이 되었다. 별일 아닌 줄 알고 넘어갔던 일이 실은 내게 별일로 남는다는 것, 화를 누르면 내 감정을 존중하지 않게 되어 나와의 연결이 끊어지고 상대도 예전 같은 마음으로 대할 수 없어 상대와의 연결도 끊어지게 된다는 것, 화를 참는 것이 어린 시절에는 나를 보호할 수 있었지만, 지금은 오히려 남편과의 관계를 위태롭게 하고 있다는 것도 알게 되었다.

화를 표현하는 다른 방식을 시도해 볼 필요가 있었다. 익숙하고 안전하게 느껴졌던 방식을 포기하고 새로운 시도를 한다는 것은 온 몸 구석구석 숨어 있는 용기를 끌어 모으는 일처럼 비장하게 느껴졌다. "나 화났어"라는 한 마디 말이 왜 그다지도 힘든지. 쌓아뒀던 화는 그렇게 잘 이야기하면서도, 당장에 들끓는 마음을 말로 표현하는 것은 쉽지 않았다.

상담 후 처음 화를 꺼내보던 날은 어울리지 않은 옷을 입은 것 같았다. '자기가 그렇게 말하니까 화나는데' '나 너무 화가 나' 등 여러 버전의 대사를 머릿속으로 떠올려 보고 있었다. 그러다 '이다지도 사소한 것에 화가 났다고 얘기해도 되나' 하는 생각에 다시 망설이기를 반복했다. 늘 모든 감정은 이유가 있고 중요하다고 얘기하던 사람이 내가 아니었던가. 다시 용기를 내어 오랜 패턴을 깨뜨리기 위해 감정을 믿고 존중해 주는 제스처를 시도해 보기로 했다. 설거지를 하는 남편의 등을 보며 여러 번 입을 열었다가 돌아선 후에야 겨우 입을 뗐다. "그렇게 말 하면 화나지." 화가 난 표정을 지어도 되는지 숨겨야 하는지 갈팡질팡하느라 잔뜩 구겨진 내 얼굴을 보고 남편은 웃었다. 그도 미안함과 당혹스러움이 섞여 비슷한 얼굴을 하고서 "화났어?" 하고 되물어 주었다. 일단 말을 뱉고 나니 화를 참느라 긴장했던 마음이 싱겁게 가라앉았다.

그동안의 고민이 무색할 만큼 화를 표현하는 데 대단한 말이 필요한 것은 아니었다. 정색하고 상대의 잘못을 비난하거나 화난 이유를 분석하여 구구절절 설명하지 않아도 되는 것이었다. '이 정도의 감정도 표현해도 괜찮을까?' 질문에 '그렇다'고 답하는 큰 산을 넘었더니 금세 목적지에 도착한 기분이랄까. 화를 표현한다고 남편과 나 사이에 큰일이 일어나는 것도 아니었다. 화를 드러내면 관계가 걷잡을 수 없이 나빠질 거라는 막연한 공포가 오히려 관계를 더 해치고 있었다.

좀 더 구체적으로 마음을 표현해야 할 때도 있었다. 남편의 야근이 잦았던 어느 주말 아이들은 공원에 놀러가자고 졸랐다. 남편에게 같이 나가자고 말하는데, 그는 집에서 쉬고 싶다며 아이들에게 점심을 차려주고 방으로 들어가 버렸다. '또 이러잖아.' 그즈음 주말마다 남편은 방에 자주 들어가 있곤 했다. 남편이 가족에게 충실하지 못하다는 생각에 이르자 화가 났다. 실은 지난주부터 남편에게 이야기를 할까 말까 망설이고 있던 터였다. 어떻게든 표현해야 한다는 생각에 마음을 다잡고 방으로 들어갔다. 묵은 화의 화력 때문인지 거칠게 말이 쏟아져 나왔다. "애들이 아빠 잊어버리겠어. 가족한테 관심 좀 가져." 남편은 억울한 표정으로 "나도 최선을 다하고 있어"라고 맞받아쳤다.

분노를 표현하는 이유는 '상대의 행동이 나에게 어떤 영향을 주었는지, 상대의 행동이 어떻게 달라지길 바라는지'에 대한 메시지를 전하고 싶어서다. 남편에게 주고 싶었던 메시지가 '당신은 가족에게 관심 없는 나쁜 아빠야'는 아니었는데, 나는 화가 난 강도만큼 거세게 비난의 벌을 주고 있었다. 과거를 뒤져 '지난주도 혼자 방에 있었잖아'의 기억까지 끌어

333

들이면, 더욱 남편을 비난해도 될만한 상황처럼 여겨진다. 이때 '항상' '늘' '맨날'과 같은 말은 비난의 불쏘시개가 된다. 상대가 '늘' 그랬다면 나의 비난이 더욱 그럴듯하게 느껴지기 때문이다. 들여다보면 상대가 '항상' 그러했던 것은 아님에도, '항상'이라는 말을 뱉는 순간 '항상 그랬네'라며 자기 말을 믿어버리고 분노의 자가 발전기를 돌리게 된다. 하지만 이러한 비난은 욕구가 좌절되어 아프다는 내 마음의 외침일 뿐이다. 내가 진짜 전하고 싶었던 메시지는 나의 욕구, 즉 가족끼리 함께 시간을 보냈으면 하는 바람이었다.

화가 난 핵심적인 이유를
잘 전하기 위해서

○

상대를 비난하는 말은 갈등 해결에도 전혀 도움이 되지 않는다. 오히려 상대를 방어하게 만들어 상대 역시 진심이 아닌 메시지를 전하게 된다. '너는 얼마나 잘 했는데'라거나 '그럼 네가 다 알아서 해 보든가'와 같이 핵심에서 벗어나 겉도는 대화만 하게 된다. 상대를 비난할 때 '이기적이다' '무심하다' '게으르다'와 같이 일반적인 성격으로 확대해석하는 말도 튀어나오기 쉽다. 이 같은 일반화는 갈등 해결을 더욱 어렵게 만들어버린다. 공원에 갈지 말지를 놓고 갈등하는 문제가 순식간에 한 사람의 인격을 바꿔야 하는 중대한 문제가 되어버리기 때문이다.

화가 난 핵심적인 이유를 전하기 위해서는 상대의 행동에서 내가 원하는 것으로 주의를 옮겨야 한다. 내가 화가 난 것은 남편의 행동 때문이라기보다 내 욕구가 좌절되어서였다. 만일 내가 집에서 쉬고 싶었다면 남편의 행동이 전혀 불편하게 느껴지지 않았을 것이다. 가족과 함께 시간을 보내고 싶은 바람이 있었고, 그 욕구가 채워지지 않았기 때문에 남편에게 화가 났던 것이다. 그 바람을 전하는 것이 화를 가장 진실하게 표현하는 방법이다.

초점이 타인에게서 내게로 옮겨오면서, 어떤 감정을 표현할지, 어떻게 문제를 해결할지에 대한 결정권도 내가 가질 수 있게 된다. 화를 표현한다는 게 내 감정을 해결할 책임을 상대에게 전가한다는 의미는 아니다. 남편 탓만 하고 있는 게 아니라 채워지지 못한 내 욕구를 돌아보고, 욕구를 충족할 수 있는 다른 방법을 주도적으로 찾아볼 수 있다. 이를테면 가족과 함께 있는 시간을 미리 계획해서 요청하거나 집에서 함께 보낼 수 있는 방법을 제안해 보는 것도 가능하다. 화를 낸다는 것은 내 감정과 욕구에 대한 책임을 지고 상대에게 협조를 구하는 과정이라고도 할 수 있다.

화가 날 때 상대에 의도에 대한 확대해석이나 성격에 대한 평가, 과거의 일을 끌어들이는 것을 멈춰보자. 초점을 내게로 옮겨와 이 사건으로 어떤 기분이 드는지, 그때 자기의 욕구가 무엇인지 전하고, 상대가 어떻게 해주길 기대하는지 명확하게 밝히면 된다. "나 서운해. 나는 가족끼리 함께 시간을 보내고 싶었거든. 우리 오후에는 쉬고 저녁 먹고 같이 산책 가는 게 어때?" 이렇게까지 구체적으로 이야기할 상황이 아니라면, "지금은 쉬고 싶어. 이따 자기 전에 얘기할까?" "같이 저녁을 먹었으면 했거든. 다음에 늦게 오게 되면 미리 알려줘"와 같이 자기의 바람과 요청만 짧게 전해도 된다.

때로는 진지하게 또 때로는 가볍고 위트 있게 표현해도 괜찮다. 썩 바람직하다고 볼 순 없지만, 가끔 남편과 나는 서로 장난으로 멱살을 잡거나 엎어치기 같은 오버액션을 하면서 불편한 마음을 전한다. 서로의 우스꽝스러운 모습에 웃음이 터져나와 상대의 불만이 그리 무겁게 느껴지지 않는다. 늘 정색할 필요는 없다. 우리의 목적은 상대와 싸우는 게 아니라 화가 난 그 지점을 같이 해결해 가는 것에 있으니까.

오늘도 하나 남은 초콜릿을 집어든 남편에게 따가운 눈빛으로 분노를 쏘아 보낸다. '왜 이렇게 상대를 배려하지 않아'라는 매서운 비난으로 비약하지 않고, 당장 표현하지 않은 채 "그때도 그랬지"라는 건수를 쌓지 않고, 증기로 가득 찬 솥이 되지 않도록 그때그때 조금씩 김을 빼준다. 마음공부가 어려운 심리학자, 화를 내는 법을 이렇게 배워가고 있다.

언제나 온화한
엄마일 필요는 없다

: 정서적 항상성의 힘

친구는 아들에게 또 짜증을 냈다며 자책했다. 그녀는 내가 아는 부모 중에서 가장 너그러운 부모 'Top 3'에 들고도 남을 사람이다. 업무 공과를 두고 상사와 실랑이가 있던 날, 퇴근 후 집에 와보니 아들이 약속을 어기고 유튜브를 오래 보고 있었고, 그대로 짜증이 쏟아졌다 했다. "나 왜 이렇게 맨날 짜증내고 돌아서서 후회하는 걸까. 좋은 엄마가 아니야, 난."

양육에서 가장 중요한 원칙 중 하나는 '일관성'이라는

말을 많이 한다. 양육자의 기분에 따라 변하지 않고 안정적이고 일관적인 태도로 양육하는 것이 중요하다는 연구는 꾸준히 쌓여왔다.[5] 자녀에 대한 태도가 비일관적일 때, 아이는 혼란스러워지고 분노나 불안, 불쾌감 같은 부정적인 감정을 적절하게 표현하기 힘들며 자기 자신이나 타인에 대해 신뢰가 약해진다는 연구 결과를 쉽게 찾아볼 수 있다.

일관적인 자녀 양육이 강조되면서 화가 나거나 기분이 상해도 한결같이 온화한 표정과 부드러운 태도로 아이를 대해야 한다는 오해가 생길 때가 있다. 하지만 아이에게 부정적인 감정을 드러내지 않는 것이 일관적인 양육은 아니다. 오히려 그러느라 우리는 중요한 것을 놓치고 만다.

엄마의
여러 얼굴들
○

어릴 적 유난히 궁금한 게 많았던 나는 어머니에게 이것저것 물어보기를 좋아했다. 그날도 가스레인지에 큰 솥을 올려놓고 무언가를 열심히 끓이는 어머니 곁에서 "엄마, 왜 우리 집은 2층이 없어? 근데 왜 영숙이네 개는 털을 밀었대?" 하며 '왜' 퍼레이드를 이어가고 있었다. 어머니는 몇 번 건성으로 대답하고는 못 참겠다는 듯 "이제 그만 물어봐, 엄마 바쁜 거 안 보이니?" 하고 날카롭게 쏘아붙였다.

어머니는 바쁜 사람이었다. 낮에는 부업 삼아 일거리를 찾아 나섰고 저녁이 되면 아버지가 퇴근하기 전에 서둘러 저녁밥을 차려내야 했다. 결혼 생활이 늘 살얼음판을 걷는 것 같았다는 어머니는 그 와중에도 휴일이면 나와 동생을 데리고 공원이나 유원지로 향했다. 홀로 도맡은 살림과 육아, 일, 긴장의 연속인 결혼 생활까지 이다지도 삶이 빠듯한 어머니에게 무언가를 요구하는 내가 버거울 만도 했을 테다.

그때의 당황스러움과 서러움이 컸던 탓인지 지금까지도 강렬한 기억으로 남아 있다. 갑작스러운 짜증 세례를 받는 일은 그 외에도 종종 있었다. 그럴 때마다 나는 그런 엄마가 되지 않겠다고 다짐하곤 했다.

하지만 그런 어머니에 대한 기억만이 전부냐 하면, 그것은 또 아니다. 어머니는 아침마다 내 머리에 정성을 쏟아주었다. 어느 날은 머리를 정수리에서부터 양 갈래로 땋아 내려 리본으로 묶고 또 어떤 날은 땋은 머리를 돌돌 말아서 양쪽에 작은 모자를 씌운 것 마냥 단단하게 붙여주기도 했다. 하루는 머리를 하나로 질끈 묶어 넘겼는데, 이마가 넓은 편이었던 내 얼굴 절반을 반짝이는 이마가 차지했다. 훤하게 벗어진 이마를 보고서도 "아이고 우리 딸 참 이쁘네" 하고 웃으며 바라보던 어머니의 모습도 있다. 수험생 시절 매일 같이 학교에서 밤늦게 돌아오는 나를 기다렸다 내가 좋아하는 쫄면을 끓여주려고 바삐 면발을 헹구던 어머니의 손길도 선명하게 남아 있다.

　이렇듯 나를 대했던 어머니에 대한 기억은 일관적이지 않다. 어떨 때는 감정을 조절하지 못하고 화를 내뱉는 사람이었다가, 또 어느 날에는 따뜻하게 덥혀진 온돌처럼 푸근한 어머니이다. 나 또한 지금 나의 딸들에게 그런 엄마이지 않을까. 가끔은 한없이 자애로운 모습이다가도, 어떨 때는 예상치 못한 지점에서 화를 내는 엄마. 아이가 냉장고에 주스를 쏟아버리거나 아끼는 컵을 깨버렸을 때도 "누구나 실수는 할 수 있어" 하며 자못 어른스럽게 아이를 타이르다가 아이가 짜증 섞인 말투로 대답하거나 한두 번 말해도 귀 기울여 듣지 않을 때에는 단전에서부터 화가 치밀어 오른다. 사실 화나는 상황과 아닌 상황이 딱 나뉘어 떨어지는 것도 아니다. 피로하거나 걱정거리가 많을 때, 남편과 다툼이 있었던 날 특히 화를 참기 힘들어진다.

　어린 내가 어머니를 보며 혼란스럽고 당혹스러웠던 만큼 아이도 나에 대해 그렇게 느끼는 순간이 있을 것이다. 그렇다고 아이가 자존감이 낮아지거나 정서 조절에 문제가 생기거나 부정적인 문제 행동을 보이게 될까? 나는 그렇지는 않을 거라 생각한다.

정서적인
항상성

○

부모와 자녀와의 관계를 깊이 연구한 정신분석가인 마가렛 말러^{Margaret S. Mahler}는 아이에게 필요한 것은 단순히 부모가 자애로운 존재로 늘 곁에 있다는 영속성이 아니라 **정서적인 항상성**이라고 보았다. 부모가 평소 따뜻하게 보살펴 주었던 경험이 충분히 쌓였을 때, 아이의 마음속에 돌봄을 주는 부모 이미지가 생긴다. 이 이미지 덕분에 부모에게 매우 실망했을 때도 부모에 대한 좋은 기억을 떠올릴 수 있고 여전히 자신을 사랑한다는 것을 믿는다. 이를 **정서적인 대상 항상성**이라고 부른다.[6] 부모에게서 기대만큼 다정하거나 온화한 반응을 얻지 못할 때도 있지만, 과거의 기억을 떠올리며 아이는 좌절감을 견디고 부모를 신뢰하는 힘을 기른다. 안정적인 애착이란 바로 그 좌절을 디딤돌 삼아 만들어진다.

물론 아이를 존중하는 소통 방식을 고민하고 노력해야 하는 것은 맞지만, 아무리 부모라도 한결같이 아이의 감정을 받아줄 수는 없다. 나 역시 아이에게 예측 가능한 엄마가 되겠다고, 화가 끓어오르는 상황에서도 분을 누르며 '엄마는 괜찮아, 너를 이해해'라는 이중메시지를 전달한 적이 있다. 그 순간 내 표정은 굳이 거울을 보지 않아도 일그러져 있었을 게 분명하다.

우리 의사소통의 절반 이상을 차지하는 얼굴 표정, 목소리 톤과 같은 비언어적인 단서는 미처 숨기기도 전에 아이에게 그대로 전달된다. '괜찮다'는 엄마의 괜찮지 않은 표정·말투에 아이는 더욱 혼란스러워질 수밖에 없다. 오히려 감정을 숨기려 애쓰면 맥박이 빨라지는 것과 같은 생리학적 각성 수준이 높아질뿐더러 상대의 각성이나 스트레스 수준도 높이게 된다.[7]

미국 캘리포니아 대학의 헬레나 카닐로위즈^{Helena R. N. Karnilowicz} 박사 연구팀은 부모에게 스트레스 상황을 겪게 한 후, 두 팀으로 나눠 한 팀은 아이 앞에서 부정적 감정을 억제하고 다른 팀은 아이에게 자연스럽게 표현하도록 유도했다. 아이 앞에서 화가 나거나 짜증나는 감정을 드러내지 않은 경우, 어머니와 자녀는 서로를 덜 따뜻하게 느끼고 관계에 덜 몰입하며 상호작용도 원활하지 못했다.[8] 감정을 누르는 데 에너지를 쓰느라 서로의 감정이나 필요에 민감하게 반응하지 못하게 된 것이다.

언제나 아이의 처지를 공감하거나 아이가 이해할 수 있는 어른의 모습을 보인다는 것은 불가능에 가깝다. 다행히도 평소 주고받았던 호의적인 태도, 부모의 위로의 눈빛과 지지의 메시지, 힘들 때 안기던 품에 대한 기억이 아이의 마음속 어딘가에 차곡차곡 쌓여 있다. 그 덕분에, 엉겁결에 터져 나온 분노, 말실수, 스스로 저버린 아이와의 규칙이 잠깐 관계를 상하게 만들더라도 관계 자체를 무너뜨리지 않는다.

여유가 된다면 당시의 감정을 설명하고 아이의 마음을 물어보면서 관계를 더 단단하게 쌓아갈 수 있다. "오늘 회사에서 힘든 일이 있었어. 이렇게까지 화가 날 일이 아닌데도 화가 많이 났네. 미안해"라고 이야기 건넬 수 있다. 오히려 아이는 친밀한 타인도 기분 나빠질 수 있고 그래서 갈등할 수 있음을, 그럼에도 회복하는 제스처를 통해 관계가 단단하게 유지된다는 것을 배울 것이다.

아이에게
'좋은' 어머니란

。

더욱이 아이는 부모가 언제 감정이 불편해지는지 알게 되면서 부모라는 타인을 통합적으로 이해할 수 있는 계기가 된다. 부모 역시 가족 내에서 배려받아야 하는 구성원이지만 양육이라는 거대한 책임 앞에 그 필요가 묻혀버린다. 특히 어머니는 유독 배려가 필요하다는 사실이 지워지곤 한다. 고유한 감정을 느끼는 개인이기보다 어머니 역할을 잘 수행하는 존재로 기대되고, 자신의 욕구보다 아이의 필요를 앞세울 때 '어머니답다'는 찬사가 얹어진다. 흔히들 아버지보다 어머니에게 더욱 이해심 많은 태도를 기대하며, '자애로운' '인자한' '희생적인'과 같이 어머니가 아이에게 어떤 태도여야 한다고 규정하는 단어가 넘쳐난다. 그러한 시선 때문에 어머니는 아이 앞에서 자기감정을 속이게 되거나 아이를 받아주지 못했다는 자책에 빠지게 된다. 그렇게 아이와 나눌 수 있는 정서적인 에너지를 빼앗겨 버린다.

도널드 위니컷은 양육자가 아이에게 미치는 영향에 대해 연구한 대표적인 대상관계 이론가이다. 그는 어머니가 아이에 대해 부정적인 감정을 느끼는 것이 자연스럽다고 보았다. 어머니는 때로 자기 삶을 방해하는 아이를 미워할 수밖에 없는데, 이를 받아들이지 못하면 자신을 억압하거나 아이에 대한 공격적인 행동으로 이어질 수 있다는 것이다.[9] 실제로 습관처럼 감정을 억압하는 부모는 오히려 자녀에게 가혹하거나 무심해지는 경향이 있다.[10] 아이를 무조건 품고 이해해야 한다는 강박에서 벗어나 자신의 진실한 부정적인 감정을 받아들일 수 있을 때, 오히려 그 감정을 안전하게 견뎌내고 불필요한 자책이나 억압을 멈추게 된다.

위니컷은 아이에게 좋은 어머니는 '완벽하고 이상적인 어머니'가 아니라, '충분히' 좋은 보통 어머니라고 했다. 부족한 부분도 있고, 아이를 돌보다 실수할 수도, 때로는 아이를 미워할 수도 있는 존재인 어머니다.[11] 좋은 부모에 대한 기준과 정보가 넘쳐나는 사회에서 우리는 이상적인 부모라는 허상 옆에 자신을 세워두곤 한다. 아이의 심리·성격·학업·건강 등 모든 면에서 가장 좋은 것을 실수 없이 제공해야만 비로소 좋은 부모가 될 것 같은 강박을 느낀다. 하지만 그런 부모는 세상에 없다. 위니컷에 의하면, 오히려 완벽한 어머니는 아이의 욕구를 미리 채워주느라 아이에게 결핍과 좌절을 느낄 수 있는 기회를 충분히 주지 못하고, 결국 아이가 독립적인 존재로 성장하지 못하게 하는 충분히 좋지 '못한' 어머니다.[12]

아이를 완벽한 양육지침을 실현할 대상으로 바라볼 때, 부모는 아이 곁에서 온전히 '존재being'하지 못하게 된다. 아이의 감정, 나의 불만과 피로, 그럼에도 아이와 함께하고자 하는 마음을 생생히 느낄 수 없고, 불안과 죄책감에 매몰되기 쉽다. 부모로서 비현실적인 기준 때문에 정작 아이와 있는 시간을 충분히 누리지 못하게 되는 것이다.

스스로 미더운 부모처럼 느껴질 때 평소 아이에게 진심을 다했던 순간들을 함께 떠올려 보면 좋겠다. 아이 또한 그때의 숨결과 온도를 간직하고 있을 것이다. 나 또한 어머니가 갑작스레 화를 냈던 장면이 지울 수 없는 기억으로 남았지만, 그 기억이 어머니가 나를 사랑했다는 믿음을 대신하는 것은 아니다. 내 슬픔에 나보다 더 아파하던 어머니의 모습, '네가 자랑스럽다'며 건네던 따뜻한 미소, 아침마다 두 손 가득 안겨주던 도시락 가방, 이런 것들이 나에 대한 어머니의 마음으로 깊이 각인되어 있다. 차곡차곡 쌓아온 어머니의 애정 어린 제스처와 그에 대한 믿음을 찰나의 행동이 무너뜨리지는 못했던 것이다. 그 기억을 떠올리며 친구에게 전했다. 오늘 아이에게 바람직하지 못한 모습이었다 하더라도, 엄마가 나를 사랑한다는 아이의 믿음을 저버리진 못했을 거라고, 그 믿음이 있는 한 아이는 잘 자랄 거라고 말이다.

타인의 시선이
나를 짓누를 때

: 주변 상황에 민감한 자아 돌보기

고등학교 동아리 가입 후 첫 모임이었다. 앞에 나가 자기소개를 해야 하는 자리에서 하필 말을 더듬었고, 더듬은 말을 회수하려다 말이 더욱 어색하게 꼬여버렸다. 자리에 돌아와서도 심장이 격렬히 뛰었다. 누군가가 피식거렸고, 다른 누군가는 어이 없어하는 듯했다. 뒤에 앉은 모든 사람이 내 뒤통수를 쳐다보는 것 같아 뒷등이 화끈거렸다. 집에 와서도 다음 날에도 그 장면이 연거푸 재생되어 괴로웠다. 복도에서 동아리 선배만 마주쳐도 흠칫 놀라 얼어붙었다. 굳은 선배의 얼굴을 보며 나를 이상한 사람으로 생각할 거라는 의심이 확신에 가까워졌다.

사춘기의 뇌 구조와 호르몬의 급격한 변화를 탓해볼 수도 있다. 자의식이 과도해진 나머지 세상의 모든 사람이 나를 쳐다보는 것 같고, 타인의 평가가 숨 쉬는 것만큼 중요해지는 시기이기도 했다. 하지만 그 후에도 타인의 시선은 내내 무거웠다. '저 사람이 나를 어떻게 생각할까?'라는 상상의 돛을 올릴 때마다 마음이 출렁였다. 상대의 시선이라는 파도에서 그만 내려오고 싶은데 방법을 몰랐다. '날 이상한 사람으로 보는 거 아닐까'라는 시나리오가 가동되면 말이나 행동거지가 부자연스러워지곤 했다. 마치 시선이 내 몸을 내리누르는 것처럼.

눈치를 살피는
'능력'
。

사람마다 타인의 시선에 민감해진 이유는 각기 다르다. 기질적인 성향이 원인이 되는 경우도 많다. 성향상 타인과 연결되는 친밀감을 선호하고 다른 사람의 표정이나 칭찬과 같은 사회적 신호에 민감한 사람들이 있다.[13] 그런 성향이 강할수록 주변 사람의 반응에 더욱 신경을 쓰고 영향을 받게 된다. 따돌림과 같이 관계에서의 심한 거절이나 호된 비난을 당한 후 다시 그런 일을 겪을까 봐, 또는 내가 나를 못마땅해 하듯 남들 역시 자신을 좋지 않게 볼 것 같아 예민해진다. 어릴 적 자신의 필요를 배려받기보다 주변의 기대에 맞춰야 했던 사람들은 성인이 되어서도 습관적으로 사람들에게 촉을 곤두세우기도 한다. 어떤 이유에서든 타인의 시선이 우리를 뒤흔들 때 괴로워진다.

타인의 시선에 신경을 꺼버리면 우리는 평안해질 수 있을까? 사람들을 의식하는 습관은 우리를 고통에 빠뜨릴 때도 있지만, 기본적으로 타인에게 호감을 얻고 소통을 부드럽게 만드는 유용한 도구다. 일단 상대의 반응에 관심을 가져야 그를 이해하고 가까워질 수 있기 때문이다. 사람들의 의중을 살피는 안테나가 발달한 사람들은 타인이 원하는 바를 재빨리 파악하여 불쾌감을 줄만한 행동은 피하고 호감을 살만한 행동을 잘 할 수 있다. 그리하여 친밀한 관계를 쉽게 만들어왔을 것이다.

사실 눈치는 다른 사람의 생각이나 감정을 알아차리는 고도의 판단력이다. 이는 **마음이론**의 바탕이 된다. 마음이론은 상대가 어떤 마음일지 이해하고자 하는 능력으로, 아동기의 중요한 발달 과업이기도 하다. 자기중심적으로 상황을 이해하던 아동은 네 살 무렵부터 상대의 의도를 추론하는 능력이 발달된다. 정황이나 타인의 행동을 토대로 타인이 어떤 욕구와 감정, 생각을 가지고 있는지 짐작해 보고 이해할 수 있게 되는 것이다. 이때 마음이론이 충분히 형성되지 못하면 소통하는 데 어려움이 생긴다. 사람들 사이에서 다른 사람이 나를 어떻게 생각하는지 고려할 수 있는 것, 다른 사람이 나를 보는 관점으로 스스로를 볼 수 있는 능력은 사회적 존재인 인간에게는 꼭 필요한 자질이다.[14]

보호막이
필요한 순간
。

유난히 이 능력이 고도로 발달되는 환경이 있다. 다른 사람과의 관계가 중시되고 타인과 연결되고 싶다는 열망이 강한 사회일수록 사회적 상황에서 적절하게 행동하고 집단에 소속되는 것이 더욱 중요해진다. 물론 같은 문화권 내에서도 개인차가 있지만, 상대적으로 한국은 집단주의 문화권에 속한다. 연구자들은 집단주의 문화권에서는 사회적 유대와 소

속이 중요하기 때문에 **상황 맥락에 민감한 자아**highly context-sen-
sitive self가 발달할 수밖에 없다고 본다.[15] 자아에 대한 기본
관점조차 매우 관계지향적이어서 '내가 나를 어떻게 보는가'
보다 '내가 타인에게 어떻게 보이는가'에 초점이 맞춰져 있기
쉽다. 개인주의적 문화권의 사람들에 비해 사회적 맥락이나
타인을 살피는 민감도가 훨씬 더 높아질 수밖에 없다.

특히 사회경제적으로 약자일 때 눈치를 더 보는 경향
이 나타난다.[16] 소위 성공한 계층에 끼지 못했거나 직장이나
가족 내에서 지위가 낮고 힘이 약한 경우 타인의 시선에 더 과
민해진다. 사람들의 기분을 살피고 무엇을 원하는지 촉각을
세우면서 우리는 그나마 지금까지 우리의 자리를 지켜오고
있었는지도 모른다. 그 속에서 발달한 눈치는 적응의 산물이
다. 살아남은 스스로에게 대견하다고 말해줘야 할 일이다.

하지만 특정 문화에서 유난한 현상이라면, 바꿔 말하
면 모든 사람들이 그렇게 살고 있지는 않고 또 반드시 그렇게
살 필요가 없다는 말이기도 하다. 특히 그로 인한 고통이 심하
다면 사회에서 요구하는 기준에 맞추기 위해 스스로를 지나
치게 희생시키고 있지는 않은지 살펴볼 필요가 있다. 민감한
레이더를 통해 상대의 기분이 어떤지, 나에게 무엇을 기대하
는지와 같은 데이터를 많이 수집할 수 있다는 것은 분명 소통

을 부드럽게 만든다. 하지만 그렇게 들어온 데이터가 내가 원하는 것과 조율하는 필터를 거치지 않고 곧바로 나의 욕구를 누르거나 내 판단을 왜곡시킨다면, 보호막을 좀 더 단단하게 만들 필요가 있다.

보호막을 만든다는 것은, 눈을 질끈 감고 타인의 생각을 억지로 무시하거나 모른체하는 것이 아니다. 이것은 또 다른 억압이 될 수 있다. 타인의 평가로부터 시선을 거두기 위해 애쓰기보다 내가 중요하게 생각하는 것, 곧 내가 좋아하는 것과 나의 가치에 힘을 실어주는 것이 우선되어야 한다.

남들이 뭐라고 하든 자기가 좋아하는 색·맛·향기·풍경·장르·분위기·움직임과 같은 자기만의 취향에 별표 스티커를 백 개 정도 붙여주는 것이다. 누가 수준이 낮다고 폄하하든 희한하다고 혀를 차든 상관하지 말고 유난히 무언가에 끌리는 나의 기호를 더욱 선명하게 다듬어주고 호들갑스럽게 응원해 주면 좋겠다.

가치라는 말이 낯설고 어려워 보일 수도 있지만 이 또한 '내가 좋아하는 무엇'이다. 각자가 중요하게 생각하는 것과 그 정도는 모두 다르다. 어떤 사람은 조금씩 더 나은 존재가 되는 것, 어떤 이는 안전한 공간에서 편안함을 누리는 것, 누군가는 어려운 처지의 사람들에게 따뜻함을 건네는 것이 중요할 수 있다. 어느 때보다 충만한 행복감을 느낀다면 자신의 가치에 가까운 행동을 하고 있을 가능성이 높다. 그 순간을 과하다 싶을 만큼 주목해 주고 '그래 나는 이걸 중요하게 생각하네!'라고 스스로를 향해 크게 외쳐주는 거다. 때로는 성공이든 인기든 선함이든 사람들이 옳다고 이야기하는 것에 의문을 가져보거나 그와는 다른 선택이나 삶의 방식을 상상해 보는 것도 나만의 가치에 조금 더 다가갈 수 있게 해줄 지도 모른다. 나도 모르는 사이 쫓고 있던 허상이 걷히고 나면 내가 진짜 원하는 것이 보일 수도 있다.

그 시간들이 포개지면서 나에 대한 확신이 점차 공고해지고 보호막이 층층이 두터워진다. 다른 사람들의 기준보다 나의 기준에 더욱 무게를 실을 줄 알게 되는 것이다. 타인의 눈치를 보지 않는 것은 불가능한 일이고 또 그래서도 안 될 테지만, 그것이 나를 휘두르지 않도록 지켜주는 방어벽이 필요하다. 내가 응원하는 나의 취향과 가치가 바로 그 성채가 되어줄 것이다.

나를 구해주는
비상 연락망

: 상호 의존에서 피어나는 공명의 온기

그런 날이 있다. 마음이 울적하고, 별다른 이유도 없이 가라앉는 날. 사실 마음에 이유가 없는 경우는 없어서 찬찬히 톺아가다 보면 소소하게 스트레스 받은 일들이 떠오른다. 어제는 친한 친구가 멀리 이사를 갔고, 그 전에는 귀에 생긴 염증이 잘 낫지 않아 걱정스러웠고, 밀려 있는 일이 부담스럽다거나 하는 것들이다. 하지만 그 모든 일들로도 설명되지 않는 깊은 가라앉음이 있다. 월경전 증후군PMS인가 싶어 주기를 점검해 보아도 맞지 않고, 최근 몸에 무리가 될 정도로 수면량이 적거나 스케줄이 빠듯했던 것도 아닌데, 왜 이런 걸까.

고요한 시간에 산책을 하거나 좋아하는 당근케익을 먹거나 스트레칭을 하면서 나름 기분을 달래보지만, 그럼에도 끝도 없이 무거워진다. 아무리 마음을 분석하고, 또 이렇게까지 무력할 일이 아니라고 나를 타이르고, 새로운 기대를 억지로 심어보아도 여전하다. 아, 나는 슬픈 것이었다. 어떤 연유에선지, 툭 하면 눈물이 새어나올 만큼 슬픔이 눈 아래까지 찰랑거리고 있었다. 여러 크고 작은 상실감과 불안을 실은 채 덜컹덜컹 굴러오던 수레가 턱 하고 조금 큰 돌부리에 걸려 휘청이고 있었다. 그제서야 핸드폰을 꺼내 들고 SOS를 청한다, 이럴 때 어김없이 가장 먼저 생각나는 사람들에게.

내 주변의
마음 주치의
◦

아무 때나 어느 주제의 이야기도 맥락 없이 불쑥 던질 수 있는 친구들이다. '지금 하늘 봐, 너무 멋지다'라거나 '편의점 왔는데 실내화를 짝짝이로 신고 나왔어' 같은 시답지 않은 이야기부터 '상사한테 한 소리 들어서 속상해' '아이가 너무 말을 안 들어서 짜증나' 같은, 순간 타오르는 감정까지 채팅창에 툭툭 뱉어놓는다. 그러면 와르르 달려들어 맞장구를 치고 함께 분노를 뿜어내 준다. 이미 채팅방에는 싱거운 농담부터 주소 잃은 감정들이 가득하므로 '이런 말을 해도 될까' '너무 무겁진 않을까' 하고 망설이지 않아도 된다. 어떠한 마음의 요동도, 기쁨이든 슬픔이든 두 팔 벌려 맞이해 줄 것만 같다.

회사 동료이자 같은 임상심리전문가인 친구에게도 자주 터놓는다. '그 사람은 이런 바람이 있었던 거 아닐까'라고 심리학자의 시선에서 조심스레 분석해 주기도 하고, 때로는 이런저런 질문을 던져 내가 생각하지 못했던 감정의 이면을 바라볼 수 있게 도와주기도 한다. 마음을 공유하고 분석해 온 시간이 길어질수록 '주로 어느 때에 화가 나거나 슬퍼지는지' '이 일이 언제부터 꼬이기 시작했는지' '어떨 때 뿌듯해지는지' 같은 서로에 대한 정보가 차곡차곡 쌓여간다. 우리는 서로에게, 차트를 굳이 꺼내 보거나 문진표를 작성해 달라고 할 필요가 없는 오랜 마음 주치의인 셈이다.

'나 이러저러해서 우울한가 봐' '상태가 좋지 않아'라고 말을 건네면 이들은 '그런 일이 있으면 당연히 힘들지'라는 토닥임으로, '왜 그런 거 같아?'라는 질문으로 마음에 이불을 덮어준다. 물론 내 마음에 닿는 말도, 그렇지 않은 말도 있지만

357

조심스레 살펴봐 주는 시선이 한번 지나고 나면 그 마음은 이전과 같지 않다. 시선의 온기가 여전히 남아 있기 때문이다.

공명의
온기

。

사실 나는 남들에게 내 얘기를 잘하는 사람이 아니다. 오히려 몇 시간이고 상대의 이야기를 듣고만 있기도 하고 내 마음을 꺼내는 데 답답하리만큼 오랜 시간이 걸린다. 하지만 들을 때만큼은 그 사람 속에 들어가 같이 헤매며 길을 찾고, 마침내 '이 마음이구나' 하고 얼추 포개어지는 곳을 발견할 때까지 마음을 다해 듣는다. 그래서인지 그 농도를 좋아하는 친구들이 곁에 남았고, 그들 역시 그리 듣는 사람들이다.

'피부 바깥에 있는 존재는 누구도 우리를 온전히 이해할 수 없다'는 말이 있지만, 공감이라는 것은 애서 그 경계를 뚫고 들어가는 것이다. 내 마음과 똑같을 수는 없지만 그 상황을 힘껏 헤아려보며, 저 상황에 나라면 어땠을까를 상상해 보며, 혹여나 너무 깊숙이 들어가 상대를 더 다치게 하진 않을까 한 번 더 생각해 보며 고운 말을 정제해서 건넨다. 서로의 정성이 전해져 무거운 추를 달고 끝없이 내려가던 마음도 조금

가벼워진다.

　　그리고 주섬주섬 해야 할 일을 찾는다. 문서 파일을 열고, 마음 한구석 무거운 돌덩이를 느끼며 눈물이 그렁그렁한 채로 칸을 채운다. 동료와 소통을 하고 문서를 다듬다 보면 어느새 시간이 훌쩍 가 있다. 학교에서 돌아온 아이들과 간식을 나눠먹으며 하루 일과를 듣다 보니 돌덩이가 잠시나마 가볍게 느껴졌다. 기분이 가라앉을 때 궁극적인 처방은 못되지만 잠시 주의를 환기할 수 있는 무언가가 도움이 될 때가 있다.

　　물론 그 모든 일을 하기 불가능할 정도로 기분이 가라앉는 경우도 있다. 일상의 책임을 감당하는 것 자체가 버거울 만큼 힘들다면 전문적인 도움을 받아야 한다. 그 정도가 아니더라도 우울한 감정은 우리가 이유를 찾지 못하는 사이에 무시로 왔다가 가곤 한다.

　　이미 찾아온 기분은 어찌할 수 없다. 우리가 할 수 있는 것을 할 뿐이다. 다만 그 과정에서 곁에서 한두 마디 마음을 덜어줄 친구가 있다면, 그 무게를 견디는 시간이 훨씬 수월해진다. 힘들 때 곁에서 위로해 줄 누군가가 있다는 것만으로도 스트레스 상황에서 분비되는 호르몬인 코르티솔 수치나 혈압이 낮아진다고 한다.[17] 사람들의 지지가 스트레스 반응을 줄여주고 회복에 기여한다는 것은 여러 연구자들이 거듭 밝히고 있는 사실이다.

'그런 마음이 들만하지'와 같은 내 마음을 덮어주는 언어는 '이것도 생각 못했어?'라고 나를 비난하거나 자책하는 언어 혹은 '한참 뒤처져 있잖아'와 같이 높다란 기준을 들이대며 나를 실패자로 만드는 사회의 언어로부터 단단한 보호막이 되어준다. 그리하여 마침내 내 앞에 주어진 현실을 견디고 마주하고 겪어낼 수 있는 용기를 준다.

그러므로 물리적인 위험에 처할 때 비상 연락을 돌리듯, 마음이 위험 상태일 때도 도움을 요청할 수 있는 비상 연락망이 필요하다. 비상 연락을 돌릴 수 있는 이들이 떠오른다면, 그리고 그 덕분에 마음이 놓인다면 그것만으로도 이미 안전한 버팀목을 갖고 있는 셈이다.

울적할 때는 아무도 나를 반기지 않을 거라거나 어떤 것도 도움이 되지 않을 거라는 식으로 생각이 흐르기 쉽다. 나에게 거듭 안부를 묻는 누군가, 고민을 털어놨던 누군가가 떠오른다면 망설이지 말고 인사를 건네면 어떨까. 나만큼 소소한 걱정과 후회와 불편으로 가득 차 있을 상대의 마음에도 안부를 묻고 판단이나 평가 없이 바라봐 주면 좋겠다. 그리고 지금의 어려움은 나뿐 아니라 누구에게나 찾아온다는 것을 떠올리며, 가벼이 내 마음을 전해보면 좋겠다. 처음에는 기대만큼 연결감을 느끼지 못할 수도 있다. 하지만 파도가 여러 차례 지나간 자리에 거칠었던 자갈이 뭉툭해지듯, 안부와 질문과 응답이 오가다 보면 나의 지지망도 조금씩 두터워질 것이다. 관계를 돌보는 것 역시 자신을 돌보는 하나의 방식이다.[18]

여러 날이 지난 지금 마음은 제법 평온해졌다. 왜 그런 무거운 감정이 다녀갔는지 여전히 명확하게 이해할 수 없다. 그리고 언젠가 또다시 찾아올 것이다. 그럴 때 감정 속으로 뛰어들지 않고 버틸 힘을 실어줄 누군가를 찾아본다면, 그리고 그 온기를 끌어안는다면, 그 선택이 내 마음을 보살펴 줄 거라 믿는다.

공명의 경험은 전염이 된다. 누군가가 내 마음 속 일렁이는 우물을 가만가만 들여다봐 주고 길어 올려줬을 때 안도했던 경험은 몸 어딘가에 각인되어 있다. 그리하여 나 역시 그런 사람을 만났을 때 내가 경험했던 눈길로 바라봐 주고 또 공명하려는 태도로 고쳐 앉게 만든다. 그 선순환의 고리를 따라갈수록 공명의 파장은 더 깊고 더 넓어질 것이다.

관계의
춤

: 타인이 내게 던진 마음을 공감하기

대학병원 정신건강의학과 수련을 받을 때의 일이었다. 오래 우울을 앓은 내담자 J와 몇 차례 상담을 이어가고 있었다. 그녀는 어떤 제안에도 "안 될 거 같은데요"라며 시도해 보길 주저했고 도무지 나아지려는 의지를 보이지 않았다. 회기가 거듭될수록 '아무래도 이 사람을 도울 수 없을 것 같아' '내가 상담을 잘 못하고 있는 것 같아'라는 생각이 들었다. 매달 사례회의라는 이름으로 교수님께 상담에 대한 조언을 듣는 자리가 있었는데, 가장 고민이었던 J의 사례를 여쭈었다. 교수님은 한 문장으로 정리해 주셨다. '지금 네가 느끼는 이 감정이 내담자의 감정일 수 있다'고.

　　　나의 '포기하고 싶은 마음'이 내담자의 뿌리 깊은 감정이라니. J의 어려움이 새로운 관점으로 보였다. 오랜 시간 '나는 변할 수 없어' '아무도 나를 도울 수 없어'와 같은 무력감이 쌓여 있는 사람은 가까운 이들이나 상담자에게까지 그 감정을 전염시킬 수 있다. 무력감이 전염된 주변 사람들은 그 사람이 나아지도록 도울 수 없다는 절망감에 하나 둘 서서히 손을 놓고 떠나게 된다. '아무도 나를 도울 수 없다'는 두려움이 현실이 되는 순간이다. 그럴수록 J의 무력감은 한층 더 깊어졌을 것이다.

　　　나를 보호하기 위한 방어기제,
　　　투사적 동일시
　　　○

　　　이를 정신분석학에서는 '투사적 동일시projective identi-fication'라 부른다. 타인에게 내 감정이나 충동을 던진다는 '투사'와 그걸 받은 타인이 같은 마음이 들게 만든다는 '동일시'가 합쳐진 용어이다. 이 개념을 처음 제안한 멜라니 클라인

Melanie Klein은 투사적 동일시가 자신을 보호하기 위한 방어기제 중 하나라고 설명했다.[19] 스스로 인정하거나 감당하기 힘든 불안·분노·경멸·질투심과 같은 감정을 상대에게 던져놓고 마치 그 감정의 원래 주인이 상대인 것처럼 바라보는 것이다.

투사적 동일시는 상담실에서만 일어나는 현상은 아니다. 일상에서도 상대의 감정이 나의 것처럼 찾아오는 상황은 의외로 자주 일어난다. 연인 관계에서도 자신의 열등감을 받아들일 수 없는 사람이 무의식적으로 상대를 깎아내리거나 무시하는 말을 자주 하고, 결국 상대도 스스로 뭔가 부족한 사람이라고 느끼게 된다. 물질적 성공을 쫓는 스스로를 한심스러워하는 사람이 타인에게 세속적이라고 비난하면서 상대 역시 죄책감을 느끼게 만드는 경우도 그렇다.

평소에는 지극히 다정한 친구 H는 프로젝트를 함께할 때 다른 사람이 되곤 했다. 결과가 마음에 들지 않으면 상대를 비꼬는 말을 늘어놓았다. "상식적으로 이건 아니지 않아?" 상대가 미처 고려하지 못한 허점을 지적하거나 '그것도 몰랐냐'는 듯한 표정으로 고쳐야 할 점을 알려주었다. 이때 주눅 들어 스스로 못나게 느껴진다면 열등감이라는 감정의 춤을 그와 함께 추기 시작하는 것이다.

H는 똑똑하고 재능이 많은 친구였지만, 본인은 정작

스스로에 대해 자신이 없었다. 충분히 인정받지 못하면 자기 능력에 대한 확신을 잃어버렸다. 상대의 허점을 지적하는 행동에는 스스로 상대보다 많이 알고 있다는 것을 알려주고 싶은 마음이 있었을 것이다. 그 뿌리는 자신이 무능하여 프로젝트에 기여하는 사람으로 인정받지 못할까 봐 하는 불안이었다.

스스로 인정하기 힘든 두려움은 무의식에서 있다가 의식하지 못하는 사이에 상대에게 전해진다. 상대는 그 감정을 자기감정으로 여기게 되는데, 특히 이미 열등감이 있었거나 스스로가 마음에 들지 않은 날일수록 H의 열등감은 더욱 자극되었을 것이다.

우리는 의식하지 못하는 사이 타인의 감정에 전염되어 상대의 감정에 따라 자책하거나 화를 내거나 원망하게 된다. 그렇게 말려들기 시작하면 상대도 나도 괜한 갈등에 에너지를 쏟게 된다. 그의 곁에 있으면 이상하게 자꾸 불안하거나 화가 나거나 무기력해진다면, 혹은 스스로도 이해할 수 없을 정도로 평소와는 다르게 반응한다면 잠깐 멈추고 생각해 볼 일이다. 이 감정이 어디서 온 것인지, 내 마음인지 혹은 상대가 던진 감정은 아닌지. 물론 그 구분이 쉽지는 않지만, 상대에 대해 별다른 선입견이 없었음에도 그에게서만 반복적으로 강하게 느껴지는 감정이 있다면 의심해 볼 수 있다. 스스로의 마음을 투명하게 잘 살피는 사람일수록 타인의 감정도 구분하기 쉬워진다.

공감으로 향하는
발걸음

타인이 내게 던진 마음이라 느껴질 때, 그도 받아들이기 힘든 무언가가 있어 애를 쓰고 있다는 사실을 어렴풋이나마 짐작해 볼 수 있다. 언어로 표현하지도, 심지어 의식 수준에서 인식하지도 못할 만큼 아득한 감정이지만, 어떻게든 전하고 싶고 결국에는 이해받고 싶은 마음이기도 하다. 무의식적으로 다른 사람도 그와 같은 감정을 느껴주기를, 거기에 반응해 주기를 바라는 것이다.

비교적 최근 들어 학자들은 투사적 동일시가 공감의 기초가 된다고 해석한다.[20] 우리는 타인의 마음속에 들어갈 수 없지만, 투사를 이용하여 서로 공감하고 공감받는다. 자기 감정이나 욕구를 타인이 직접 경험할 수 있도록 타인에게 던지고, 타인이 같은 감정을 경험하는 것을 보면서 이해받는 것처럼 느낀다.[21] 이러한 관점에서는 투사적 동일시가 말로 표

현하지 못하거나 언어화할 수 없는 고통스러운 감정의 소통 채널이 되기도 한다.[22]

상담사는 이렇게 전해진 감정을 내담자가 받아들일 수 있도록 돕는 역할을 한다. 내담자가 무력한 감정을 던질 때 상담자가 하는 일은 내담자로부터 투사된 감정이라는 것을 알아차리고 함께 무력감에 뛰어들지 않는 것이다. 이를 위해서는 상담자 자신에게 찾아 온 감정을 부인하거나 피하지 않고 그대로 느끼고 인정해야 한다. 내담자가 견디기 힘든 감정이었던 만큼 상담자도 그 감정이 찾아올 때 당혹스럽고 밀어내 버리고 싶다. 하지만 자기 마음을 인정하지 않으면 내담자의 마음도 볼 수 없다.

그 후에 감정이 어디서부터 왔는지를 살펴보고, 내담자에게서 비롯된 감정이라면 그저 함께 느끼고 버텨준다. 때에 따라 어느 시점에 다다르면 소화할 수 있을 만큼의 공감으로 되돌려주기도 한다. "무엇으로도 상황이 나아질 수 없을 거라 생각하신다면 이런저런 방법을 시도해 보고 싶지 않을 것 같아요. 저도 막막하고 무력하게 느껴지네요"라고 밑바닥에 있는 마음을 비춰주는 것이다. 상담자가 내담자의 오래된 감정을 견뎌낼 수 있을 때 내담자에게도 이를 받아들일 수 있는 용기가 생기고, 거기서 변화가 시작된다.

내가 쉽게 내 감정을 남에게 뒤집어씌울 수 있듯 상대도 그러할 수 있다는 것을 기억하면 좋겠다. 그만큼 저 감정이 저이에게는 감당하기 버거운 감정이구나, 그 때문에 제법 고통스러운 시간을 보내왔겠구나, 하고 바라봐 줄 수 있다면 어떨까. 그것만으로도 상대는 자신의 마음이 받아들여진다는, 자신이 그토록 밀어내고 싶었던 감정이 실은 갖고 있어도 괜찮은 것이라는 안도감을 느끼게 될지도 모른다. 그렇게 각자 짊어지고 있는 지독히 무거운 감정이 조금은 견딜만한 것이 되지 않을까, 생각해 본다.

새로운 관계 앞에서
망설이는 당신에게

: 타인을 향한 문을 활짝 열고 정향하는 용기

말도 안 되는 일을 겪거나 속상할 때 털어놓을 누군가가 떠오른다면, 그 누군가가 그런 당신에게 맞장구쳐 줄 거라고 믿는다면, 당신은 조금은 더 안온한 세계 속에서 살고 있는 셈이다. 돌봄과 존중을 주고받을 수 있는 누군가가 있다는 것은 삶의 체감 온도를 분명 다르게 만들기 때문이다. 이러한 관계망을 사회과학에서는 '사회적 지지'라고 부른다. 사회적 지지는 에어백처럼 인생의 크고 작은 고비에서 우리를 보호해 주는 역할을 한다. 여러 연구에 따르면, 사회적 지지망이 튼튼한 사람들은 보다 스트레스를 더 잘 다루고, 우울이나 불안과 같은 정신병리의 발병율이 낮고, 신체적으로 건강하며, 심지어 수면의 질도 좋다.[23]

하지만 유난히 이 관계망 속으로 들어가는 게 힘겨운 사람들이 있다. 기질적으로 불안감이 크거나 특히 성장 과정에서 지속적으로 심한 비난이나 거부, 따돌림, 배신과 같은 상처를 가진 경우, 자기만의 성에서 나오기 어렵다.

K는 아이를 보낼 어린이집을 찾고 있었다. 집 근처 어린이집에 등록 절차를 알아보려고 찾아갔다. 마침 엄마들 몇몇이 어린이집 앞에서 수다를 떨며 아이들 하원을 기다리고 있었다. 남편의 이름이며 지난주 시어머니가 방문한 이야기까지 아는 걸 보니 서로 꽤 친한 듯싶었다. 여기저기 인사해가며 하하 호호 웃는 그들을 보는 순간 '여긴 안 되겠다'는 생각이 들었다. 저 정도로 친밀한 관계 속에 들어간다고 생각하니 벌써부터 피로와 긴장이 몰려왔다. 거의 동시에 '저러다가 누구는 상처를 받고 나가떨어지겠지' '나는 끼고 싶지 않아'라는 생각이 따라 들었다.

K는 초등학교부터 중학교에 이르기까지 따돌림을 당하는 일이 자주 있었다. 그 후로 학교나 직장에서 만난 사람들

과도 적당히 거리를 두며 지냈고, 동아리나 친목 모임 같이 사람들과 어울려야 하는 모임은 참여해 볼 생각조차 하지 않았다. 그녀는 '혼자서도 잘 지낸다' '사람들은 필요 없다'고 말했다. 노력을 안 해본 것은 아니었다. 마음이 힘들 때 누군가와 친구가 되면 좀 낫지 않을까 싶어 직장 동료에게 말을 걸어보기도 하고 회사 동기 모임에 가보기도 했다. 하지만 이 사람은 이래서 K의 기분을 상하게 했고, 저 사람은 저럴까 봐 두려웠다. 때로는 애초에 누군가와 친해지기 위해 노력을 들이는 게 수고스럽게 느껴졌다. 눈을 맞추고 적당한 대화 주제를 찾는 그 모든 것이 어려운 시험 문제 같았다.

타인을 향한 문을 닫을 때, 나 자신도 갇히게 된다

ㅇ

친밀한 관계로 뛰어들지 못하는 것은 신뢰하기 힘들어서이다. 상대가 믿을만한 사람일까 하는 의심도 있지만, 나를 받아 줄 거라는 믿음이 약해서도 있다. 우리는 중요한 관계에서 어떤 경험을 했느냐에 따라 관계에 대한 신념이 생긴다. 후에 만나게 되는 사람들도 그 신념의 틀로 바라보게 된다. 관계에서 깊이 상처받은 경험이 있는 경우, 타인은 믿을만하지 못하고 자신의 부족한 면 때문에 사람들이 좋아하지 않을 거라는 신념이 생겨버린다. 누군가 가까워져도 언젠가는 자기를 밀어낼 테고, 친절한 사람들도 속으로는 자기를 탐탁지 않게 생각할 거라 믿는다. 그래서 관계가 깊어지는 게 무섭다. 이들에게 관계는 나를 편안히 드러내 보여도 되는 안전한 곳이 아니라, 상처받지 않도록 나를 지켜내야 하는 위험한 곳이다.

K는 스스로도 의식하지 못할 만큼 깊은 곳에서는 기댈 수 있는 누군가를 바라고 있었다. 단지 두려움이라는 높다란 담장에 가려져 있을 뿐이었다. 담장 너머 바깥을 흘깃거리면서도 '진짜 나를 알게 되면 언젠간 다 떠나버릴 거야'라는 두려움에 갇혀 있었다.

우리는 지금껏 경험한 관계 그 이상이 있다는 것을 상상해 내기 힘들다. 이전에 겪었던 사람들 대부분이 나를 못마땅해 했다면, 다른 사람들도 그와 비슷할 거라고 가정해 버린다. 의심과 걱정에 가로막혀 그렇지 않은 사람이 있음을 확인해 볼 용기를 내지 못한다. 그렇게 타인에 대한 불신을 넘어설 수 있는 기회를 영영 잃어버리게 된다. 철학자 라르스 스벤젠 Lars Svendsen 교수의 말대로, 타인을 향해 문을 닫는 순간 그 문 안에 자신을 가두고 만다.[24]

좀 친해지는 것 같다가도 어느 순간 훅 거리가 느껴지

는 친구 L이 있었다. L은 어느 모임에서든 자청해서 리더를 맡을 정도로 활발하고 주도적이었다. 분명 관심사도 많이 겹치고 대화도 잘 통하는 것 같은데 관계가 삐거덕거리면서 더 이상 나아가지 않는 느낌이었다. 실은 나에게 L은 주관이 뚜렷하고 직설적인 편이라 타인의 생각을 충분히 공감하지 못하리라는 선입견이 있었다. L 앞에서는 말을 고르게 되고, 감정을 표현할 때도 조심스러워졌다.

그녀도 나도 마음이 말랑해진 어느 날, 이런 마음을 L에게 전했다. 그랬더니 L은 놀란 눈으로 자기도 같은 마음이었다고 답했다. 속내를 알 수 없어 답답했지만 내가 싫어할까 봐 선뜻 물어보지 못했고, 자신을 믿어주지 않는 것 같아 서운함만 쌓여왔다 했다. 나의 긴장하고 주저하는 마음이 고스란히 전해져 그녀를 더 망설이게 했을 테다. 우리는 그렇게 서로가 받아줄 것을 신뢰하지 못해 관계에 선을 긋다 결국 그 이상 가지 못하고 있었다.

상대 또한 '거절에 대한 불안'과 '받아들여지고 싶은 욕구'가 있는 사람이란 것을 우리는 자주 잊어버린다. 누구나 자신이 거절당할 위협에 놓일 때는 도망가거나 숨기도 하고, 이해받지 못할 때는 날카로워지기도 한다. 관계란 그렇게 취약한 두 사람이 만나 쌓아가는 것임을 기억할 때, 상대 앞에서 바짝 긴장된 마음이 조금은 가벼워질 수 있다.

　　나를 비난하고 거절했던 사람들 역시 자기만의 불안, 두려움, 분노를 이기지 못해 상대를 위협하거나 거부하는 방식으로 생존해 왔을 것이다. 나에게 대단한 문제가 있어서라기보다 타인의 취약함과 나의 취약함이 만났을 뿐이다. 대부분의 사람들은 타인에게 잘 보이고 싶고 친밀해지고픈 크고 작은 욕구를 갖고 있다. 갓 태어난 아기들도 타인에게 초점을 맞춰 표정을 따라하고 또 상대의 반응이 없으면 괴로워한다.[25] 우리에게는 타인의 감정에 반응하고 소통하려는 본능이 있다. 일단 관계를 시작했다면, 상대에게 어느 정도의 호의가 있는 셈이니 그 한 줌의 호의를 믿고 차츰차츰 관계를 더 깊이 나가볼 수 있다.

상대의 진심으로
정향하라
°

　　매번 모든 사람이 나에게 관심이 없고 친해지고 싶은 마음이 없다고 결론짓게 된다면, '초점'이 문제일 수 있다. 사람은 무언가 새로운 장면을 보거나 소리를 듣거나 냄새를 맡게 되는 등 예상치 못한 자극을 만날 때 본능적으로 그 자극에 초점을 맞춘다. 이것을 **정향 반사**^{orienting reflex}라고 한다.[26] 이러한 본능적인 자동 반사 덕분에 우리는 위험한 상황이 닥쳤을 때 빠르게 감지하고 피할 수 있다. 더 중요한 사실은 우리가 어떤 자극에 본능뿐 아니라 의식에 의해서도 초점을 둘 수 있는 존재라는 점이다. 지금 이 글에 주의를 두기로 선택하는 것과 같이 우리는 의식적으로도 정향하며 살아간다.

의도적으로 내가 원하는 쪽으로 주의를 기울이지 않는다면, 우리의 주의는 자동적으로 익숙하고 본능이 이끄는 쪽으로 향하게 된다.[27] 관계에서 상처가 깊은 이들은 본능적으로 자신을 보호하기 위해 상대의 실망한 눈빛이나 심드렁한 표정과 같은 부정적 단서로 주의가 옮겨간다. 순식간에 '역시 나에게 관심이 없어. 누가 나 같은 사람을 좋아하겠어'라고 생각하며 등을 돌린다.

하지만 상대에게 그것만 있는 것은 아니다. 잘 살펴보면 나를 만났을 때 보냈던 환한 미소, 보고 싶다던 메시지, 내 말에 고개를 끄덕여주던 호응 같은 것도 있다. 의식적으로 정향한다는 것은 내 불안과 반대되는 자극에 집중해 보는 것이다. 무심한 표정도 있었겠지만 그것보다 잠깐 스친 다정한 눈빛 같은 것에 주의를 둘 수도 있다. 1시간 늦은 답문 같은 것보다 늦게 봐서 미안하다고 말하는 그 사람의 진심에 초점을 맞춰보는 것이다. 그럴 때 관계 속으로 들어갈 용기를 얻는다.

혹여나 관계에서 계속 스스로를 의심하게 되고 불안하다면, 잠시 멈추고 신뢰할 만한 사람인지 생각해 볼 필요는 있다. 그가 타인의 입장을 얼마나 존중하고 신경 쓰는 사람인지, 지나치게 변덕스럽진 않은지를 살피며 이에 따라 신뢰의 크기를 늘려갈 필요가 있다.

그렇지 않다면 한 걸음 나가보면 좋겠다. 상태가 좀 더 괜찮아지면, 조금 덜 우울해지면, 자신감이 생기면 담장 밖으로 나갈 수 있을 거라 말할지도 모른다. 하지만 관계를 위해 완벽하게 준비된 상태는 없다. 여전히 타인이 나를 받아주리라는 확신이 없고, 사람들과 비교하며 내 부족함이 커 보이고, 긴장감에 도망가고 싶지만, 한 걸음 떼보는 것이다. 그렇지 않으면 그 불안감은 영영 사라지지 않을 것이다. 상대에게도 아픔과 긴장이 층층이 쌓여 있기 때문에 때로 우리의 진심을 몰라주고 상처를 줄 수도 있다. 그 가능성을 염두에 두고 천천히 다가가 보면 좋겠다. 우리는 모두 불완전한 존재일 수밖에 없다는 것을 기억하며, 불완전한 존재 곁에 서보기로 결심하는 것이다.

상대 역시 두려움에 주저하고 있을 수 있다. 그가 나에게서 호의 어린 단서를 쉬이 찾아 정향할 수 있도록 궁금하다는 표정, 온화한 말투, 다정한 인사를 건네어보면 어떨까. 상대가 나를 받아들여 줄까 걱정하는 마음을 넘어 내가 상대를 이해해 주는 사람이 되어줄 때, 관계는 돛을 달고 더 멀리 나아갈 수 있을 것이다.

미주

1부

1) 김정규,《게슈탈트 심리치료》, 학지사, 2015.

2) 베셀 반 데어 콜크, 제효영 옮김,《몸은 기억한다》, 을유문화사, 2020.

3) 안토니오 다마지오, 고현석 옮김,《느끼고 아는 존재》, 흐름출판, 2021.

4) 베셀 반 데어 콜크, 제효영 옮김,《몸은 기억한다》, 을유문화사, 2020.

5) 위의 책.

6) 팻 오그던·재니너 피셔, 이승호 옮김,《감각운동 심리치료》, 하나의학사, 2021.

7) 위의 책.

8) 이수진·김형범·허휴정.〈우울 및 불안장애 환자의 신체자각 특성에 대한 연구〉,《신경정신의학》, 62권(1호), 2023, 63~69쪽.

9) 팻 오그던·재니너 피셔, 이승호 옮김,《감각운동 심리치료》, 하나의학사, 2021.

10 김정규,《게슈탈트 심리치료》, 학지사, 2015.

11) 독일 심리학자 배르벨 바르데츠키는《따귀 맞은 영혼》(2020, 궁리)에서 완벽주의적 내사가 특히 '마음상함', 즉 자존감의 상처와 관련이 있다고 설명했다.

12) 김정규,《게슈탈트 심리치료》, 학지사, 2015.

13) Martin L. Hoffman, "Empathy and Prosocial Behavior", In Michael Lewis, Jannette M. Haviland-Jones, Lisa Feldman Barrett(Eds.), *Handbook of emotions*, (3rd ed.), The Guilford Press, 2008, pp. 440~455.

14) Victoria L. Spring, C. Daryl Cameron, Mina Cikara, "The Upside of Outrage", *Trends in Cognitive Sciences*, 22(12), 2018, pp.1067~1069.

15) 라이언 마틴, 이재경 옮김,《분노의 이유》, 반니, 2021.

16) 알무트 슈말레-리델, 이지혜 옮김,《우울한 게 아니라 화가 났을 뿐》, 티라미수 더북, 2019.

17) Patrick M. Reilly, Michael S. Shopshire, "Anger Management for Substance Abuse and Mental Health Clients: A Cognitive Behavioral Therapy Manual and Participant Workbook", *Substance Abuse and Mental Health Services Administration Center for Substance Abuse Treatment*, 2019.

18) 조긍호·김지연·최경숙,〈문화성향과 분노통제: 분노 수준과 공감의 매개효과를 중심으로〉,《한국심리학회지: 사회 및 성격》, 23권(1호), 2009, 69~90쪽.

19) 실제로 아시아 국가와 같이 공동체 문화권의 국가에서 사회가 부과하는 완벽주의가 더 강하다는 연구가 있다. (참고: Chang E. C., "Examining the Link between Perfectionism and Psychological Maladjustment: Social Problem Solving as a Buffer", *Cognitive Therapy and Research*, 26(5), 2002, pp.581~595. ; Briony D. Pulford, Angela Johnson, May Awaida, "A Cross-Cultural Study of Predictors of Self-Handicapping in University Students", *Personality and Individual Differences*, 39(4), 2005, pp.727~737. ; Thomas Curran, Andrew P. Hill, "Perfectionism Is Increasing Over Time: A Meta-Analysis of Birth Cohort Differences From 1989 to 2016", *Psychological Bulletin*, 145(4), 2019, pp.410~429.)

20) Thomas Curran, Andrew P. Hill, "Perfectionism Is Increasing Over Time: A Meta-Analysis of Birth Cohort Differences From 1989 to 2016", *Psychological Bulletin*, 145(4), pp.410~429.

21) 이문선·이동훈, 〈내현적 자기애와 사회적으로 부과된 완벽주의의 관계에서 수치심과 자기비난의 매개효과〉, 《한국심리학회지: 상담 및 심리치료》, 26권(4호), 2014, 973~992쪽. ; Avi Besser, Gordon L. Flett, Paul L. Hewitt, "Perfectionistic Self-Presentation and Trait Perfectionism in Social Problem-Solving Ability and Depressive Symptoms", *Journal of Applied Social Psychology*, 40(8), 2010, pp.2121~2154.

22) June P. Tangney, "Perfectionism and the Self-Conscious Emotions: Shame, Guilt, Embarrassment, and Pride", In Gordon L. Flett, Paul L. Hewitt(Eds.), *Perfectionism: Theory, Research, and Treatment*, American Psychological Association, 2002, pp.199~215.

23) Avi Besser, Gordon L. Flett, Paul L. Hewitt, "Perfectionistic Self-Presentation and Trait Perfectionism in Social Problem-Solving Ability and Depressive Symptoms", *Journal of Applied Social Psychology*, 40(8), 2010, pp.2121~2154.

24) 대니얼 J. 레비틴, 김성훈 옮김, 《정리하는 뇌》, 와이즈베리, 2015.

25) 스티븐 C. 헤이즈·스펜서 스미스, 문현미·민병배 옮김, 《마음에서 빠져나와 삶 속으로 들어가라》, 학지사, 2010.

26) 존 카치오포·윌리엄 패트릭, 이원기 옮김, 《인간은 왜 외로움을 느끼는가》, 민음사, 2013.

27) Naomi I. Eisenberger, Matthew D. Lieberman, Kipling D. Williams, "Does Rejection Hurt? An FMRI Study of Social Exclusion", *Science*, 302(5643),

2003, pp.290~292.

28) Konstantina Vasileiou, Julie Barnett, Manuela Barreto, John Vines, Mark Atkinson, Kiel Long, Lyndsey Bakewell, Shaun Lawson, Michael Wilson, "Coping with Loneliness at University: A Qualitative Interview Study with Students in the UK", *Mental Health & Prevention*, 13, 2019, pp.21~30.

29) 안수정·고세인·김수림·서영석, 〈한국인들이 경험하는 외로움(loneliness)에 대한 질적 연구〉, 《한국심리학회지:상담 및 심리치료》, 35권(1호), 2023, 131~176쪽.

30) 존 카치오포·윌리엄 패트릭, 이원기 옮김, 《인간은 왜 외로움을 느끼는가》, 민음사, 2013.

31) Roy F. Baumeister, Mark R. Leary, "The Need to Belong: Desire for Interpersonal Attachments as a Fundamental Human Motivation", *Psychological Bulletin*, 117(3), 1995, pp.497~529.

32) 라르스 스벤젠, 이세진 옮김, 《외로움의 철학》, 청미, 2019.

33) Jennifer T. Parkhurst, Andrea Hopmeyer, "Developmental Change in the Sources of Loneliness in Childhood and Adolescence: Constructing a Theoretical Model", In Ken J. Rotenberg, Shelley Hymel(Eds.), *Loneliness in Childhood and Adolescence*, Cambridge University Press, 1999, pp.56~79.

34) 노리나 허츠, 홍정인 옮김, 《고립의 시대》, 웅진지식하우스, 2021.

35) 비교적 경미하게 짧은 시간 지속되는 우울감과는 달리, 우울증(우울장애)은 거의 종일 지속되는 우울한 기분, 흥미 감소, 죄책감(무가치감), 피로감, 수면·식욕·체중의 변화, 자살 사고, 초조하거나 둔화된 정신운동, 집중력과 같은 인지기능이 저하된 상태 중 다섯 가지 이상의 증상(이때 우울감이나 흥미 감소는 꼭 포함되어야 한다)이 매일 2주 동안 지속되면서, 일상생활에 지장을 주는 상태를 말한다. (참고: American Psychiatric Association , "Diagnostic and Statistical Manual of Mental Disorders", fifth edition, American Psychiatric Publishing, 2013.)

36) 조해진, 〈산책자의 행복〉, 《이효석문학상 수상작품집 2016: 산책자의 행복》, 생각정거장, 2016.

37) Peter M. Lewinsohn, "A Behavioral Approach to Depression", In Raymond J. Friedman, Martin M. Katz(Eds.), *The Psychology of Depression: Contemporary Theory and Research*, John Wiley & Sons, 1974.

38) Lee Ga Young, Cha Yun Ji, Choi Kee-Hong, "Behavioral Activation Treatment for Depression: A Systematic Review", *Korean Journal of Clinical Psychology*, 35(4), 2016, pp.858~877.

39) 행동활성화 기법의 효과에 대한 경험적인 연구가 많이 쌓여 있다. 가장 최근에는 캐나다 기분 및 불안 치료 네트워크(CANMAT)에서 인지행동치료, 대인관계치료와 함께 급성 우울장애에 대한 과학적 근거가 있는 1차 치료기법(first-line therapy) 중 하나로 선정되기도 했다.

40) Christopher R. Martell, Sona Dimidjian, Peter M. Lewinsohn, "Behavioral Activation Therapy", In Nikolaos Kazantzis, Mark A. Reinecke, Arthur Freeman(Eds.), *Cognitive and Behavioral Theories in Clinical Practice*, The Guilford Press, 2010, pp.193~217.

41) Jonathan W. Kanter, Rachel C. Manos, William M. Bowe, David E. Baruch, Andrew M. Busch, Laura C. Rusch, "What is Behavioral Activation? A review of the empirical literature", *Clinical Psychology Review*, 30(6), 2010, pp.608~620.

42) Carl W. Lejuez, Derek R. Hopko, Sandra D. Hopko, "A Brief Behavioral Activation Treatment for Depression. Treatment Manual", *Behavior Modification*, 25(2), 2001, pp.255~286.

43) 김정규, 《게슈탈트 심리치료》, 학지사, 2015.

44) David M. Clark, Adrian Wells, "A Cognitive Model of Social Phobia", In Richard G. Helmberg, Michael R. Liebowitz, Debra A. Hope, Franklin R. Schneier(Eds.), *Social phobia: Diagnosis, Assessment, and Treatment*, The Guilford Press, 1995, pp.69~93.

45) 폴 에크먼은 인간은 누구나 보편적인 6가지 감정, 즉 기쁨·슬픔·두려움·분노·놀람·혐오를 가지고 있다고 보았다.

46) Lisa J. Burklund, J. David Creswell, Michael R. Irwin, Matthew D. Lieberman, "The Common and Distinct Neural Bases of Affect Labeling and Reappraisal in Healthy Adults", *Frontiers in Psychology*, 5, 2013, pp.221.

47) Jared B. Torre, Matthew D. Lieberman, "Putting Feelings into Words: Affect Labeling as Implicit Emotion Regulation", *Emotion Review*, 10(2), 2018, pp.116~124.

48) 데이비드 월린, 김진숙·이지연·윤숙경 옮김, 《애착과 심리치료》, 학지사, 2010.

49) 마크 브래킷, 임지연 옮김, 《감정의 발견》, 북라이프, 2020.

50) 마셜 B. 로젠버그, 캐서린 한 옮김, 《비폭력 대화》, 한국NVC출판사, 2017.

51) 신현균, 〈신체화의 문화 간 차이〉, 《심리과학》, 7권(1호), 1998, 75~91쪽.

52) Eunsoo Choi, Yulia Chentsova-Dutton, W. Gerrod Parrott, "The Effectiveness of Somatization in Communicating Distress in Korean and

American Cultural Contexts", *Frontiers in Psychology*, 7, 2016, pp.383. ;
May P.M. Tung, "Symbolic Meaning of the Body in Chinese Culture and
'somatization'", *Culture, Medicine and Psychiatry*, 18(4), 1994, pp.483~492.

53) Laurence J. Kirmayer, Allan Young, "Culture and Somatization: Clinical,
Epidemiological, and Ethnographic Perspectives", *Psychosomatic Medicine*,
60(4), 1998, pp.420~430.

54) 신현균, 〈신체화의 문화 간 차이〉, 《심리과학》, 7권(1호), 1998, 75~91쪽.

55) 김윤주, 〈신체화에 있어 문화심리학적 변인의 매개효과에 관한 연구〉, 고려대
학교 박사학위 논문, 2002.

56) 베셀 반 데어 콜크, 제효영 옮김, 《몸은 기억한다》, 을유문화사, 2020.

57) 함병주·김린, 〈감정표현불능증: 그 개념과 치료적 함의〉, 《수면정신생리》, 9권
(1호), 2002, 18~23쪽.

2부

1) 제롬 케이건, 김병화 옮김, 《성격의 발견》, 시공사, 2011.

2) C. Robert Cloninger, Dragan M. Svrakic, Thomas R. Przybeck, "A
Psychobiological Model of Temperament and Character", *Archives of
General Psychiatry*, 50(12), 1993, pp.975~990.

3) 민병배·오현숙·이주영, 《기질 및 성격검사 매뉴얼》, 마음사랑, 2007.

4) Marsha M. Linehan, *Cognitive-Behavioral Treatment of Borderline
Personal Disorder*, Guilford, 1993.

5) 최영민, 《쉽게 쓴 정신분석이론》, 학지사, 2010.

6) 머레이 스타인, 김창한 옮김, 《융의 영혼의 지도》, 문예출판사, 2015.

7) 위의 책.

8) 최영민, 《쉽게 쓴 정신분석이론》, 학지사, 2010.

9) 김정규, 《게슈탈트 심리치료》, 학지사, 2015.

10) 박상현, 〈생각을 바꾼 음모론자〉, Otter Letter 레터글, 2022년 09월 21일,
https://otterletter.com.

11) 마셜 B. 로젠버그, 캐서린 한 옮김, 《비폭력 대화》, 한국NVC출판사, 2017.

12) 위의 책.

13) Eunkook M. Suh, "Downsides of an Overly Context-sensitive Self:
Implications from the Culture and Subjective Well-Being Research",

Journal of Personality, 75(6), 2008, pp.1321~1343. ; 김은정, 《사회불안장애》, 학지사, 2016.

14) 최영민, 《쉽게 쓴 정신분석이론》, 학지사, 2010.

15) 헨리 클라우드·존 타운센드, 차성구 옮김, 《NO!라고 말할 줄 아는 그리스도인》, 좋은씨앗, 2017.

16) 칼릴 지브란, 류시화 옮김, 《예언자》, 무소의뿔, 2018.

17) 김완일, 〈자기개념 복잡성과 심리적 건강의 관계: 자기개념 구획화의 조절효과〉, 《상담학연구》, 13권(2호), 2012, 979~994쪽.

18) 이부영, 《그림자》, 한길사, 2021.

19) Eunkook M. Suh, "Culture, Identity Consistency, and Subjective Well-being", *Journal of Personality and Social Psychology*, 83(6), 2002, pp.1378~1391.

20) Dan P. McAdams, "The Role of Narrative in Personality Psychology Today", *Narrative Inquiry*, 16(1), 2006, pp.11~18.

21) 성인 ADHD는 아동기에 처음 시작되어 성인이 된 후에도 증상이 남아있는 경우다. 주로 과제 시작이 어렵고 세부사항에 주의를 기울이지 못하며, 일을 우선순위에 따라 체계적으로 조직화하기 어려우며 지속적인 정신적 노력이 필요한 과제에 대한 끈기가 부족한 특징을 보인다. 성인 ADHD는 꾸준히 진단이 늘어가고 있긴 하지만, 실제로 추정되는 성인 ADHD의 유병률에 비해서 국내 진단 비율은 낮은 편이다. 산만함·충동성·부주의함 때문에 일이나 학업에서 어려움을 겪고 대인 관계에 문제가 생긴다면 전문가에게 상태를 진단받아 보는 것을 권한다. (참고: 경장재·서정철·남범우·서정석, 〈국민건강보험 데이터베이스를 이용한 한국의 소아와 성인에서 주의력결핍 과잉행동장애의 진단율 및 약물 사용 추세 연구〉, 《신경정신의학》, 60권(4호), 2021, 320~328쪽. ; Julie P. Gentile, Rafay Atiq, Paulette M. Gillig, "Adult ADHD: Diagnosis, Differential Diagnosis, and Medication Management", *Psychiatry(Edgmont)*, 3(8), 2006, pp.25~30.)

22) 수전 영·제시카 브람함, 임미정·최병휘·곽욱환·박준성·김원·조철래·김선욱·김혜경 옮김, 《청소년 및 성인을 위한 ADHD의 인지행동치료》, 시그마프레스, 2019.

23) 위의 책.

24) 인지행동치료는 생각(인지)의 변화를 통해 행동이나 정서가 변할 수 있다고 가정하는 심리치료이론이다. 내담자는 상담을 통해 인지를 재구성하고 문제 상황에서의 구체적인 대처행동을 훈련하게 된다.

25) 수전 영·제시카 브람함, 임미정·최병휘·곽욱환·박준성·김원·조철래·김선욱·김혜경 옮김,《청소년 및 성인을 위한 ADHD의 인지행동치료》, 시그마프레스, 2019.

26) 줄리아 카메론, 임지호 옮김,《아티스트 웨이》, 경당, 2012.

27) 정신분석이론 중 하나로, 관계 속에서 형성한 자신과 타인에 대한 내적 표상이 자신과 타인에 대한 지각, 관계 양식, 심리적 문제에 영향을 준다고 보았다. (참고: 김춘경·이수연·이윤주·정종진·최웅용,《상담학 사전》, 학지사, 2016.)

28) 최영민,《쉽게 쓴 정신분석이론》, 학지사, 2010.

29) 제임스 W. 페니베이커·존 F 에반스, 이봉희 옮김,《표현적 글쓰기》, 엑스북스, 2017. ; 베셀 반 데어 콜크, 제효영 옮김,《몸은 기억한다》, 을유문화사, 2020.

30) 최영민,《쉽게 쓴 정신분석이론》, 학지사, 2010.

31) 제임스 W. 페니베이커·존 F 에반스, 이봉희 옮김,《표현적 글쓰기》, 엑스북스, 2017.

32) Claudia Haase, Michal Poulin, Jutta Heckhausen, "Happiness as a Motivator: Positive Affect Predicts Primary Control Striving for Career and Educational Goals", *Personality and Social Psychology Bulletin*, 38(8), 2012. ; 김경미·류승아·최인철, 〈행복과 학업성취: 대학생을 중심으로〉,《한국심리학회지: 문화 및 사회문제》, 20권(4호), 2014, 329~346쪽. ; 구재선·서은국, 〈행복은 4년 후 학업성취를 예측한다〉,《한국심리학회지: 사회 및 성격》, 26권(2호), 2012, 35~50쪽.

33) 이부영,《그림자》, 한길사, 2021.

34) 니체 역시 사람들이 자기 인격에서 스스로 받아들이기 힘든 부분을 억압하여 외부에 투사한 '그림자'를 갖고 있다고 보았고, 그림자가 삶의 원동력이자 인간다울 수 있는 가장 중요한 근원이라고 이야기했다. (참고: 이부영,《그림자》, 한길사, 2021.)

35) 머레이 스타인, 김창한 옮김,《융의 영혼의 지도》, 문예출판사, 2015.

36) 이부영,《그림자》, 한길사, 2021.

37) 머레이 스타인, 김창한 옮김,《융의 영혼의 지도》, 문예출판사, 2015.

38) 투사는 내 감정이나 욕구를 타인에게 던지는 것이다. 내가 받아들이기 힘든 나의 마음을 마치 타인의 마음인 것처럼 생각하면서 심리적 긴장을 해소하는 방어기제다. 예를 들어, 화가 난 자기 마음을 받아들이기 힘들어 상대가 화났다고 생각해 버리거나, 상대가 미울 때 이를 의식하지 못하고 상대가 나를 미워한다고 생각하는 것이다.

39) 로버트 A. 존슨, 고혜경 옮김,《당신의 그림자가 울고 있다》, 에코의서재,

2007.

40) 이부영, 《그림자》, 한길사, 2021.

41) Marcus E. Raichle, Ann Mary MacLeod, Abraham Z. Snyder, William J. Powers, Debra A. Gusnard, Gordon L. Shhulman, "A Default Mode of Brain Function", *Proceedings of the National Academy of Sciences of the United States of America*, 98(2), 2001, pp.676~682.

42) Yaara Yeshurun, Mai Nguyen, Uri Hasson, "The Default Mode Network: Where the Idiosyncratic Self Meets the Shared Social World", *Nature reviews Neuroscience*, 22(3), 2021, pp.181~192.

43) Mary Helen Immordino-Yang, Joanna A. Christodoulou, Vanessa Singh, "Rest Is Not Idleness: Implications of the Brain's Default Mode for Human Development and Education", *Perspectives on Psychological Science*, 7(4), 2012, pp.352~364.

44) Jens G. Klinzing, Niels Niethard, Jan Born, "Mechanisms of Systems Memory Consolidation during Sleep", *Nature Neuroscience*, 22, 2019, pp.1598~1610.

45) Kimberly O'Leary, Brent J. Small, Vanessa Panaite, Lauren M. Bylsma, Jonathan Rottenberg, "Sleep Quality in Healthy and Mood-Disordered Persons Predicts Daily Life Emotional Reactivity", *Cognition&Emotion*, 31(3), 2017, pp.435~443. ; Stephanie J. Wilson, Lisa M. Haremka, Christopher P. Fagundes, Rebecca Andridge, Juan Peng, William B. Malarkey, Diane Habash, Martha A. Belury, Janice K. Kiecolt-Glaser, "Shortened Sleep Fuels Inflammatory Responses to Marital Conflict: Emotion Regulation Matters", *Psychoneuroendocrinology*, 79, 2017, pp.74~83.

46) Ann M. Williamson, Anne-Marie Feyer, "Moderate Sleep Deprivation Produces Impairments in Cognitive and Motor Performance Equivalent to Legally Prescribed Levels of Alcohol Intoxication", *Occupational and Environmental Medicine*, 57(10), 2000, pp.649~655.

47) Francesco P. Cappuccio, Lanfranco D'Elia, Pasquale Strazzullo, Michelle A. Miller, "Sleep Duration and All-Cause Mortality: A Systematic Review and Meta-Analysis of Prospective Studies", *Sleep*, 33(5), 2010, pp.585~592.

48) 에밀리 나고스키·어밀리아 나고스키 피터슨, 박아람 옮김, 《재가 된 여자들》, 책읽는수요일, 2023.

49) Andrew Salter, *Conditioned Reflex Therapy*, Watkins Publishing, 2019.

50) 변창진·김성회, 〈주장훈련 프로그램〉, 경북대학교 학생지도 연구, 13권(1호), 1980, 51~85쪽.

51) Richard F. Rakos, Harold E. Schroeder, *Self-directed Assertiveness Training*, Guilford, 1980.

52) 팻 오그던·재니너 피셔, 이승호 옮김, 《감각운동 심리치료》, 하나의학사, 2021.

53) Richard F. Rakos, Harold E. Schroeder, *Self-directed Assertiveness Training*, Guilford, 1980.

54) Arthur J. Lange, Patricia Jakubowski, Thomas V. McGovern, *Responsible Assertive Behavior: Cognitive/Behavioral Procedures for Trainers*, Ballantine Books, 1976.

55) Robert E. Alberti, Michael L. Emmons, *Your Perfect Right: A Guide to Assertive Behavior*, Psyccritiques, 16(9), 1974.

56) 미야노 마키코·이소노 마호, 김영현 옮김, 《우연의 질병, 필연의 죽음》, 다다서재, 2021, 31쪽.

57) "생각이 바뀌면 행동이 바뀌고, 행동이 바뀌면 습관이 바뀌며, 습관이 바뀌면 인격이 바뀌고, 인격이 바뀌면 운명이 바뀐다"라는 격언으로, 미국의 심리학자 윌리엄 제임스(William James)가 한 말로 알려져 있다.

58) 케빈 포크·필 테날리아, 송승훈 옮김, 《수용전념치료 매트릭스와 유연한 프레임》, 박영스토리, 2024.

59) 위의 책.

60) 위의 책.

61) 스티븐 C. 헤이즈·스펜서 스미스, 문현미·민병배 옮김, 《마음에서 빠져나와 삶 속으로 들어가라》, 학지사, 2010.

62) 러셀 L. 콜츠, 박성현·조현주·문정신·류석진 옮김, 《임상가를 위한 자비중심치료 가이드북》, 학지사, 2021.

3부

1) 권석만, 《현대 심리치료와 상담 이론》, 학지사, 2012.

2) 데이비드 P. 셸라니, 김순천·김영호·남영옥 옮김, 《리빙홈》, 한국가족복지연구소, 2011.

3) 베로니카 오킨, 김병화 옮김, 《오래된 기억들의 방》, 알에이치코리아, 2022.

4) 릭 핸슨, 김미옥 옮김, 《행복 뇌 접속》, 담앤북스, 2015.

5) 인지행동치료의 제3의 흐름 중 하나로, 미국 심리학과 교수인 스티븐 헤이즈 (Steven C. Hayes)가 발전시켰다. 수용전념치료(ACT)는 부정적 정서나 행동을 수용하고 삶에 전념하는 것을 통해 행동의 변화를 꾀했으며, 우울장애·불안장 애·강박장애 등에 치료 효과가 입증되었다.

6) 이선영, 《꼭 알고 싶은 수용-전념 치료의 모든 것》, 소울메이트, 2017.

7) 토마스 M. 마라, 신민섭·박세란·설순호·황석현 옮김, 《변증법적 행동치료》, 시 그마프레스, 2006.

8) 고유림·김창대, 〈상담자의 타당화 개입이 자기수용, 관계맺음동기 및 부적정 서에 미치는 영향: 모의상담영상 제시 실험〉, 《한국심리학회지: 상담 및 심리 치료》, 27권(1호), 2015, 1~21쪽.

9) 심리도식치료는 제프리 영이 만성적인 성격 문제를 치료하기 위해 인지행동 치료를 비롯한 여러 학파의 치료기법들을 통합해 개발했다. 개인의 심리적인 문제를 일으키는 핵심 주제를 초기 부적응도식으로 개념화했고, 이는 생애 초 기에 만들어진 후 반복해서 심리적 문제를 유발한다고 보았다.

10) 유성진·권석만, 〈심리치료에서 도식과 양식 개념에 대한 고찰〉, 《한국심리학 회지: 일반》, 27권(1호), 2008, 91~117쪽.

11) 제프리 E. 영·자넷 S. 클로스코, 최영희 옮김, 《삶의 덫에서 벗어나 새로운 나 를 열기》, 메타미디어, 2020.

12) 위의 책.

13) 김옥연·이희경, 〈정신화와 외상후성장의 관계에서 자기노출과 대처의 매개효 과〉, 《사회과학연구》, 38권, 2023, 37~77쪽.

14) 데이비드 P. 셀라니, 김순천·김영호·남영옥 옮김, 《리빙홈》, 한국가족복지연구 소, 2011.

15) 데이비드 월린, 김진숙·이지연·윤숙경 옮김, 《애착과 심리치료》, 학지사, 2010.

16) 김태사·안명희, 〈불안정 성인애착이 심리적 역경 후 성장에 미치는 영향: 자 기대상과 정신화의 매개〉, 《한국심리학회지 : 상담 및 심리치료》, 25권(4호), 2013. 853~871쪽.

17) 루이스 코졸리노, 이민희 옮김, 《뇌기반 상담심리학의 이론과 실제》, 시그마프 레스, 2013.

18) 칼 로저스, 오제은 옮김, 《칼 로저스의 사람-중심 상담》, 학지사, 2007.

19) 데이비드 월린, 김진숙·이지연·윤숙경 옮김, 《애착과 심리치료》, 학지사, 2010.

20) Michael E. Kerr, Murray Bowen, *Family Evaluation*, W.W. Norton & Company, 1988.

21) 위의 책.

22) 정채봉, 《너를 생각하는 것이 나의 일생이었지》, 샘터사, 2020.

23) 김진숙, 〈애착이론의 내적 작동 모델과 상담적 적용점〉, 《상담학연구》, 14권(4호), 2013, 2485~2507쪽.

24) 데이비드 월린, 김진숙 옮김, 《애착과 심리치료》, 학지사, 2010.

25) 위의 책.

26) 팻 오그던·재니너 피셔, 이승호 옮김, 《감각운동 심리치료》, 하나의학사, 2021.

27) APA Dictionary of Psychology. https://dictionary.apa.org/reparenting.

28) 베셀 반 데어 콜크, 제효영 옮김, 《몸은 기억한다》, 을유문화사, 2020.

29) Kristin D. Neff, "Self-Compassion: Theory, Method, Research, and Intervention", *Annual Review of Psychology*, 74, 2023, pp.193~218.

30) Stefan G. Hofmann, Paul Grossman, Devon E. Hinton, "Loving-Kindness and Compassion Meditation: Potential for Psychological Interventions", *Clinical Psychology Review*, 31(7), 2011, pp.1126~1132.

31) Kristin D. Neff, "Self-Compassion: Theory, Method, Research, and Intervention", *Annual Review of Psychology*, 74, 2023, pp.193~218.

32) 김정규, 《게슈탈트 심리치료》, 학지사, 2015.

33) 심지어 똑같은 운동을 하더라도, 근육이 수축하는 상상을 할 때 하체 근력이 좀 더 강해진다고 한다. (참고: Florent Lebon, Christian Collet, Aymeric Guillot, "Benefits of Motor Imagery Training on Muscle Strength", *Journal of Strength and Conditioning Research*, 24(6), 2010, pp.1680~1687.)

34) 조현주, 〈자비 및 자애명상의 심리치료적 함의〉, 《인지행동치료》, 14권(4호), 2014, 123~143쪽.

35) 러셀 콜츠, 박성현 옮김, 《임상가를 위한 자비중심치료 가이드북》, 학지사, 2021.

36) Hanna Suh, Stephanie S. Chong, "What Predicts Meaning in Life? The Role of Perfectionistic Personality and Self-Compassion", *Journal of Constructivist Psychology*, 35(2), 2022, pp.719~733.

37) Juliana G Breines, Serena Chen, "Self-Compassion Increases Self-Improvement Motivation", *Personality and Social Psychology Bulletin*, 38(9), 2012, pp.1133~1143. ; Nora H. Hope, Richard Koestner, Marina Milyavskaya, "The Role of Self-Compassion in Goal Pursuit and Well-Being Among University Freshmen", *Self and Identity*, 13(5), 2014, pp.579~593.

38) 은유, 《해방의 밤》, 창비, 2024, 107쪽.

4부

1) 투사는 내 감정이나 생각, 욕구를 타인에게 전가하는 방어기제다.

2) 정현종,《광휘의 속삭임》, 문학과지성사, 2008.

3) Naomi I. Eisenberger, Matthew D. Lieberman, Kipling D. Williams, "Does Rejection Hurt? An FMRI Study of Social Exclusion", *Science*, 302(5643), pp.290~292.

4) Christopher J. Hopwood, Aidan G.C. Wright, "A Comparison of Passive-Aggressive and Negativistic Personality Disorders", *Journal of Personality Assessment*, 94(3), 2012, pp.296~303.

5) 김선미·송현정·황명구·정혜숙. 〈부모의 비일관적 양육태도가 청소년의 사회적 위축과 삶의 만족도에 미치는 영향: 잠재성장모형을 활용한 종단매개효과 검증〉,《청소년학연구》, 31권(3호), 2024, 433~460쪽.

6) 최영민,《쉽게 쓴 정신분석이론》, 학지사, 2010. ; Lisa J. Cohen *The Handy Psychology Answer Book*, Visible Ink Press, 2011.

7) Emily A. Butler, Boris Egloff, Frank H. Wilhelm, Nancy C. Smith, Elizabeth A. Erickson, James J. Gross, "The Social Consequences of Expressive Suppression", *Emotion*, 3(1), 2003, pp.48~67. ; Sara F. Waters, Helena Rose Karnilowicz, Tessa V. West, Wendy Berry Mendes, "Keep It to Yourself? Parent Emotion Suppression Influences Physiological Linkage and Interaction Behavior", *Journal of Family Psychology*, 34(7), 2020, pp.784~793.

8) Helena Rose Karnilowicz, Sara F. Waters, Wnedy Berry Mendes, "Not in Front of the Kids: Effects of Parental Suppression on Socialization Behaviors During Cooperative Parent-Child Interactions", *Emotion*, 19(7), 2019, pp.1183~1191.

9) 이진희·배은경, 〈완벽성의 강박에서 벗어나 '충분히 좋은 어머니'(good-enough mother)로: 위니캇의 유아정서발달이론과 어머니노릇을 중심으로〉,《페미니즘연구》, 13권(2호), 2013, 35~75쪽.

10) Elizabeth K. Hughes, Eleonora Gullone, "Parent Emotion Socialization Practices and Their Associations with Personality and Emotion Regulation", *Personality and Individual Differences*, 49(7), 2010, pp.694~699.

11) 안느 르페브르, 김유빈 옮김,《100% 위니캇》, 한국심리치료연구소, 2016.

12) 이진희·배은경, 〈완벽성의 강박에서 벗어나 '충분히 좋은 어머니'(good-enough

mother)로: 위니캇의 유아정서발달이론과 어머니노릇을 중심으로〉,《페미니즘연구》, 13권(2호), 2013, 35~75쪽.

13) 민병배·오현숙·이주영,《기질 및 성격검사 매뉴얼》, 마음사랑, 2007.

14) Roy F. Baumeister, "Self-Concept, Self-Esteem, and Identity", 1999. In Valerian J. Derlega, Barbara A. Winstead, Warren H. Jones(Eds.), *Personality: Contemporary Theory and Research*, Wadsworth, 2005, pp.246~280.

15) Eunkook M. Suh, "Downsides of an Overly Context-Sensitive Self: Implications From the Culture and Subjective Well-Being Research", *Journal of Personality*, 75, 2007, pp.1321~1343.

16) 신지은, 〈경제 수준에 따른 유사성 효과〉,《한국심리학회지: 사회 및 성격》, 34권(4호), 2020, 1~18쪽.

17) Bert N. Uchino, Timothy S. Garvey, "The Availability of Social Support Reduces Cardiovascular Reactivity to Acute Psychological Stress", *Journal of Behavioral Medicine*, 20, 1997, pp.15~27.

18) 노리나 허츠, 홍정인 옮김,《고립의 시대》, 웅진지식하우스, 2021.

19) 김진숙, 〈투사적 동일시의 의미와 치료적 활용〉,《한국심리학회지: 상담 및 심리치료》, 21(4), 2009, pp.765~790.

20) Sarah Richmond, "Being in Others: Empathy From a Psychoanalytic Perspective", *European Journal of Philosophy*, 12(2), 2004, pp.244~264.

21) Michael Stadter, *Object Relations Brief Therapy: The Therapeutic Relationship in Short-Term Work*. Jason Aronson, 2009.

22) Amanda Jones, "Levels of Change in Parent-Infant Psychotherapy", *Journal of Child Psychotherapy*, 32(3), 2006, pp.295~311.

23) Justin E. Heinze, Daniel J. Kruger, Thomas M. Reischl, Suzanne Cupal, Marc A. Zimmerman, "Relationships Among Disease, Social Support, and Perceived Health: A Lifespan Approach", *American Journal of Community Psychology*, 56(3-4), 2015, pp.268~279. ; Robert G. Kent de Grey, Bert N. Uchino, Ryan Trettevik, Sierra Cronan, Jasara N. Hogan, "Social Support and Sleep: A Meta-Analysis", *Health Psychology*, 37(8), 2018, pp.787~798.

24) 라르스 스벤젠, 이세진 옮김,《외로움의 철학》, 청미, 2019.

25) Andrew N. Meltzoff, Jean Decety, "What Imitation Tells Us About Social Cognition: A Rapprochement Between Developmental Psychology and Cognitive Neuroscience", *Philosophical Transactions of the Royal Society*

of London, Series B, Biological sciences, 358(1431), 2003, pp.491~500. ;
Edward Tronick, Heidelise Als, Lauren Adamson, Susan Wise, T. Berry
Brazelton, "The Infant's Response to Entrapment between Contradictory
Messages in Face-to-Face Interaction", *Journal of the American Academy
of Child Psychiatry*, 17(1), 1978, pp.1~13.

26) 팻 오그던·재니너 피셔, 이승호 옮김, 《감각운동 심리치료》, 하나의학사, 2021.
27) 위의 책.

성격 좋다는 말에 가려진 것들

초판 1쇄 발행 2024년 8월 20일
초판 2쇄 발행 2024년 9월 5일

지은이 이지안
펴낸이 이상훈
편집1팀 이연재 김진주
마케팅 김한성 조재성 박신영 김효진 김애린 오민정
펴낸곳 ㈜한겨레엔 www.hanibook.co.kr
등록 2006년 1월 4일 제313-2006-00003호
주소 서울시 마포구 창전로 70 (신수동) 화수목빌딩 5층
전화 02) 6383-1602~3 | 팩스 02) 6383-1610
대표메일 book@hanien.co.kr
ISBN 979-11-7213-109-8 (03180)